AF410740

A**NDRÉ** R**ENARD**

LA TONNELLERIE

A

LA PORTÉE DE TOUS

Ussel. — G. EYBOULET & FILS, Imprimeurs-Editeurs

En vente chez l'auteur :

M. ANDRÉ RENARD, A VALLIÈRES (CREUSE)

PRIX BROCHÉ : **15 FRANCS**

ANDRÉ RENARD

LA TONNELLERIE

A

LA PORTÉE DE TOUS

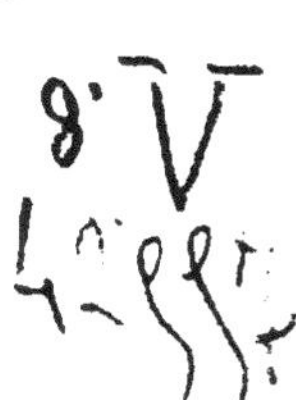

USSEL

G. EYBOULET & FILS, Libraires-Éditeurs

1921

INTRODUCTION

La tonnellerie française a beaucoup souffert de la guerre. Les rangs des tonneliers se sont éclaircis et les matières premières se sont raréfiées ; il en est résulté une pénurie telle de futailles que depuis quelques années les prix en ont décuplé.

Les bois d'importation sont trop chers pour permettre au patron tonnelier d'instruire des apprentis, qui avant de connaître leur métier lui gâcheront trop de merrain.

La mécanique qui, de ci, de là, s'est emparée de la fabrication des tonneaux n'arrive pas à produire à bon marché ; il s'en suit pour tous ceux qui se servent du tonneau comme emballage, une gêne perpétuelle.

Le viticulteur, faute de futailles nécessaires au logement de sa récolte, a dû laisser, en maintes régions, une partie de son raisin sur la vigne.

Le marchand de vins et de spiritueux en gros, n'a pu, faute de matériel augmenter son chiffre d'affaires.

Le fabricant de choucroute, faute de réparations n'a pu employer tous les choux qu'il avait cultivés.

Le tonnelier lui-même a dû chômer faute de bois merrain.

C'est pour remédier selon mon pouvoir à cette crise que j'ai écrit :
La tonnellerie à la portée de tous.

Apprendre au premier venu sans apprentissage à abattre un arbre, à le débiter en douves et à transformer ces douves en tonneaux : tel a été mon but tout au long de cet ouvrage.

Puisse le vigneron y trouver les conseils suffisants pour construire et réparer ses barriques, les jours où le mauvais temps l'empêche d'aller « à la vigne ».

Puisse le maître de chai, entre deux soutirages y puiser les éléments nécessaires à lui apprendre à entretenir la futaille qui lui est confiée.

Puisse le tonnelier lui-même s'affranchir des importateurs de chênes étrangers en y étudiant la manière de façonner par ses propres moyens les douves nécessaires aux constructions qu'il projette.

J'ai divisé ce livre en quatre parties :

La première partie traite des matières premières employées en tonnellerie : douves, feuillards et cerceaux.

La deuxième partie résume les connaissances théoriques de sciences mathématiques et de leurs applications que doit posséder l'ouvrier tonnelier. Elle est divisée en trois sections : 1° Éléments d'arithmétique ; 2° Éléments de géométrie ; 3° Construction théorique d'un tonneau.

Dans cette partie, les exemples donnés à la suite de chaque paragraphe, sous forme de problèmes excessivement simples, sont choisis uniquement pour montrer à l'ouvrier l'usage qu'il peut faire de chaque principe et de chaque règle arithmétique, pour l'habituer à considérer l'addition, la soustraction, la multiplication, la division, etc... et tout autre opération comme autant d'outils qui lui seront plus tard nécessaires.

Quand il façonnera des douves à une dimension donnée, quand il devra construire un tonneau d'une contenance déterminée, les éléments qu'il aura appris dans ces quelques pages devront être à son esprit pour exécuter son travail, ce que la scie, la plane et le compas sont à sa main.

Dans la section qui traite de l'arithmétique, par exemple, mon but est d'amener graduellement l'esprit de l'ouvrier à la connaissance de ces principes et si au début les exemples donnés paraissent sortir un peu du sujet et toucher plus à la tonnellerie par le côté commercial (achat d'arbres, prix de revient) que par le côté technique, c'est qu'il m'est de toute impossibilité de les appliquer à la construction même des tonneaux avant d'avoir étudié les éléments de géométrie correspondants. Pour que l'ouvrier qui étudie cette partie n'ait pas l'impression de l'inutilité de son effort j'ai choisi des exemples ayant trait aux à cotés de sa profession.

La troisième partie est l'étude de la construction pratique d'un tonneau : le plan que je me suis tracé a été de suivre les gestes de l'ouvrier dans l'exécution de ce travail, en donnant la description de chaque outil au moment de son emploi. Cette troisième partie est divisée en quatre sections : 1° Préparation du bois ; 2° Montage du tonneau ; 3° Fonçage ; 4° Cerclage.

Une quatrième partie donne au lecteur : dans une première section ; quelques renseignements sur les autres objets construits par le tonnelier et dans une deuxième des conseils sur les réparations usuelles.

ANDRÉ RENARD.

Février 1921.

OUVRAGES CONSULTÉS :

Le livre de la ferme, par JOIGNEAUX. — G. MASSON éditeur, Paris.

Traité d'exploitation commerciale des bois, par Alphonse MATTEY.— L. LAVEUR éditeur, Paris.

Arithmétique simplifiée, par A. SURIER et G. DURET. — DELALAIN Frères, éditeurs, Paris.

Manuel du tonnelier, par Paulin DESORMEAUX, H. OTT et MAIGNE (encyclopédie Roret). — L. MULO, éditeur, Paris

Les vignobles de France, par P. MOUILLEFERT. — Librairie Agricole de la Maison Rustique, Paris.

PREMIÈRE PARTIE

Des matières premières employées en tonnelierie

Tous les objets construits par le tonnelier — tonneaux, barils, seaux, cuves, foudres, etc. — sont constitués par d'étroites pièces de bois appelées douves que maintiennent assemblées des cercles de fer ou feuillards et que protègent en certaines parties, contre les chocs pouvant provenir de l'extérieur, des cercles en bois nommés caudres ou cerceaux.

Les douves, les feuillards et les cerceaux représentent les trois matières premières principales employées en tonnellerie.

Mon but, dans la première partie de cet ouvrage, est d'initier le lecteur à la fabrication des douves et des cerceaux, qui dépendent directement de mon sujet, le tonnelier pouvant les fabriquer lui même, et de donner quelques renseignements sur les feuillards dont la confection rentre dans le domaine de la métallurgie et pour l'approvisionnement desquels le tonnelier doit s'adresser au quincaillier.

SECTION I

DES DOUVES

CHAPITRE PREMIER

Généralités sur les bois merrains

Les douves employées par la tonnellerie proviennent de bois appelé merrain ou bois douvin et sont obtenues par la fente de ce bois.

Presque toutes les essences forestières peuvent être employées à la confection du bois douvin.

On distingue deux sortes de merrain : l'une sert au logement des liquides précieux, l'autre sert à l'emballage des liquides gras ou des matières sèches.

On loge les vins, bières, cidres, eaux-de-vie, vermouths, vinaigres de préférence dans le chêne qui est le bois de tonnellerie par excellence et qui fait profiter de son excès de tannin les liquides qu'il abrite. Le frêne, le cerisier, le saule, le mûrier, le sorbier et le châtaignier remplacent le chêne sans en avoir les qualités ; le hêtre, dans les régions où le chêne manque, s'emploie aussi quoique d'une fente difficile ; il communique au vin un goût agréable.

·On loge les solides et les liquides gras : tels que les huiles, le pétrole, le beurre, le miel, la choucroute, les poissons salés dans l'aulne, le bouleau et autres bois d'essences inférieures.

§ I. — *Différences entre le bois de sciage et le bois de fente par rapport à leur emploi en tonnellerie.* — A première vue, il parait difficile de distinguer des douves en merrain, c'est-à-dire en bois fendu, de planches de mêmes dimensions, débitées à la scie.

Le merrain, comme je l'indiquerai plus amplement dans les chapitres qui vont suivre, est pris dans le tronc de l'arbre en suivant le fil du bois avec un outil spécial, tandis que la planche est formée de deux traits de scie parallèles, qui, sans égard pour le sens du fil du bois coupent inévitablement une partie des fibres.

Il est utile pour mieux faire comprendre cette différence que je m'écarte de mon sujet pour entrer dans quelques généralités sur la structure même de l'arbre et que je mette sous les yeux du lecteur un exemple de chacun des débits, fente d'une part, sciage de l'autre.

Si nous examinons la section d'un arbre abattu, nous remarquons que cette section est formée de couches plus ou moins rapprochées les unes des autres qui ont la même forme que la section elle-même (Figure 1). Les couches formant la zone du centre s'appellent la mœlle O, c'est dans ces couches que circule la sève qui monte des racines vers les différentes parties de l'arbre.

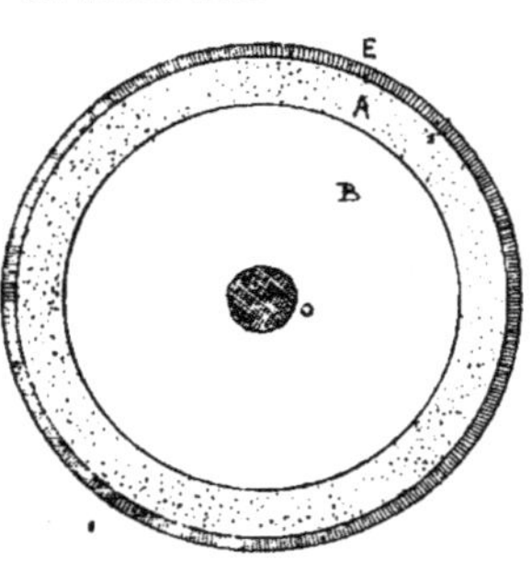

(Fig. 1)

Autour de la mœlle se trouve le bois parfait B qui est le bois susceptible d'être travaillé. Vient ensuite l'aubier A qui est impropre à tout travail et qui garde toujours l'apparence du bois jeune. A la périphérie, on trouve l'écorce E ; c'est entre l'écorce et l'aubier que s'effectue le mouvement descendant de la sève.

Ce mouvement de la sève tous les ans, forme dans l'arbre deux couches minces, une du côté de l'écorce, l'autre du côté de l'aubier. En même temps la pellicule d'aubier qui est du côté du bon bois se durcit et devient du bois parfait. Chaque année la section de l'arbre s'augmente donc d'une couche concentrique. En comptant les couches concentriques de bois parfait d'un arbre abattu on obtient son âge.

La communication entre l'écorce E et la mœlle O se fait par une multitude de rayons médullaires OA, OB, OC, OD, etc. (Fig. 2).

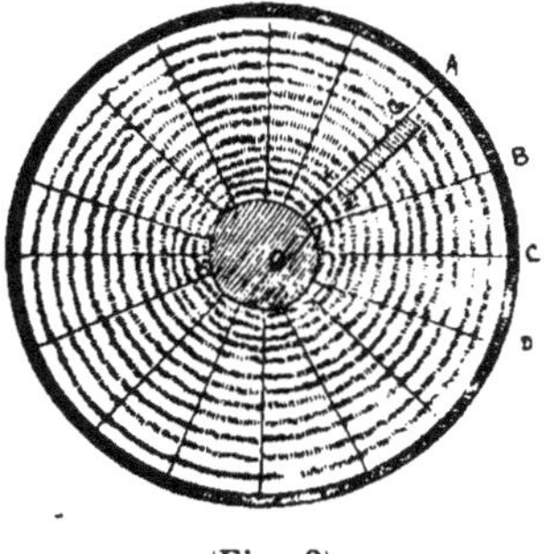

Pour qu'une douve soit de bonne fabrication il faut qu'elle soit débitée parallélement aux rayons médullaires c'est-à-dire que les faces GH et EF formant sa largeur soient parallèles au rayon OA et que les faces HE et GF formant son épaisseur soient parallèles aux couches concentriques, ces dernières devant être comprimées par le serrage des cercles, le tonneau fini.

(Fig. 2)

Ceci dit je suppose une pièce de bois ABCD (fig. 3) représentant la bille de pied d'un arbre abattu et je me propose :

1· De fendre pour être convertie en merrain la demi-bille CDA.

2· De débiter à la scie l'autre moitié de cette pièce, soit la demi-bille ABC.

Une fois fendue suivant le diamètre CA la demi-bille CDA fournira quatre quartiers de bois COE, EOD, DOF, FOA, fendus en suivant les rayons médullaires de l'arbre.

Je partage le premier quartier COE, toujours par le moyen de la fente, en deux demi-quartiers GHCE et HOG, dans lesquels toujours en suivant les rayons médullaires O ^{a}, O ^{b}, O ^{c}, j'extrais six pièces de bois 1, 2, 3, 4, 5, 6 qui constituent six douves.

Ces six douves sont bien débitées parallèlement aux rayons médullaires et perpendiculairement aux couches concentriques.

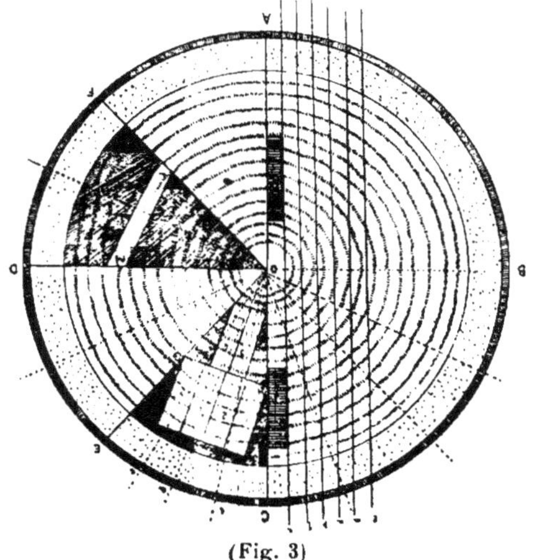

(Fig. 3)

Je débiterai ainsi les autres quartiers formant la demi-bille.

Une douve LM prise dans le demi-quartier DOF et débitée parallèlement aux couches concentriques et perpendiculairement aux rayons médullaires ne remplit pas le but proposé ; ainsi façonnées, des douves ne peuvent pas servir à construire le fût étanche que recherche la tonnellerie.

Je vais maintenant débiter à la scie la demi-bille A B C. Le débit à la scie va me donner des planches suivant les lignes parallèles l, m, n, p, q, r, qui coupent en différents endroits les rayons médullaires ; sur ces sept traits de scie je vais obtenir six planches dont une seule me fournit deux douves 7 et 8 sciées selon le fil du bois et pouvant, en toute sécurité, servir à construire un vaisseau vraiment étanche.

Le manque d'étanchéité des douves en bois scié n'est pas la seule raison qui doit nous les faire remplacer par des douves en merrain. Le travail du tonnelier se faisant surtout à la plane, le bois qui n'est pas de fil est d'un emploi difficile ; de plus si les variations atmosphériques n'ont aucune influence sur la largeur du merrain sec, elles agissent au contraire défavorablement sur celles des planches, qui se rétrécissent quand elles sont coupées par un temps sec et qui subissent l'effet opposé sous l'influence de l'humidité.

Le manque de main-d'œuvre depuis quelques années pour obtenir des bois merrains a obligé certains constructeurs à façonner des douves à la scie en débitant le bois sur mailles, c'est-à-dire en s'efforçant de faire suivre à la lame le fil du bois ; mais si bien qne puisse être exécuté ce travail, il est bien rare de ne pas trouver dans un lot de merrain de ce genre, de bois tranché.

Je conseille au tonnelier de proscrire de ses travaux l'emploi des bois sciés à cause de leur manque d'étanchéité et de la difficulté qu'il peut éprouver à les travailler à la plane et à les cintrer.

§ II. — *Utilité pour le tonnelier de se livrer lui-même à la fabrication des douves en merrain.* — J'ai hésité à consacrer à la fabrication du merrain une partie de cet ouvrage qui, en somme n'était destiné qu'à apprendre au tonnelier débutant à construire une futaille avec du bois préparé et non pas à lui enseigner à débiter son bois lui-même. Mais, pendant les dernières années, les importations en merrains étrangers ont été tellement espacées, nos anciennes régions productrices françaises ont tellement souffert du manque de main-d'œuvre, en un mot la matière première a été tellement rare et à un prix si élevé qu'il est de l'intérêt du constructeur de futailles, placé dans une région pourvue de chênes ou de tous autres arbres susceptibles d'être employés en tonnellerie de se procurer lui-même son bois douvin. Il trouvera à cet effet dans les pages qui vont suivre, les conseils d'un ancien qui les a précédés dans cette voie.

§ III. — *Qualités à exiger d'un arbre pour être converti en merrain.* — Pour qu'un arbre puisse être débité en merrain, il faut qu'il remplisse les conditions suivantes :

1° Qu'il soit de droit fil.

2 Qu'il n'ait pas de nœuds.
3° Qu'il ait le moins d'aubier possible.
4° Qu'il n'ait pas de roulures.
5° Qu'il n'ait pas de gelivures.
6° Qu'il n'ait pas de gerces.
7° Qu'il n'ait pas de cadranures.
8° Qu'il n'ait pas de vermoulures.
9° Qu'il n'ait pas de carie.
10° Qu'il n'ait pas d'ulcères.

Je vais donner une courte explication de chacun de ces termes, nouveaux pour le lecteur.

DROIT FIL. — Le bois est de droit fil par opposition au bois tors, quand encore jeune, l'arbre n'a pas été, sous l'action du vent, tordu en spirale ou dans d'autres sens. Dans un arbre d'un certain âge, l'examen de l'écorce indique suffisamment, quand le bois est de droit fil (fig. 4); si les rugosités, les nervures qui com-posent la croûte de

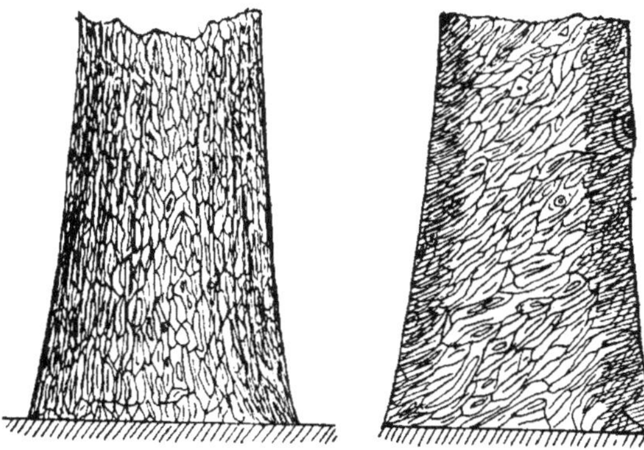

(Fig. 4) .

l'écorce et qui suivant le sens de l'arbre forment avec le sol une perpendiculaire, l'arbre est droit fil ; si au contraire ces mêmes nervures semblent s'enrouler en spirales autour de l'arbre, le bois est tors et sera de mauvaise fente.

NŒUDS. — Les nœuds sont formés par la naissance des branches. Les fibres du bois ont quitté la tige principale de l'arbre pour percer l'écorce et donner naissance à un rameau (fig. 5). Si les branches ont été coupées pendant la jeunesse de l'arbre, l'écorce a pu recouvrir le nœud, mais il n'en persiste pas moins et l'arbre qui a des nœuds n'est pas susceptible de fente, il faut le rebuter ou le débiter à la scie pour d'autres usages. (A fig. 6).

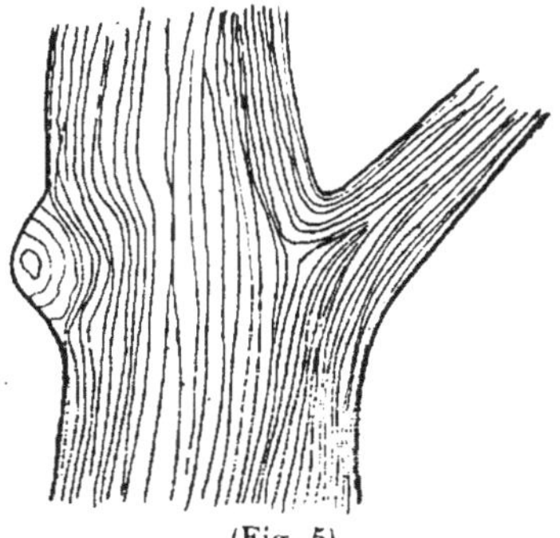

(Fig. 5)

Aubier. — Il a été dit précédemment que l'aubier était du bois trop jeune pour être employé. Il arrive parfois qu'on trouve à l'intérieur du bois parfait une couronne d'aubier qui ne s'est pas transformée en bois dur ; on appelle ce défaut double-aubier. Il faut, dans le débit, séparer cette couronne du bois sain. (B fig. 6).

Roulure. — La roulure est un défaut du bois résultant de l'action des intempéries, du vent, du givre, de la gelée sur une partie de l'arbre où, à un moment donné, une portion d'écorce a été détachée. Il reste un vide dans le corps de l'arbre. (C fig. 6).

La roulure, si son espacement coïncide avec la largeur de la douve n'entraîne qu'un faible déchet.

Gelivure. — Il arrive parfois que sous l'action des grands froids la sève de l'arbre se trouve gelée à un endroit. Les fibres de l'arbre s'écartent et il reste une fente partant du centre et allant vers la circonférence. Cette fente s'appelle une gélivure. (D fig. 6).

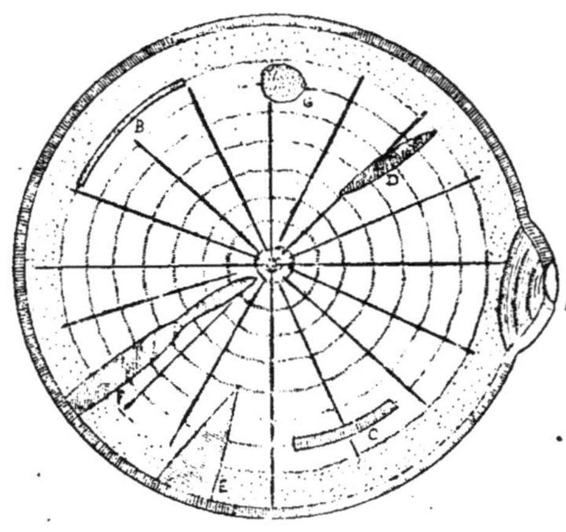

(Fig. 6)

Gerces. — Les gerces sont des fentes qui partant de la circonférence vont vers le centre de l'arbre. Elles vont parfois très loin dans le corps de l'arbre ; mais ne surviennent en général qu'après l'abatage et proviennent d'une dessication trop prompte du bois. Il est facile de les éviter en débitant l'arbre sitôt abattu (E fig. 6).

Cadranure. — La cadranure est l'addition d'une gélivure à une gerce, les deux défauts placés au bout l'un de l'autre. (F fig. 6).

Vermoulure. — La vermoulure est produite par une fermentation de la sève ; le bois se désagrège, se réduit en poudre et devient la proie des vers. (G fig. 6).

Ulcères. — Les ulcères dépendent aussi de la fermentation de la sève qui a traversé l'écorce, l'arbre suinte et la partie atteinte est impropre à tout travail.

Carie. — La carie est constituée par des excroissances végétales qui poussent sur l'écorce de l'arbre abattu et pronostiquent l'attaque prochaine par les vers et la pourriture.

Voici donc le tonnelier prévenu des défauts qu'il peut trouver dans un arbre.

Un examen approfondi de l'écorce le mettra en garde contre quelques uns de ceux-ci, tels que le bois tors, les nœuds, les gerces et la cadranure, mais pour les autres il faut qu'il s'en rapporte à la chance; il sera toujours bon pour lui de les prévoir dans le prix d'achat.

Je traiterai, plus loin, de la façon d'estimer approximativement un arbre sur pied, en vue de son débit en douves; mais il est nécessaire, avant d'entreprendre cette étude, de connaître l'exploitation de l'arbre et la fabrication du merrain ou des douves.

CHAPITRE II

Abatage de l'arbre

L'abatage de l'arbre et la fabrication du merrain sont confiés d'ordinaire à deux ouvriers spéciaux : le premier au bûcheron, la seconde au fendeur; mais il n'est nullement négligeable pour un tonnelier de savoir le faire pour deux raisons: d'abord parce qu'on est toujours mieux servi par soi-même que par les autres ; ensuite, parce que, quand on sait faire un travail on est beaucoup plus apte à le commander, et qu'on acquiert par la connaissance qu'on en a, beaucoup d'ascendant sur celui à qui on le commande.

Un ouvrier, quel qu'il soit sera toujours plein de respect pour un contremaître qui lui sera supérieur dans la connaissance de son métier et plein de mépris dissimulé pour un « donneur d'ordres » qu'il sentira inférieur à sa tâche. Vanité professionnelle ? Peut-être, mais sentiment très compréhensible pour celui qui aime son travail et s'y donne.

Mais revenons au pied de l'arbre, qu'il s'agit pour nous de convertir, tout au long de ce livre, en douves d'abord en tonneaux ensuite.

(Fig. 7)

Abatage d'un arbre

L'abatage d'un arbre (fig. 7) est un travail à la portée de tout le monde, mais qui ne nécessite par moins quelque attention ; certaines précautions sont à prendre dans son exécution.

Il faut d'abord s'assurer du côté le plus propice à l'abatage. Rarement, un arbre se trouve parfaitement d'aplomb et la façon dont sa ramure est disposée, indique à première vue, le côté où il doit s'abattre, C'est inévitablement du côté où son maximum de poids l'attire.

Pour trouver la face où les branches ont le plus de poids, il est nécessaire de se mettre le plus près possible du pied de l'arbre et de lever les yeux parallèlement aux tronc. Si on se plaçait à quelques mètres du pied, la perspective pourrait donner une idée fausse de la structure et de la position des branches par rapport à la tige centrale. Cet examen suffit pour indiquer le côté ou « va l'arbre » selon l'expression consacrée. Il est bon de se servir de cette indication si elle ne contrarie pas les projets de l'ouvrier. Si, pour une raison quelconque l'arbre ne peut pas profiter de son inclinaison naturelle, parce que sa chute normale entraînerait des dégâts sur une haie voisine, sur un immeuble, ou sur d'autres arbres qu'on doit ménager, le bûcheron a toujours le moyen de le faire tomber où bon lui semble, à quelques mètres près.

Il choisit l'endroit où il veut que l'arbre vienne s'étendre après l'abatage ; cet espace représentera un triangle A B C dont le pied de l'arbre A sera le sommet (fig. 8). Quelle sera la longueur des côtés A B et A C, c'est-à-dire quelle sera l'étendue de la projection de l'arbre sur le sol et où l'ouvrier devra-t il prendre la base B C de ce triangle? endroit où viendront s'abattre les rameaux supérieurs formant la cîme de l'arbre.

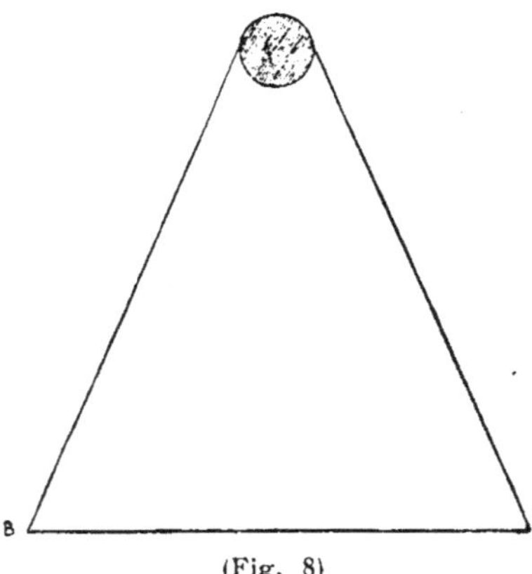

(Fig. 8)

Pour déterminer ce point le plus éloigné de la chute d'un arbre le bûcheron a recours à plusieurs procédés :

1° Il prend un jalon auquel est fixé à une hauteur de 1 m. 50 une barre à 45 degrés, longue d'un mètre.

Il déplace le jalon jusqu'à ce que la ligne de visée, suivant la barre à 45 degrés vienne passer exactement par le sommet de l'arbre, étant entendu que le jalon reste vertical.

La hauteur de l'arbre est alors donnée par la distance du pied du jalon au pied de l'arbre augmentée de 1 m. 50 *(Echo Forestier* dans son numéro du 31 janvier 1920).

2· Il se sert d'un dendomètre.

Le dendomètre n'est pas un instrument très compliqué et le bûcheron peut le fabriquer lui-même.

Le plus simple et le plus économique à construire se compose d'un simple bâton d'un mètre de longueur, muni à son extrémité inférieure d'une pointe en fer de 0 m. 05 à 0 m. 06 centimètres ; à l'autre bout est adaptée une règle de 0 m. 25 à 0 m. 30 de longueur, tournant sur son axe.

Il place cet appareil à une distance quelconque de l'arbre et fait tourner la règle de façon à ce qu'elle coïncide avec une ligne de visée qui en partant du sommet B de l'arbre vienne toucher le sol en un point C. (Fig. 9).

Il aura obtenu deux triangles A C B, D C E semblables qui ont, d'après les principes relatifs à la similitude des triangles : (principes géométriques qui sortent de notre sujet et que nous n'avons pas à étudier).

$$\frac{AC}{AB} = \frac{DC}{DE} \quad \text{ou} \quad \frac{DC}{DE} = \frac{AC}{AB}$$

en supposant :

$$DE = 1 \text{ mètre.}$$
$$AC = 100 \text{ mètres.}$$
$$CD = 5 \text{ mètres.}$$

la hauteur AB de l'arbre sera :

$$\frac{1}{5} = \frac{x\,(AB)}{100}$$

ou :

$$\frac{5}{1} = \frac{100}{x}$$

ou :

$$AB = \frac{1 \times 100}{5} = 20 \text{ mètres.}$$

(D'après Joigneaux, *Le livre de la Ferme*).

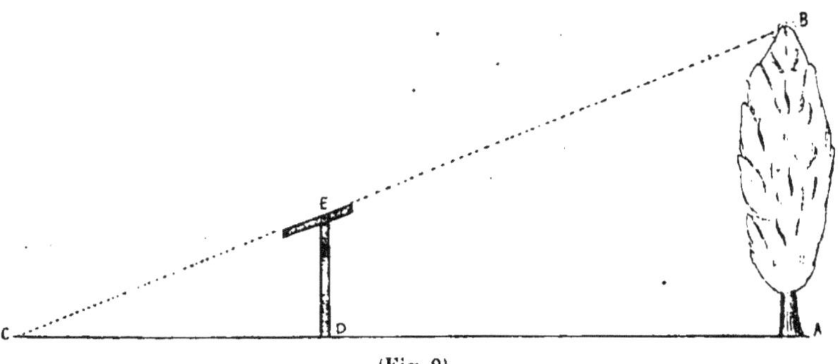

(Fig. 9)

Connaissant la hauteur de l'arbre, il est facile au bûcheron d'en mesurer la projection sur le sol.

Ces précautions prises l'ouvrier se met à l'ouvrage ; son premier travail consiste à faire au pied de l'arbre et du côté où il veut le faire tomber « une entaille ».

La profondeur et les dimensions de cette entaille varient suivant le diamètre de l'arbre et les conditions de l'abatage. Plus le diamètre de l'arbre est grand, plus l'entaille doit être profonde. De même que si l'ouvrier peut profiter de l'inclinaison naturelle de l'arbre ou l'abattre du côté où sa pesanteur l'attire, l'entaille doit être moins profonde que s'il est obligé de l'abattre dans un sens donné sans pouvoir profiter de son inclinaison naturelle.

En supposant que la projection de l'arbre sur le sol représente un trapèze (fig. 10) ABCD dont l'entaille AB serait la petite base et CD la grande base, l'ouvrier doit observer les règles suivantes :

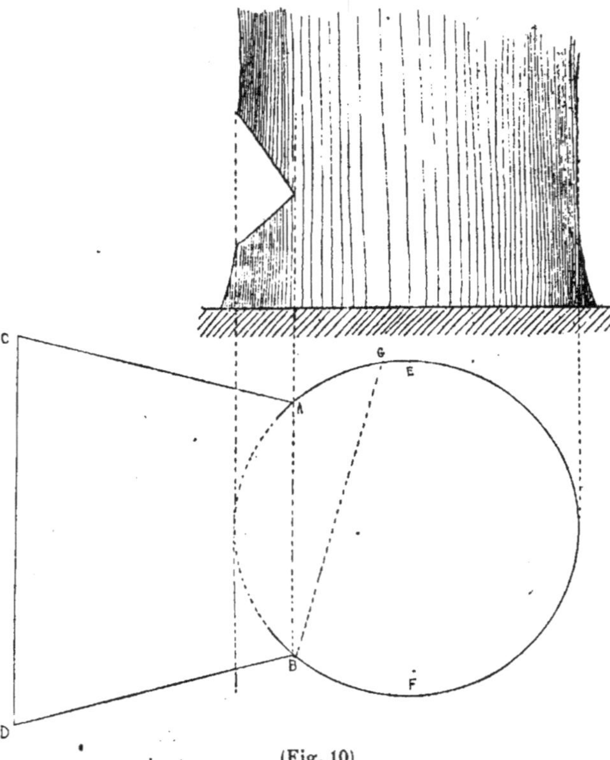

1· Si l'arbre est d'aplomb et si sa pesanteur ne l'attire ni en E ni en F l'entaille, c'est-à-dire la ligne AB doit-être parallèle à CD.

2· Si au contraire, l'inclinaison ou le poids des rameaux attirent l'arbre plutôt en F qu'en E, l'ouvrier devra diriger son entaille suivant la ligne BG, c'est-à-dire en augmenter la profondeur du côté où l'arbre a le minimum de poids.

(Fig. 10)

§ I. — *Hache*. — Le bûcheron fait cette entaille à la hache le plus près possible du sol pour éviter une perte de bois. (Fig. 11).

La hache ou cognée est un outil tranchant qui sert à entailler, à fendre, ou à donner au bois, une première façon.

Cet outil fabriqué en acier forgé et trempé se compose de trois parties. (Fig. 12).

1· Le tranchant R qui représente un trapèze d'un longueur variant entre 0 m. 15 et 0 m. 25, d'une largeur à la grande base de 0 m. 10 à 0 m. 25, d'une épaisseur de 0 m. 03 à 0 m.05. La grande base est arrondie et forme biseau.

2. La tête T qui contient une partie creuse O, appelée l'œil où viendra s'enfoncer le manche.

3· Le manche M constitué de préférence d'un morceau de frêne sec, légèrement aplati, d'une longueur de 0 m. 80.

Les figures 12, 13, 14 et 15 représentent des haches de différents modéles.

Celui qu'indique la figure 13 est une hache de bûcheron dite « à abattre ». La tête renforcée peut servir de marteau, l'œil est ovale, la longueur du tranchant est d'environ 0 m. 20, sa largeur de 0m. 15 et son poids approximatif de 2 kilogr. 600.

La figure 14 représente une hache de bûcheron d'une autre forme, la tête est plate et peut être martelée avec un maillet quand la force du bras de l'ouvrier ne suffit pas pour fendre le bois. L'œil est triangulaire et le tranchant qui a la même longueur que celui du modèle précédent n'a qu'une largeur à sa grande base de 0m. 13 ; son poids est de 2 kilogr. 300.

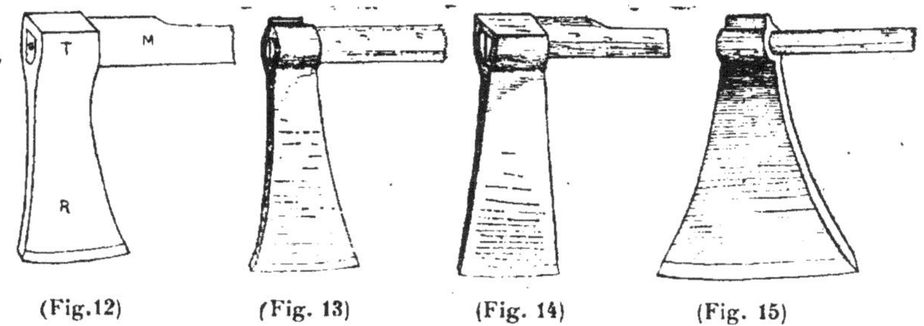

(Fig. 11)
Le bûcheron faisant l'entaille

L'outil représenté par la figure 15 est une hache à équarrir qui sert à enlever l'écorce et à donner grossièrement au bois une première façon.

(Fig.12)   (Fig. 13)   (Fig. 14)   (Fig. 15)

La douille de la tête est ovale. La longueur du tranchant est de 0m.24, a largeur de 0m.18 à 0m.20, son poids est de 2 kilogr.750.

Les tranchants des haches s'affûtent des deux côtés et le biseau doit avoir une largeur de 1 cent. 5 à 2 centimètres.

Pour se servir de la hache, l'ouvrier en saisit le manche avec les deux mains, élève l'outil au-dessus de sa tête et le laisse retomber presque verticalement sur le tronc de l'arbre à l'endroit où il veut l'entailler en suivant la ligne AOB (Fig. 16).

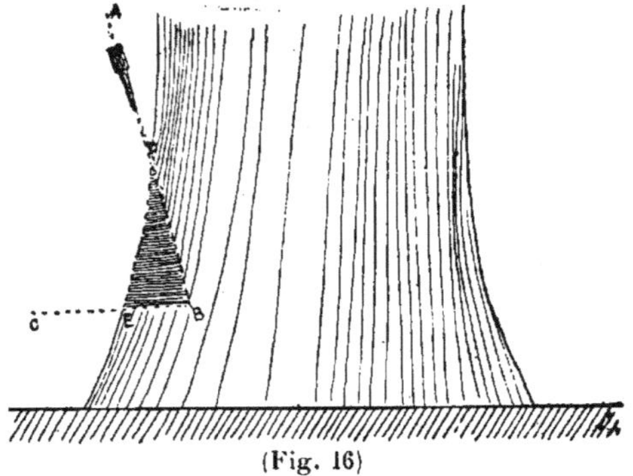

(Fig. 16)

Il fait ensuite un mouvement semblable horizontalement en suivant la ligne CEB de façon à faire sauter l'éclat de bois DB formé par ces deux coups de hache.

Il répète alternativement ces deux mouvements jusqu'à ce que l'entaille ait atteint la profondeur et la longueur voulues.

L'entaille faite, l'ouvrier va scier l'arbre ; il se sert pour exécuter ce travail d'une scie spéciale appelée « passe-partout ».

§ II. — *Passe-partout.* — Le passe-partout (fig. 17) se compose d'une lame d'acier dont la lageur varie de 0 m. 10 à 0 m 16, la longueur de 1 m. 35 à 1 m. 85, l'épaisseur de 0 m. 002 à 0 m. 004 et le poids de 3 à 6 kilogrammes.

La partie supérieure de cette lame est légèrement arrondie pour avoir plus de largeur au milieu de sa longueur et par suite plus de force. La partie inférieure est garnie de dents sur toute sa longueur. Chaque dent, sous la poussée imprimée à l'outil par le mouvement de va et vient qui lui est

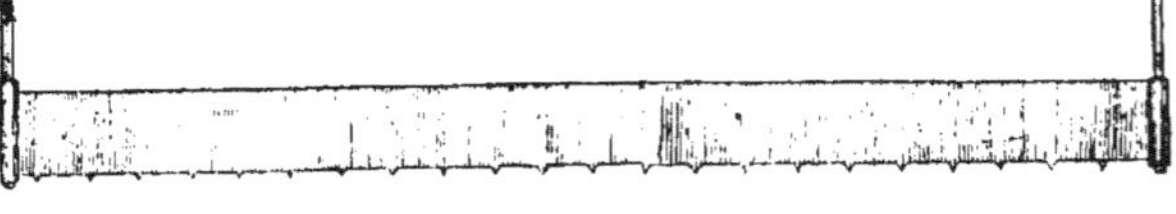

(Fig. 17)

donné, agit comme le bédane du menuisier sous le coup de marteau. Elle enlève au bois uue infime parcelle qui réduite en sciure, vient se loger dans l'intervalle qui sépare cette dent de la suivante et est expulsée au moment où chacune sort du bois.

Les dents du passe-partout sont à denture isocèle, c'est-à-dire que chacune a la forme d'un triangle isocèle. Les deux lignes qui en forment les côtés sont égales AB = BC. (Fig. 18).

L'angle qui constitue le sommet varie de 30 à 60 degrés.

Les côtés de chaque dent sont affûtés en sens inverse de façon à

Dimensions du tierçon :
Fûts de 525 à 700 litres :
Douves : Longueur 1 m. 36 à 1 m. 42.
        Largeur 0 m. 09 à 0 m. 15.
        Épaisseur 0 m. 029 à 0 m. 035.
Fonds : Longueur 0 m. 72 à 0 m. 77.
        Largeur 0 m. 09 à 0 m. 15.
        Épaisseur 0 m. 029 à 0 m 035.

Fûts de 500 et de 400 litres :
Douves : Longueur 1 m. 16 à 1 m. 20.
        Largeur 0 m. 09 à 0 m. 15.
        Épaisseur 0 m. 028 à 0 m. 030.
Fonds : Longueur 0 m. 70 à 0 m. 74.
        Largeur 0 m. 09 à 0 m. 15.
        Épaisseur 0 m. 026 à 0 m. 028.

Dimensions du grand barricage :
Fûts de 270 à 370 litres :
Douves : Longueur 1 m. 02 à 1 m. 65.
        Largeur 0 m. 086 à 0 m. 14.
        Épaisseur 0 m. 025 à 0 m. 027.
Fonds : Longueur 0 m. 65 à 0 m. 70.
        Largeur 0 m. 086 à 0 m. 14.
        Épaisseur 0 m. 025 à 0 m. 027.

Dimensions du petit barricage.
Fûts de 140 à 180 litres :
Douves : Longueur 0 m. 86 à 0 m. 90.
        Largeur 0 m. 086 à 0 m. 14.
        Épaisseur 0 m. 022 à 0 m. 024.
Fonds : Longueur 0 m. 50 à 0 m. 55.
        Largeur 0 m. 086 à 0 m. 14.
        Épaisseur 0 m. 022 à 0 m. 024.

Fûts de 100 à 130 litres :
Douves : Longueur 0 m. 80 à 0 m. 85.
        Largeur 0 m. 08 à 0 m. 13.
        Épaisseur 0 m. 020 à 0 m. 022.
Fonds : Longueur 0 m. 45 à 0 m. 50.
        Largeur 0 m. 086 à 0 m. 14.
        Épaisseur 0 m. 018 à 0 m. 020.

Fûts de 80 à 90 litres.
Douves : Longueur 0 m. 75 à 0 m. 80.
        Largeur 0 m. 07 à 0 m. 12.
        Épaisseur 0 m. 018 à 0 m. 020.

Fonds : Longueur 0 m. 40 à 0 m. 45.
        Largeur 0 m. 086 à 0 m. 14.
        Épaisseur 0 m. 018 à 0 m. 020.

Fûts de 50 à 70 litres :
Douves : Longueur 0 m. 65 à 0 m. 70.
         Largeur 0 m. 065 à 0 m. 11.
         Épaisseur 0 m. 016 à 0 m. 018.
Fonds : Longueur 0 m. 33 à 0 m. 40.
        Largeur 0 m. 086 à 0 m. 14.
        Épaisseur 0 m. 016 à 0 m. 018.

Fûts de 40 à 50 litres :
Douves : Longueur 0 m. 58 à 0 m. 65.
         Largeur 0 m. 062 à 0 m. 11.
         Épaisseur 0 m. 015 à 0 m. 017.
Fonds : Longueur 0 m. 33 à 0 m. 40.
        Largeur 0 m. 086 à 0 m. 14.
        Épaisseur 0 m. 016 à 0 m. 018.

Fûts de 25 à 40 litres.
Douves : Longueur 0 m. 52 à 0 m. 55.
         Largeur 0 m. 06 à 0 m. 11.
         Épaisseur 0 m. 015 à 0 m. 017.
Fonds : Longueur 0 m. 33 à 0 m. 40.
        Largeur 0 m. 086 à 0 m. 14.
        Épaisseur 0 m. 016 à 0 m. 018.

La vente de ces merrains se fait au quart comprenant 302 douves et 202 fonds.

§ VIII. — *Merrain de Blois*. — Le merrain de Blois est utilisé uniquement pour la construction de feuillettes.

En voici les dimensions :
Douves : Longueur 0 m. 83.
         Largeur 0 m. 07 à 0 m. 11.
         Épaisseur 0 m. 025.
Fonds : Longueur 0 m. 67.
        Largeur 0 m. 055 à 0 m. 14.
        Épaisseur 0 m. 025.

L'usage est de vendre au millier de 2100 pièces, mais il arrive, à cause du peu de largeur des douves que le nombre de piéces composant le millier est en réalité de 4350.

§ IX. — *Merrain Bordelais*. — La région Bordelaise n'est pas une région productrice de bois merrain et les douves employées pour la construction des fûts par la tonnellerie bordelaise sont constituées par des merrains d'importation.

Les tonneliers bordelais fabriquent quatre sortes de futailles :

1° Les fûts transports ou demi-muids contenant de 400 à 700 litres;
2° La pièce bordelaise qui contient de 228 à 230 litres ;
3° La demi-bordelaise qui contient de 110 à 115 litres ;
4° Le quart ou baril d'une contenance de 55 à 57 litres.

Ci-dessous les dimensions des bois employés à la construction de chacun de ces types de futailles.

Fûts transports :
Douves : Longueur 1 m. 16.
        Largeur 0 m. 105 à 0 m. 162.
        Épaisseur 0 m. 017 à 0 m. 027.
Fonds : Longueur 0 m. 70 à 0 m. 74
        Largeur 0 m. 11 à 0 m. 16.
        Épaisseur 0 m. 027 à 0 m. 035.

Pièce bordelaise :
Doùves : Longueur 1 mètre.
        Largeur 0 m. 10 à 0 m. 15.
        Épaisseur 0 m. 027.
Fonds : Longueur 0 m. 70.
        Largeur 0 m. 10 à 0 m. 15.
        Épaisseur 0 m. 027.

Demi-bordelaise :
Douves : Longueur 0 m. 86 à 0 m. 88.
        Largeur 0 m. 10 à 0 m. 15.
        Épaisseur 0 m. 027.
Fonds : Longueur 0 m. 45 à 0 m. 50.
        Largeur 0 m. 10 à 0 m. 15.
        Épaisseur 0 m. 027.

Quart de baril :
Douves : Longueur 0 m. 67.
        Largeur 0 m. 10 à 0 m. 15.
        Épaisseur 0 m. 027.
Fonds : Longueur 0 m. 33 à 0 m. 40.
        Largeur 0 m. 10 à 0 m. 15.
        Épaisseur 0 m. 027.

Ces dimensions sont les dimensions du merrain tel que le reçoit la tonnellerie bordelaise, mais comme les fûts qu'elle fabrique sont destinés à être livrés à des commerçants ou à des viticulteurs qui vendent leur vin logé, c'est-à-dire sans le retour des fûts, elle a l'habitude de refendre les douves en deux, dans le sens de l'épaisseur. Elle obtient ainsi des fûts auxquels on demande de supporter un voyage, mais qui ne sont pas susceptibles de durée.

L'usage bordelais est d'acheter au millier de 1616 pièces comptées pour un mille.

§ X. — *Merrain à kirsch.* — Le bois destiné à loger le kirsch ne doit contenir ni tannin, ni substances résineuses solubles, on emploie donc pour son logement de préférence le frêne et à son défaut le merisier et le sorbier.

On fabrique en merrain à kirsch des feuillettes et des quartauts.

Dimensions des bois de feuillettes :
Douves : Longueur 0 m.76 à 0 m.78.
   Largeur 0 m.09 à 0 m.11.
   Épaisseur 0 m.027.
Fonds : Longueur 0 m.52 à 0 m.54.
   Largeur 0 m.08 à 0 m.13.
   Épaisseur 0 m.027.

Dimensions des bois de quartauts :
Douves : Longueur 0 m.62 à 0 m.65.
   Largeur 0 m.09 à 0 m.11.
   Épaisseur 0 m.025 à 0 m.027.
Fonds : Longueur 0 m.43 à 0 m.45.
   Largeur 0 m.09 à 0 m.11.
   Épaisseur 0 m.025 à 0 m.027.
La vente se fait aux 155 pièces, comprenant 102 douves et 53 fonds.

§ XI. — *Merrain à vinaigre.* — L'Orléanais fait une grande consommation de douves de chêne pour construire des fûts servant au logement des vinaigres.

Dimensions des bois de feuillette à Orléans.
Douves : Longueur 0 m.88.
   Largeur 0 m.11.
   Épaisseur 0 m.027.
Fonds : Longueur 0 m.51
   Largeur 0 m.10
   Épaisseur 0 m.027.

§ XII. — *Merrain de brasserie ou merrain du Nord.* — Ce merrain était, avant 1914, fabriqué dans le Nord et dans l'Est. La Belgique en faisait une grande consommation.

Dimensions :
Douves : Longueur 0 m.77 à 0 m.78.
   Largeur 0 m.13 à 0 m.16.
   Épaisseur 0 m.026 à 0 m.028.

Fonds : Longueur 0 m. 60 à 0 m. 65.
Largeur 0 m. 10 à 0 m. 13.
Épaisseur 0 m. 026 à 0 m. 028.

Le vente se fait au 100 de pièces comprenant deux tiers de douves et un tiers de fonds.

§ XII. — *Merrain de brasserie dit de pression ou de demi-pression.* — Ce merrain est destiné à construire des fûts à bière et ses dimensions de débit sont les suivantes :

Douves : Longueur 0 m. 46 à 0 m. 95. ⎱ Suivant la contenance des fûts
Largeur 0 m. 08 à 0 m. 12. ⎰ à la construction desquels
Épaisseur 0 m. 035 à 0 m. 060. ⎰ elles sont destinées.

Fonds : Longueur 0 m. 30 à 0 m. 50.
Largeur 0 m. 08 à 0 m. 12.
Épaisseur 0 m. 035 à 0 m. 060.

La vente se fait au 100 pièces comprenant 3 4 de douves et 1/4 de fonds.

CHAPITRE V

Estimation d'un arbre sur pied en vue de son débit en merrain

Maintenant que le lecteur connaît par l'étude des chapitres précédents les dimensions de débit de chaque douve dans chaque catégorie,

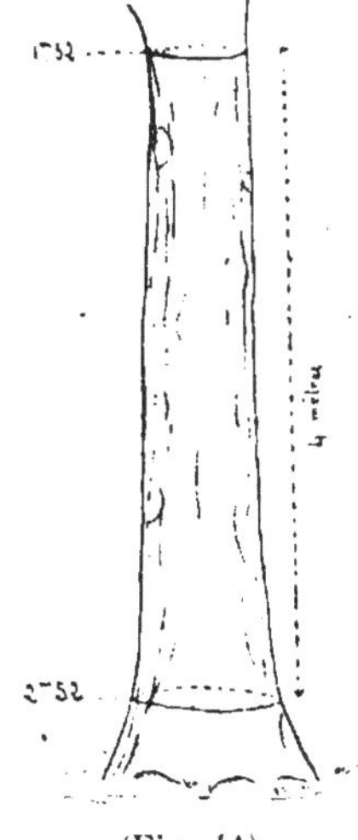

(Fig. 41)

je vais lui indiquer la façon d'estimer approximativement le rendement en merrain d'un arbre sur pied.

Supposons un arbre dont la bille de pied mesure 4 mètres de haut ; les rameaux placés au-dessus de cette bille présentant des nœuds ou des défauts, je les prends comme bois de feu et n'en tiens pas compte dans mon estimation.

Quel en sera le rendement en douves ? Le calcul est très simple.

Je cherche d'abord le volume de la bille. Pour cela avec un décamètre à ruban ou une corde, je mesure le tour de l'arbre au pied et j'obtiens par exemple 2 m. 52. Je mesure ensuite la circonférence en haut de la bille, j'obtiens 1 m. 32. J'ajoute ces deux mesures :

$$2 \text{ m.} 52 + 1 \text{ m.} 32 = 3 \text{ m.} 84.$$

Je prends la moyenne du total obtenu :

$$3 \text{ m.} 84 : 2 = 1 \text{ m.} 92.$$

Je prends le quart de ce nombre :

1 m.92 : 4 = 0 m.48

qui représente le côté du carré équivalent à la section de l'arbre. Le volume cherché sera donc de :

0,48 × 0,48 × 4 (hauteur de la bille) = 0^mc 93,16.

Je me propose maintenant de débiter cette bille de 0^mc 93,16 en douves ayant comme dimensions :

Longueur 0 m.90.
Largeur 0 m.08.
Épaisseur 0 m.025.

Je scie la bille en 4 billons. Supposons que la figure 42 représente un de ces quatre billons.

La largeur moyenne, ou pour parler plus exactement le diamètre moyen des billons que je viens d'obtenir sera de :

1 m.92 (grandeur moyenne de la circonférences) : 3 = 0 m.64

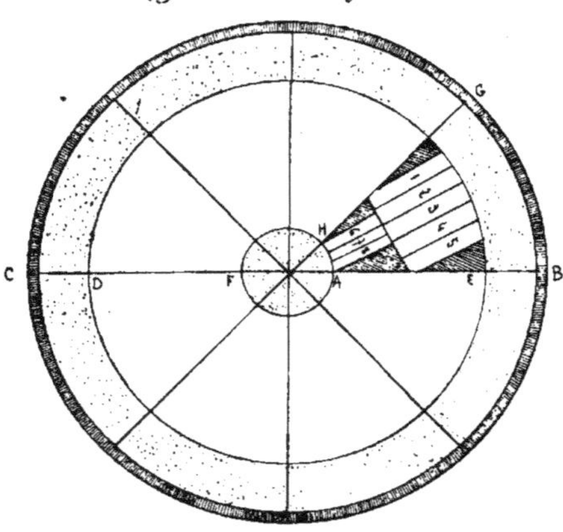

mais ce diamètre est le diamètre total de la section de l'arbre. Je dois tenir compte (en supposant CB ce diamètre) que les parties CD et EB représentent une pellicule d'aubier qui ne peut être convertie en douves et la partie FA, le cœur, inutilisable aussi. Il me reste donc comme bois parfait les parties DF et AE.

En supposant que :

F A = 0 m.08.
E B = 0 m.08. } 0 m.24.
C D = 0 m.08.

(Fig. 42)

J'aurai :

DF + AE (bois parfait) = CB — (FA + EB + CD) ou CB représentant 0 m.64 et (FA + EB + CD) représentant 0 m.24.

0 m.64 — 0 m.24 = 0 m.40

comme DF et AE sont approximativement égales je puis dire que :

$$DF = \frac{0\ m.40}{2} = 0\ m.20.$$

$$AE = \frac{0\ m.40}{2} = 0\ m.20.$$

Les douves que je veux obtenir devant mesurer 0 m.08 de largeur le bloc GHAB va me fournir deux largeurs de douves, soit en les débitant à une épaisseur de 0 m.025, 5 à la périphérie et 3 au centre : au total 8. Comme cette bille me fournit 8 quartiers, j'obtiens :

8 × 8 = 64 douves par billon.

Quand j'aurai débité les quatre billons formant la bille principale j'aurai :

$$64 \times 4 = 256 \text{ douves.}$$

Chaque douve ayant un volume de :

$$0\,\text{m}.90 \times 0\,\text{m}.08 \times 0\,\text{m}.025 = 0^{\text{mc}}0018.$$

Les 256 douves donneront un volume total de :

$$0^{\text{mc}}0018 \times 256 = 0^{\text{mc}}46,08.$$

Le volume de la bille étant de $0^{\text{mc}}93,16$ la différence entre le volume de l'arbre sur pied et le volume du merrain obtenu est de :

$$0^{\text{mc}}93,16 - 0^{\text{mc}}46,07 = 0^{\text{mc}}47,08$$

soit un déchet d'environ 50 %/₀ provenant d'une quantité d'aubier trop considérable et d'une partie du cœur de l'arbre inutilisable.

J'ai exagéré la proportion de bois inutilisable, à dessein, pour mettre le tonnelier en garde contre le déchet ; mais en admettant que l'aubier soit en plus petite quantité, il faut toujours prévoir dans l'arbre sur pied un autre défaut invisible, roulure, gélivure, cadranure, qui en rend une partie impossible à convertir en merrain et retenir pour principe, comme le montre l'expérience que je viens de mettre sous les yeux du lecteur, que le rendement d'un arbre quelconque en merrain est de 50 %.

Dans de beaux chênes pris en pleine futaie, quelques beaux sujets atteignent un rendement de 70 %, mais ils sont rares.

CHAPITRE VI

Conservation des bois douvins

§ I. — *Empilage des douves*. — Au fur et à mesure qu'il termine la confection des douves le fendeur les empile à l'ombre ou, s'il est possible, dans un grenier très aéré. S'il les empile en forêt, la première rangée ne doit pas toucher le sol mais reposer sur deux ou trois morceaux de bois.

Le mode d'empilage varie suivant les régions ; la façon la plus usitée est de placer une première rangée de huit douves, assez éloignées les unes des autres pour que l'air circule librement entre elles. L'ouvrier a soin de mettre toujours du même côté l'extrémité de la douve qui a été dressé au coutre ; sur ces huit douves, on place une seconde rangée de sept douves mises en travers sur les premières et la douve du bord dépassant légèrement pour garantir les extrémités de celles qui sont placées au rang immédiatement inférieur ; et ainsi de suite en croisant chaque rang jusqu'à ce que la pile ait obtenu la hauteur voulue. Chaque double rangée de 15 douves s'appelle une flèche.

Les fonçailles s'empilent à part de la même façon, mais par rangées de 5 pièces.

Dans l'Yonne où l'on fabrique des bois de feuillettes qui ont en longueur 0m.82, ces douves sont empilées à plat comme des lames de parquet de façon à se toucher. Le premier rang contient un nombre de douves suffisant pour atteindre une largeur de 0m.82. Les douves du deuxième rang se placent en travers des premières et ainsi de suite en croisant chaque fois jusqu'à ce que la pile contienne 20 rangs de douves, formant un cube de 0 m.82 de côté. Le nombre de douves par rang varie suivant la largeur de ces douves. Certains contiennent 7 douves, d'autres 8, d'autres 9. Nous avons vu précédemment à propos des merrains de l'Yonne, que l'usage était de compter, dans une pile ainsi constituée, les rangs de 5 douves quelle qu'en soit la quantité réelle. Il s'en suit que 20 rangs ne sont comptés que pour 100 douves alors qu'ils en contiennent parfois 160 ou 180. C'est un mauvais procédé d'empilage :

1° Les douves se touchant, il ne donne pas une aération suffisante pour le séchage du bois ;

2° Il ne permet pas de constater à première vue la qualité des douves en largeur, vu l'irrégularité de leur nombre par rang.

Les fonds s'empilent de la même façon sur 20 rangs et de manière à former un cube de 0 m.55 de côté.

§ II. — *Séchage des bois douvins*. — Pour obtenir des fûts de construction irréprochable, il faut que le bois employé à les construire soit arrivé à un état de dessication parfaite. Des futailles construites avec des bois à demi-secs sont condamnées à une éternelle imperfection et à un usage éphémère. Les pièces de fonds « se voilent » selon l'expression consacrée, c'est-à-dire se tordent sous l'effet des variations atmosphériques ou sous la poussée de la fermentation du liquide que contiennent les fûts, les douves se disjoignent et le tonneau est à démolir.

Le tonnelier doit donc attacher une grande importance à la question du séchage et de la conservation du bois douvin. Les avis à ce sujet sont très partagés et tel procédé qui semble bon aux uns est condamné par d'autres.

La place dont je dispose ici ne me permet pas de faire une énumération des moyens proposés, je me bornerai donc à indiquer la méthode que je suis et qui m'a donné des résultats satisfaisants. Peut-être en existe-t-il de meilleures ? Je ne le discute pas et suis prêt à les essayer avant d'en faire aucune critique.

Dès que les douves sont terminées par le fendeur, je les empile dehors à l'ombre, en suivant le mode d'empilage que j'ai indiqué au paragraphe précédent ; les piles sont surélevées de 0 m.20 au minimum au-dessus du sol pour que l'humidité ne les atteigne pas. Chaque pile est chargée de madriers de bois lourds, ou de grosses pierres formant une pression suffisante pour éviter qu'en séchant, les douves ne se gondolent sous l'influence des changements de température. Si l'empilage ne peut se faire sous un hangar, il est de toute nécessité de surmonter chaque pile d'un toit en croûtes de bois, en écorce ou en papier goudronné, dépassant en largeur, la largeur de la pile de 0m.50 de chaque côté et construit très en pente, de façon à ce que l'eau de pluie ne séjourne pas dessus et pour qu'en s'écoulant elle n'atteigne aucune partie de la pile.

Le mois suivant je recommence l'empilage des mêmes douves en mettant à la base de la pile celles qui étaient au sommet et en ayant soin de les tourner sens dessus dessous.

Un mois après cette dernière opération, c'est-à-dire deux mois après l'abatage en suivant les mêmes prescriptions que ci-dessus, j'empile ces mêmes douves dans un grenier planchéié très aéré, jusqu'à ce que la dessication me paraisse suffisante.

Il faut avoir soin pendant toute la durée du séchage de défaire les piles et de les reconstruire au moins deux fois par an en intervertissant l'ordre dans lequel sont placées les douves dans la pile démontée.

Il est bien difficile de fixer la durée de séchage du bois merrain. Au bout de combien de temps le bois a-t-il atteint un degré de dessication convenable ? Ce laps de temps varie, suivant l'essence même du bois, suivant la densité et suivant la température moyenne du local où il est conservé. J'ai obtenu de bons fûts en les construisant avec des châtaigniers qui n'avaient qu'un an d'abatage, j'en ai obtenu de défectueux avec du chêne de trois ans.

En principe, le chêne n'est employable en tonnellerie qu'au bout de quatre ans de dessication et les bois d'autres essences au bout de deux ans et demi à trois ans.

On a employé les dernières années divers modes de séchage artificiel des merrains en employant l'étuve à vapeur ou la chambre chaude dans lesquelles on les fait séjourner pendant un temps déterminé ; mais si les résultats obtenus permettent au constructeur de travailler immédiatement le bois et de vendre des futailles ainsi construites, les déboires restent à celui qui les emploie.

Le chêne ainsi traité perd rapidement de son poids, mais quelques temps après sa sortie de l'étuve ou de la chambre chaude il aspire une telle quantité d'humidité qu'il reprend en peu de jours non seulement son poids initial, mais encore tous les caractères des bois jeunes et tous leurs inconvénients.

SECTION II

Cercles en fer ou feuillards

Les cercles en fer ou feuillards servent à maintenir les douves assemblées et par leur serrage, à rendre complètement étanche le tonneau construit.

Leur fabrication dépendant de la métallurgie et le tonnelier n'étant appelé à les employer qu'après en avoir fait emplette chez un autre commerçant, je ne dirai rien de leur fabrication et me contenterai d'indiquer leurs différentes dimensions, ces renseignements pouvant être utiles au tonnelier pour le guider dans ses achats.

Pour cercler les seaux, brocs, barils, barattes et autres petits objets de tonnellerie on emploie des feuillards ayant comme dimensions :

Largeur de 12 à 15 m m.
Épaisseur de 6 10 à 10 10 m m.

Pour cercler les feuillettes on emploie des feuillards ayant :

Largeur de 15 à 22 m m.
Épaisseur de 10 10 à 14 10 m m.

Pour cercler les barriques, les dimensions des feuillards sont de :

Largeur 22 à 27 m m.
Épaisseur 14 10 à 25 10 m m.

Pour cercler les demi-muids les dimensions augmentent et les feuillards employés doivent mesurer :

Largeur 34 à 70 m/m.
Épaisseur 25/10 à 30 10 m m.

Pour les foudres et les gros vaisseaux le tonnelier est obligé de commander les cercles qui lui sont nécessaires au fabricant, ce dernier en ayant rarement de prêts d'avance. Les dimensions varient selon la grandeur du vaisseau à construire.

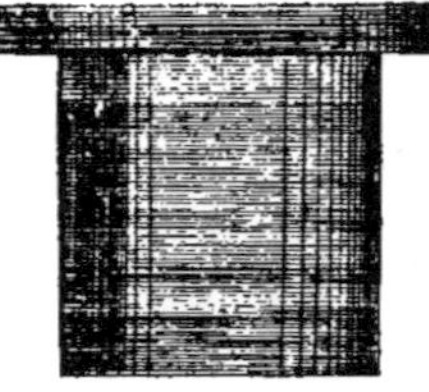

(Fig. 43)

§ 1. — *Rivets*. — Les feuillards sont assemblés par le tonnelier à l'aide de rivets en fer doux qu'il prend comme les feuillards chez le quincaillier.

Le rivet (fig. 43) se compose d'une tige cylindrique et d'une tête plate. La tige traverse les deux morceaux de feuillard à liaisonner ; d'un côté, à l'intérieur du cercle, la tête s'appuie contre l'un deux et le corps du rivet dépasse de la moitié de sa longueur l'épaisseur totale des deux parties qu'il s'agit d'unir.

Nous apprendrons au chapitre relatif au cerclage la façon de travailler les rivets.

On trouve dans le commerce des rivets de tous diamètres et de toutes longueurs ; il est inutile de dire que ces deux mesures doivent être proportionnées à l'épaisseur et à la largeur du feuillard employé.

SECTION III

CERCLES EN BOIS. — OSIER

CHAPITRE PREMIER

Fabrication des cercles en bois [1]

Les cercles en bois servent au même usage que les cercles en fer : ils maintiennent l'assemblage des douves ; mais ils servent surtout à protéger les futailles contre les chocs pouvant provenir de l'extérieur. J'indiquerai au chapitre consacré au cerclage la façon dont on les emploie, intercalés sur la même futaille entre les cercles en feuillards.

Les bois les plus employés pour la fabrication des cercles, sont les châtaigniers, le coudrier, le cornouiller et le saule-marsault. En cas de besoin et de manque des essences ci-dessus indiquées, on peut employer le charme, le bouleau, l'orme et le merisier.

Les bois destinés à être convertis en cercles sont des bois jeunes, provenant de coupes de taillis et s'appellent des perches. Le diamètre minimum d'un pied de châtaignier débité pour faire un cercle doit être de 0 m.04 à 0 m.05 au gros bout et de 0 m.02 à 0 m.03 au petit bout.

La fabrication des cercles ne doit pas s'effectuer du mois de juin au mois de septembre, le mouvement de la sève, contrariant la fente du bois. L'écorce des cercles débités à la mauvaise saison ne reste pas adhérente au bois ; au bout de peu de temps les cercles se pèlent.

L'outillage de l'ouvrier cerclier se compose :

1° D'un banc à fendre et à planer (fig. 44).

Cet appareil se compose d'une pièce de bois ronde, non écorcée, d'une longueur de 4 m.50 à 5 mètres qui est maintenue en terre d'un côté

D'après l'ouvrage d'Alphonse MATTEY. Traité d'exploitation commerciale des bois LAVEUR Éditeur Paris.

par deux petits piquets et dont l'autre extrémité repose sur un trépied. Elle porte en son milieu une échancrure et plus près du sol, liés à elle et enfoncés dans la terre deux bâtons verticaux d'inégale longueur. L'une des branches du trépied appelée « chèvre » est aplatie pour servir de billot et porte en son milieu une fourche fixe et une cheville mobile qui servent à maintenir le cercle pendant le planage.

2° D'une serpe à bec recourbé (fig. 45) ;

3° D'un piochon (fig. 46) ;

4° D'une plane semblable à celle employée par le fendeur et décrite précédemment au chapitre relatif à la fabrication des douves (fig. 32) ;

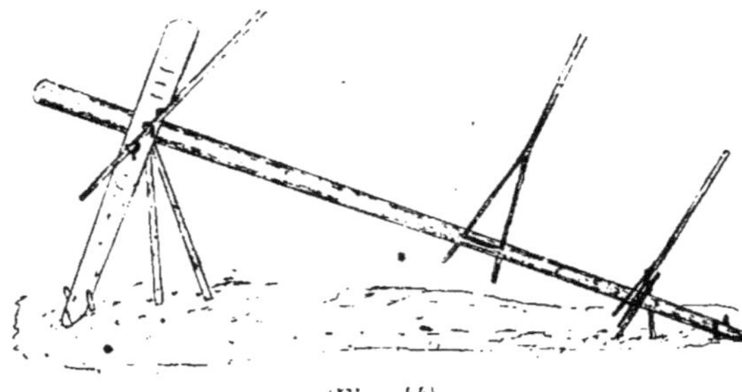
(Fig. 44)

5° Un billard (fig. 47). Cet appareil est formé d'une pièce de bois courbée munie d'une rainure et maintenue transversalement par une autre pièce perpendiculaire à la première et taillée en pointe pour pouvoir être au besoin enfoncée dans le sol.

6° D'un parquet (fig. 48). Le parquet se compose d'une aire circulaire formée par des piquets enfoncés en terre et dont les têtes sont maintenues par un cercle fixé à chacun d'eux au moyen d'un lien de bois.

Cet appareil sert à empaqueter les cercles en bottes ou rouelles. Voici comment le cerclier se sert de ces divers outils et appareils pour confectionner les cercles.

A l'aide de la serpe, l'ouvrier dresse la perche qu'il se propose de réduire en cercles, en enlève les nœuds, les aspérités, puis la place dans l'entaille du banc à fendre. A l'aide du

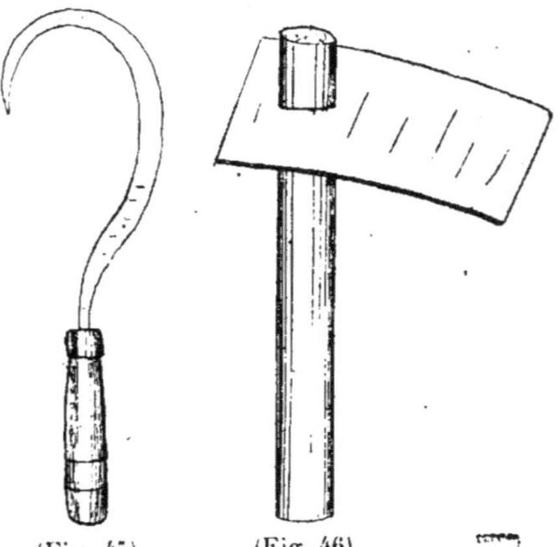
(Fig. 45)   (Fig. 46)

piochon, il la fend en deux et en poussant l'outil au fur et à mesure que le bois cède, il poursuit la fente en ligne droite suivant le fil du bois en relevant ou en abaissant le manche du piochon jusqu'à ce que la perche soit divisée en deux parties qui prennent le nom de cotis.

Le cerclier va refendre ces cotis selon leur grosseur en deux ou en trois. Pour faire cette opération, il amorce la fente avec le tranchant de son piochon et maintient cette fente ouverte en en faisant glisser les parois de chaque côté de la tête d'un des bâtons qui forme coin ; la lame du piochon restée en arrière dirige la fente dans la bonne direction.

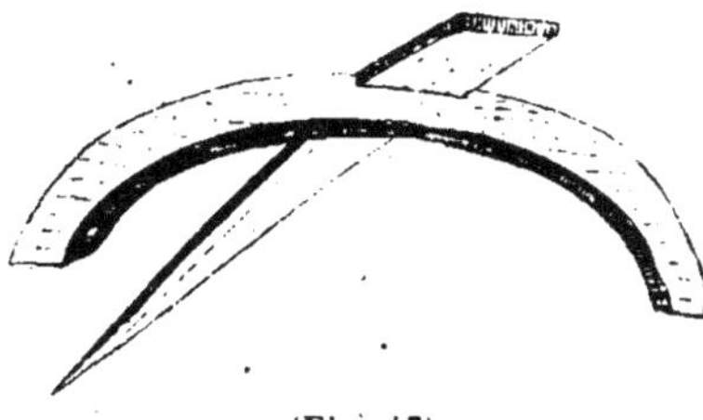

(Fig. 47)

Et ainsi de suite jusqu'à ce que la perche soit toute entière convertie en cercles.

Les plus petites perches donnent deux cercles, les moyennes trois ou quatre et les plus grosses jusqu'à cinq et six.

Les cercles une fois fendus, le cerclier les plane. Pour exécuter ce travail il engage une des extrémités du cercle dans la fourche et sous le bec du têtard du banc à planer et la maintient en la coinçant à l'aide d'une pièce spéciale. (Fig. 49).

Il promène sa plane sur le côté de la perche opposé à l'écorce de façon à lui donner partout la même épaisseur. Il la retourne ensuite bout par bout et travaille l'autre partie de la même façon.

Pour éviter dans ce travail que la plane ne le blesse en glissant sur les nœuds, le cerclier s'entoure le buste d'un tablier protecteur, fabriqué de planchettes verticales reliées entre elles par deux bandes de cuir ou des ficelles. (Fig. 50).

Lorsque les cercles sont planés, l'ouvrier les passe dans la rainure du billard pour leur donner un commencement de courbe qui lui permettra de les placer, sans trop d'efforts dans le parquet où ils sont disposés par rangées horizontales de 2 ou 4, puis par assises verticales de 6.

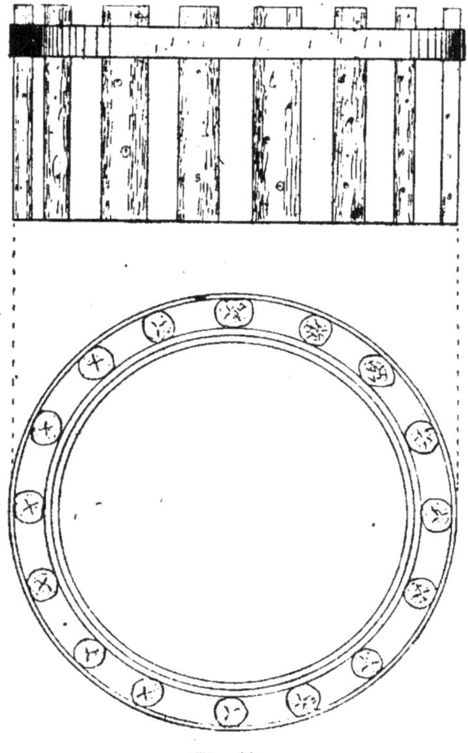

(Fig. 48)

L'ouvrier les extrait ensuite du parquet et pour les maintenir dans la forme circulaire qu'ils viennent d'y prendre les lie avec de forts morceaux d'écorce.

Il n'y a plus qu'à les livrer au commerce.

Les dimensions usuelles des cercles sont les suivantes :

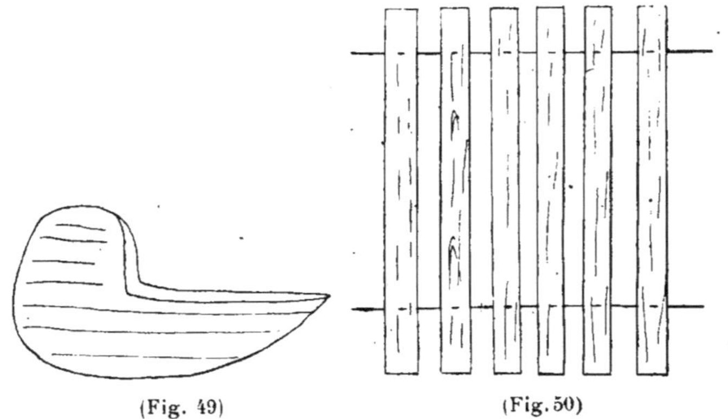

(Fig. 49)   (Fig. 50)

Pour des fûts de 250 litres le cercle à 3^m de long et se vend en bottes de 24.

—	200	—	2^{m}66	—	—	24.
—	136	—	2^{m}20	—	—	48.
—	100	—	1^{m}80	—	—	48.
—	58	—	1^{m}58	—	—	48.

CHAPITRE II

Osier.

Pour les placer sur les tonneaux, le tonnelier lie les cercles en bois avec de l'osier.

L'osier est une espèce de saule cultivée en têtards et employée en vannerie. Le tonnelier se sert de l'osier rouge.

Chaque année, au moment de la montée de la sève, on coupe les tiges d'osier et on les met en botte de 150. Le producteur livre ordinairement l'osier refendu, prêt à être employé. Mais en admettant que le tonnelier puisse se procurer l'osier sur place, l'opération de la fente est peu de chose à faire.

Il prend de la main gauche le morceau d'osier à fendre et de la main droite armée d'un couteau à lame recourbée et très courte le partage sur une longueur de quatre centimètres en 2, 3 ou 4 parties selon la grosseur de la tige. Avec le doigt, il oblige chaque brin à se séparer des autres brins, puis à l'aide d'un outil spécial appelé fendoir (fig. 51). qui n'est autre chose qu'un bâtonnet cylindrique de bois dûr, dont l'extrémité conique est partagée en plusieurs cannelures formant étoile, il prolonge la fente jusqu'à ce que la tige soit divisée en autant

de brins. L'osier doit garder toute son écorce. Il doit être conservé dans un endroit frais et être mis à tremper dans un baquet quelques heures

(Fig. 51)

avant de l'employer.

Les tonneliers bordelais pour lui conserver sa couleur et son écorce ont coutume de le soufrer au sortir du baquet. Pour ce faire, ils mettent la botte d'osier au fond d'une futaille défoncée d'un bout, y allumant une mèche de soufre en ayant soin de remettre provisoirement le fond qui manquait pour obtenir un vase clos.

DEUXIÈME PARTIE

Des notions théoriques indispensables au tonnelier dans l'exercice de sa profession

Pour construire des futailles ou autres vaisseaux d'une contenance déterminée et en établir à l'avance les dimensions, le tonnelier doit posséder les quelques notions d'arithmétique et de géométrie qu'il aura à appliquer dans l'exercice de sa profession.

Je dois, avant d'entamer l'étude de la construction même des tonneaux, consacrer à ces deux sciences et à leurs applications en tonnellerie, quelques pages où le lecteur trouvera, exposés sous une forme claire et compréhensible pour tous, tous les éléments théoriques indispensables qu'un ouvrier intelligent doit connaître.

SECTION I

ÉLÉMENTS D'ARITHMÉTIQUE

CHAPITRE I

Généralités

L'arithmétique est une science qui nous apprend à nommer et à écrire les nombres et en les disposant d'une façon ou d'une autre à compter et à calculer.

Un nombre s'obtient par la mesure d'une grandeur; on appelle grandeur tout ce qui peut être augmenté ou diminué, comme la longueur d'une douve, la surface d'un fond de tonneau, le nombre des ouvriers qui travaillent dans un atelier, etc...

Pour connaître la mesure d'une grandeur il faut la comparer à une autre grandeur de même nature qui prend le nom d'unité. Une unité est une chose seule.

Exemple: Une douve, un cercle, un marteau.

La comparaison d'une grandeur à son unité nous amène à la formation de trois espèces de nombres :

1° Le nombre est entier si la grandeur mesurée contient l'unité un nombre exact de fois.

2° Le nombre est une fraction si la grandeur mesurée est inférieure à l'unité.

EXEMPLE : Un demi-litre.

3° Le nombre est fractionnaire si la grandeur mesurée contient une ou plusieurs fois l'unité, plus une portion de l'unité.

EXEMPLE : Deux litres et demi.

Chacun de ces nombres peut être abstrait si son unité n'est pas désignée.

EXEMPLE : Vingt, cinquante, cent.

Ou il peut être concret quand son unité est déterminée.

EXEMPLE : Vingt tonneaux, cinquante ouvriers, cent clous.

La partie de l'arithmétique qui nous apprend à former les nombres s'appelle la numération.

La numération comporte deux divisions :

1° La numération parlée qui nous apprend à nommer les nombres avec peu de mots ;

2° La numération écrite qui nous apprend à écrire les nombres avec peu de chiffres.

§ I. — *Numération parlée.* — Les dix premiers nombres ont reçu chacun un nom : un, deux, trois, quatre, cinq, six, sept, huit, neuf, zéro. Le zéro n'a aucune valeur par lui même, mais il prend une importance relative selon la place qu'il occupe à côté des autres chiffres.

Les neuf premiers chiffres représentent des unités de premier ordre ou unités simples.

Une réunion de dix unités simples représente une dizaine ou unité de deuxième ordre.

Une réunion de dix dizaines représente une centaine ou unité de troisième ordre.

Une réunion de dix centaines représente un mille ou unité de quatrième ordre, etc...

Les dizaines, les centaines et les milles se comptent avec les mêmes mots que les unités, on dit :

Une dizaine ou dix, une centaine ou cent, un mille ou mille ;

Deux dizaines ou vingt, deux centaines ou deux cent, deux mille, etc.

Pour former les nombres intermédiaires entre deux dizaines consécutives on ajoute à la plus petite les noms de chacune des neuf unités simples, on dit :

Vingt et un, vingt-deux, vingt-trois, etc.

Il y a une exception à faire à cette règle à propos des six premiers nombres formant la dizaine qui s'énoncent :

Onze au lieu de dix-un ;

Douze au lieu de dix-deux ;

Treize au lieu de dix-trois ;

Quatorze au lieu de dix-quatre ;

Quinze au lieu de dix-cinq ;

Seize au lieu de dix-six.

Pour compter par centaines on se sert des mêmes intermédiaires, on dit :

Cent un, cent deux, cent trois, cent vingt, etc.

Il en est de même pour les mille ou unités de quatrième ordre.

Pour ne pas être obligé de donner un nom à tous les ordres on les a groupés en classes qui s'appellent : unités, mille, millions, milliards, etc... et voici les règles que l'on suit pour énoncer ou pour lire un nombre :

1° Si ce nombre n'a pas plus de trois chiffres on énonce successivement en allant de gauche à droite chaque chiffre significatif en indiquant le nom des unités qu'il représente :

EXEMPLE : On dira 324 : Trois cent vingt-quatre.

2° Si le nombre a plus de trois chiffres on le partage mentalement en tranches de trois chiffres de droite à gauche. (Il n'est pas obligatoire que la dernière ait trois chiffres), puis on énonce en commençant par la gauche, chaque tranche en lui donnant le nom de la classe qu'elle représente :

EXEMPLE : On énonce le nombre 19.342.436 : Dix-neuf millions trois cent quarante deux mille, quatre cent trente-six unités.

Il est à retenir comme principe fondamental que : Dix unités d'un ordre quelconque font une unité de l'ordre immédiatement supérieur.

§ II. — *Numération écrite.* — Les neuf chiffres représentant les unités simples s'écrivent :

1, 2, 3, 4, 5, 6, 7, 8, 9.

Toutes les unités de tous les ordres s'écrivent avec les mêmes neuf chiffres.

Un chiffre représente un ordre par le rang qu'il occupe.

Nombre :	4 8 2	7 9 1	3 6 2	0 3 4
Classes :	Milliards	Millions	Milles	Unités
Ordres :	Centaines Dizaines Unités	Centaines Dizaines Unités	Centaines Dizaines Unités	Centaines Dizaines Unités
Rangs :	12ᵉ 11ᵉ 10ᵉ	9ᵉ 8ᵉ 7ᵉ	6ᵉ 5ᵉ 4ᵉ	3ᵉ 2ᵉ 1ᵉʳ

Un chiffre a par lui-même une valeur absolue. Placé dans un nombre il acquiert une valeur relative qui lui est donnée par le rang qu'il occupe.

Dans le nombre ci-dessus 482.791.362.034 par exemple le 8 qui est placé au onzième rang a comme valeur absolue huit et comme valeur relative : quatre-vingt milliards.

Le zéro, comme je l'ai dit au paragraphe précédent est un chiffre négatif qui ne sert qu'à remplacer dans un nombre les classes manquantes et à faire écrire les autres chiffres à la place qu'ils doivent occuper.

Si j'écris cent deux par exemple, je décomposerai en unités, dizaines et centaines.

J'ai une centaine que j'écris : 1.

Je remplace la dizaine absente par un zéro : 0 et j'écris deux unités : 2, j'obtiens : 102.

Les chiffres 1, 3, 5, 7, 9 sont appelés chiffres impairs.

Les chiffres 2, 4, 6, 8 sont appelés chiffres pairs.

Il faut retenir comme principe que : tout chiffre placé à la gauche d'un autre représente des unités dix fois plus grandes que cet autre.

Pour écrire un nombre entier, on écrit de gauche à droite, en les séparant par un point, chaque classe de trois chiffres, en commençant par la plus élevée et en se rappelant que tous les ordres après le premier chiffre doivent être représentés ou remplacés par des zéros.

Soit à écrire le nombre : trois cent cinq millions, quatre cent huit mille, six cent neuf :

$$305.408.609.$$

Je dispose le chiffre trois, représentant les centaines de millions, je remplace par un zéro les dizaines de millions absentes: j'écris le chiffre cinq représentant les unités de millions, je place un point pour séparer la classe des millions de la classe suivante et immédiatement inférieure qui est celle des mille, j'écris le quatre représentant les centaines de mille, je remplace par un zéro les dizaines de mille, j'écris 8 (huit) unités de mille, je mets un nouveau point pour séparer la classe des milles de celle des unités, je place un six représentant les centaines d'unités, un zéro remplaçant les dizaines d'unités et un neuf représentant les unités simples.

§ III — *Numération parlée et écrite des décimales.* — L'unité simple se divise en dix dixièmes.

Le dixième se divise en dix centièmes.

Le centième se divise en dix millièmes.

Une ou plusieurs parties égales de l'unité représentent une fraction.

Une fraction composée de dixièmes, de centièmes, de millièmes s'appelle une fraction décimale.

Dans une fraction décimale l'unité est représentée par un zéro, suivi d'une virgule qui sépare la partie entière de la partie décimale. Le nombre : 0,342.164.

J'énonce :

Trois cent quarante-deux mille cent soixante-quatre millionnièmes.

C'est-à-dire qu'on donne à la fraction décimale le nom de la plus petite unité décimale, suivant le tableau ci-dessous :

Nombre :   0, 3 4 2. 1 6 4.

Ordres :

| | Unités | Dixièmes | Centièmes | Millièmes | Dix millièmes | Cent millièmes | Millionnièmes |

Rangs :   1ᵉʳ 2ᵉ 3ᵉ 4ᵉ 5ᵉ 6ᵉ

Pour écrire une fraction décimale on opère comme pour écrire un nombre entier en plaçant le dernier chiffre décimal au rang indiqué par le nom de la fraction.

Pour écrire par exemple : trente-deux cent millièmes :

0,00032.

J'écris zéro unités, virgule, zéro dixièmes, zéro centièmes, zéro millièmes, trois dix millièmes et deux cent millièmes. Le deux qui est le dernier chiffre se met au rang des cent millièmes, c'est-à-dire au cinquième rang.

Un nombre décimal est un nombre entier accompagné d'une fraction décimale :

135,45.

Pour lire ce nombre ou pour l'écrire, on lit ou on écrit le nombre entier d'abord qu'on fait suivre d'une virgule et la partie décimale comme une fraction décimale.

Remarque. — Nous pouvons retenir de ce qui précède les règles suivantes :

1° Pour rendre un nombre entier dix, cent, mille fois, etc... plus grand, il suffit d'ajouter à sa droite un, deux, trois zéros, etc..., c'est-à-dire de considérer les unités, comme des dizaines, des centaines, des mille, etc...

Exemple : $44 \times 100 = 4400$.

2° Pour rendre un nombre décimal dix, cent, mille fois plus grand, il suffit de déplacer la virgule de un, deux, trois rangs vers la droite.

Exemple : $4,350 \times 100 = 435$.

3° Pour rendre un nombre entier dix, cent, mille fois plus petit, il suffit de considérer les unités comme des dixièmes, des centièmes, des millièmes et séparer sur la droite un, deux, trois chiffres décimaux.

Exemple : $655 : 100 = 6,55$.

4° Pour rendre un nombre décimal dix, cent, mille fois plus petit il suffit de déplacer la virgule de un, deux, trois rangs vers la gauche.

EXEMPLE : 25,46 : 100 = 0,2546.

5⁰ En plaçant ou en supprimant des zéros à la gauche d'un nombre entier ou à la droite d'un nombre décimal on ne change ni la valeur, ni le rang des unités.

EXEMPLE : 0660 = 660.
7,75 = 7,750.

CHAPITRE II

Opérations usuelles

Les opérations arithmétiques ont pour but de faire subir aux nombres certaines modifications et sont au nombre de quatre :

1⁰ L'addition ;

2⁰ La soustraction ;

3⁰ La multiplication ;

4⁰ La division.

L'addition et la multiplication composent les nombres.

La soustraction et la division les décomposent.

§ I. — *Addition.* — L'addition est une opération qui a pour but de réunir plusieurs nombres de la même espèce en un seul appelé somme ou total.

Le signe de l'addition s'indique par une croix (+) et s'exprime par le mot « plus ».

450 + 24 s'énonce quatre cent cinquante plus vingt-quatre.

Pour ajouter l'un à l'autre deux nombres ou plusieurs nombres, il faut que les objets qu'ils représentent soient de même nature et les unités de même ordre.

On ne peut pas additionner des douves avec des clous, mais des douves avec des douves de même qu'on additionne des dizaines avec des dizaines et des centaines avec des centaines.

Il s'en suit que pour additionner très facilement les unités de même ordre de chaque nombre on place ces nombres les uns sous les autres.

Une addition de nombres de plusieurs chiffres se compose de l'addition des unités, de l'addition des dizaines, de l'addition des centaines, etc...

Les dizaines provenant de l'addition des unités s'ajoutent aux dizaines ; les centaines provenant de l'addition des dizaines s'ajoutent aux centaines, etc... et en raison de cette retenue l'addition se commence par la droite.

Soit à additionner les nombres suivants :

$$4.448 + 680,50 + 48,05.$$

On place les nombres les uns au-dessous des autres de manière que les unités de même ordre soient sur la même ligne verticale, les unités sous les unités, les dizaines sous les dizaines, etc. .

On écrit 4.448 en plaçant 4 dans la colonne de mille, 4 dans la colonne des centaines, 4 dans la colonne des dizaines et 8 dans la colonne des unités.

Sur une deuxième ligne horizontale au-dessous du premier nombre, on écrit les chiffres du second 680,50 en plaçant le 6 dans la colonne des centaines, le 8 dans la colonne des dizaines et le zéro dans la colonne des unités. Le nombre 680,50 étant un nombre décimal on met une virgule après le zéro réprésentant les unités. On écrit 5 (cinq) dans la colonne des dixièmes et zéro dans la colonne des centièmes.

Sur une troisième ligne horizontale, on écrit 48,05 en plaçant le 4 dans la colonne des dizaines, le 8 dans la colonne des unités, que l'on sépare par une virgule de la colonne des dixièmes, on remplace les dixièmes par un zéro et on écrit 5 à la colonne des centièmes. On tire un trait horizontal sous les trois nombres pour les séparer du total.

Pour trouver ce dernier on additionne chaque colonne en partant de la droite et on inscrit au bas de chacune, sous le trait horizontal le résultat donné :

Ainsi on dit :

$0+5=5$, colonne des centièmes.

$5+0=5$, colonne des dixièmes.

$8+8=16$, colonne des unités, on pose 6 et on retient 1 qu'on ajoute à la colonne des dizaines

$1+4+8+4=17$, on pose 7 à la colonne des dizaines et l'on retient 1 qu'on ajoute à la colonne des centaines.

$1+4+6=11$, on pose 1 à la colonne des centaines et on retient 1 que l'on ajoute à la colonne des mille.

$1+4=5$, on pose 5 à la colonne des mille.

Le total obtenu est de 5.176,55, on a soin de placer la virgule sous les autres virgules.

Le résultat s'indique par le signe $=$ qui s'énonce égal.

Pour savoir si l'opération est juste on en fait la preuve en recomptant chaque colonne de bas en haut.

§ II. — *Soustraction.* — La soustraction est une opération qui a pour but, étant donnés deux nombres de même espèce de retrancher le plus petit du plus grand. Le résultat s'appelle reste ou différence.

Le signe de la soustraction s'indique par un petit trait horizontal — qui s'énonce «moins».

Comme l'addition, la soustraction ne peut se faire qu'avec des objets de même espèce ou des unités de même ordre.

La soustraction de nombres de plusieurs chiffres est le résultat de la soustraction des unités d'abord, des dizaines ensuite, des centaines, etc...

Il est à retenir, comme principe de la soustraction que la différence de deux nombres ne change pas si on ajoute à chacun deux la même quantité :

$$\text{EXEMPLE :} \quad 4-2=2. \qquad 24-22=2.$$

On peut donc augmenter le plus grand nombre de dix unités, pourvu qu'on augmente le plus petit nombre d'une dizaine. C'est ce qui fait la retenue et cette retenue oblige à commencer l'opération par la droite.

Soit à soustraire 69,45 de 486,5.

On écrit sur une première ligne horizontale le plus grand nombre en plaçant le 4 dans la colonne des centaines, le 8 dans la colonne des dizaines et le 6 dans la colonne des unités. Le nombre 486,5 étant un nombre décimal, on sépare par une virgule les unités des dixièmes et on écrit dans la colonne des dixièmes le 5 qui les représente.

Au-dessous du plus grand nombre sur une seconde ligne horizontale, on écrit le deuxième nombre 69,45 en plaçant le 6 dans la colonne des dizaines, le 9 dans la colonne des unités, la virgule sous la virgule, le 4 dans la colonne des dixièmes et le 5 dans la colonne des centièmes. On tire un trait horizontal sous les deux nombres et on commence la soustraction. Nous savons, d'après le principe exposé ci-dessus qu'on peut, sans inconvénient, ajouter dix unités au plus grand nombre à condition d'ajouter une dizaine au plus petit. Le plus grand nombre 486,5 n'ayant pas de centièmes, on lui ajoute 10 et on dit : 5 ôté de 10, reste 5 ; on écrit 5 sous le trait horizontal dans la colonne des centièmes, on retient 1 qu'on ajoute à la colonne des dixièmes et on dit : 4 et 1 = 5 ôté de 5 reste 0 que l'on place dans la colonne des dixièmes, sans avoir de retenue, puisqu'on n'a rien ajouté au chiffre 5. Après avoir placé la virgule séparant les unités des dixièmes sous les autres virgules, on continue l'opération par la colonne des unités ; 9 ôté de 16 (c'est-à-dire de 6 + 10) reste 7, on pose 7 et on retient 1. 1 + 6, c'est-à-dire 7 ôté de 8 il reste 1, on pose 1 et comme il n'y a pas de retenue on abaisse le 4 ; le résultat obtenu ou la différence entre 486,5 et 69,45 est de 417,05 ou 486,5 − 69,45 = 417,05.

Lorsque le nombre supérieur n'a pas de chiffres décimaux ou lorsqu'il en a moins que le nombre inférieur, on les remplace par des zéros.

Pour faire la preuve de la soustraction on additionne le reste ou résultat obtenu avec le plus petit nombre. Si l'opération est exacte on doit obtenir le plus grand nombre.

§ III. — *Usages de l'addition et de la soustraction.* — Exemples appliqués à la tonnnellerie.

1° Un tonnelier a acheté pour faire des douves trois lots d'arbres. Le premier en comprend 253, le second 100, le troisième 95. Il a payé le premier lot 2.530 francs, le second 1.000 francs, le troisième 950 francs. Il a dépensé pour le faire exploiter 3.584 francs, pour le faire conduire 2.580 francs. Combien a-t-il abattu d'arbres ? A quel prix lui reviennent-ils ?

Solution :

Le tonnelier a abattu :
$$253 + 100 + 95 = 448 \text{ arbres.}$$
Les trois lots lui reviennent à :
$$2.520 + 1.000 + 950 + 3.564 + 2.580 = 10.644 \text{ francs.}$$

2° Un tonnelier a vendu une barrique neuve 95 francs et une demi-barrique 75 francs. Quel est son bénéfice, sachant que la première lui revenait à 60 francs et la seconde à 45 francs.

Solution :

Il a gagné sur la première $95 - 60 = 35$ francs.
— la seconde $60 - 45 = 15$ francs.
Son bénéfice est de $35 + 15 = 50$ francs.

3° Un tonnelier doit payer une facture de feuillard de 4.800 francs et il n'a en caisse qu'une somme de 3.500 francs. Il vend pour 2.850 francs de futailles. Combien lui restera-t-il en caisse quand il aura payé sa dette ?

Solution :

Après avoir vendu ses futailles, le tonnelier a en caisse :
$$3\,500 + 2.850 = 6.350 \text{ francs.}$$
Quand il aura payé sa facture de feuillard il lui restera :
$$6.350 - 4.800 = 1.550 \text{ francs.}$$

4° Un tonnelier a construit 4 foudres de valeur différente pour un prix total de 12.650 francs. Le premier vaut 2.870 francs ; le second 220 francs de plus que le premier et le troisième 675 francs de moins que les deux premiers ensemble. Quelle est la valeur du quatrième foudre ?

Solution :

Le premier foudre vaut 2.870 francs.
Le second foudre vaut $2.870 + 220 = 3.090$ francs.
Le troisième foudre vaut $(3.090 + 2.870) - 675 = 5.960 - 675 = 5.285$ fr.
Les trois foudres ensemble valent $2.870 + 3.090 + 5.285 = 11.245$ francs.
Le quatrième foudre vaut $12.650 - 11.245 = 1.405$ francs.

§ IV. — *Multiplication*. — La multiplication est une opération qui a pour but de répéter un nombre appelé « multiplicande » autant de fois qu'il y a d'unités dans un autre nombre appelé « multiplicateur ».

Le résultat s'appelle « produit » et le signe s'indique par $\times$ qui s'énonce « multiplié par ».

EXEMPLE : 5×6 s'énonce 5 multiplié par $6 =$ égal 30.

5 est le multiplicande, 6 est le multiplicateur, 30 est le produit.

Le multiplicande et le multiplicateur s'appellent les « facteurs ». La multiplication n'est en somme qu'une addition abrégée, ainsi dans l'exemple ci-dessus on aurait pu obtenir le même résultat en additionnant six chiffres 5 placés les uns au-dessous des autres.

Il est à retenir dans l'étude de la multiplication plusieurs principes.

1º Le produit est au multiplicande comme le multiplicateur est à l'unité.

Ainsi dans l'exemple ci-dessus le produit 30 est six fois plus grand que le multiplicande et le multiplicateur est six fois plus grand que l'unité. Il découle de ce principe, que si le multiplicateur est plus petit que l'unité, le produit est plus petit que le multiplicande ; on peut, dans ce cas donner de la multiplication cette seconde définition.

La multiplication est une opération qui a pour but, étant donnés deux nombres appelés, l'un multiplicande et l'autre multiplicateur, d'en trouver un troisième appelé produit qui se compose avec le multiplicande, comme le multiplicateur se compose avec l'unité.

2º Le produit ne change pas si on intervertit l'odre des facteurs.

EXEMPLE : $6 \times 5 = 5 \times 6$.

3º Le produit représente des unités de même espèce que le multiplicande.

Si l'on répète plusieurs fois des douves on obtient des douves. Il s'en suit que le multiplicande est celui des deux facteurs qui représente l'espèce d'unités qu'on multiplie.

4º Si le multiplicande ou le multiplicateur est zéro, le produit est zéro :

EXEMPLE : $6 \times 0 = 0$. $0 \times 6 = 0$.

Il y a plusieurs règles à observer pour faire la multiplication.

1º Lorsque le multiplicande et le multiplicateur n'ont qu'un chiffre, l'opération se fait de tête avec l'aide de la table de Pythagore.

Pour établir une table de Pythagore on inscrit sur une ligne horizontale les neufs premiers nombres ; puis on ajoute chaque nombre à lui-même pour former une deuxième ligne ; la troisième ligne est obtenue en ajoutant la première ligne à celle que l'on vient d'écrire et ainsi de suite jusqu'à la neuvième, on voit ainsi que la deuxième ligne contient les produits des neuf premiers nombres par 3, etc.

Pour se servir de la table de Pythagore on opère ainsi :

Supposons que nous voulions trouver le produit de 6 par 4, il sera à l'intersection de la sixième colonne horizontale avec la quatrième colonne verticale et ce sera le nombre 24.

2° Lorsque le multiplicateur n'a qu'un chiffre on fait successivement la multiplication de tous les chiffres du multiplicande en commençant par la droite et l'on ajoute à chaque produit la retenue du produit précédent.

Soit par exemple à multiplier 434 par 4. Faire cette opération c'est répéter 4 fois les unités, 4 fois les dizaines et 4 fois les centaines. Nous retombons dans le principe de l'addition. La retenue du produit des unités s'ajoute au produit des dizaines, celle du produit des dizaines s'ajoute au produit des centaines, etc... d'où obligation de commencer l'opération par la droite.

On écrit le multiplicande 434. Puis au-dessous, dans la colonne des unités le multiplicateur 4. Nous rapportant à la multiplication d'un chiffre par un chiffre ou à la table de Pythagore, exposée ci-dessus, nous disons : 4 fois 4 ou 4 multiplié par 4. égal 16 ; nous posons 6 et nous retenons 1 que nous ajouterons au produit des dizaines ; 3 multiplié par 4, égal 12 et 1 de retenue égal 13, nous posons 3 et nous retenons 1 ; 4 multiplié par 4, égal 16 et 1 de retenue 17, nous posons 17.

$$\begin{array}{r} 434 \\ \times\ 4 \\ \hline 1.736 \end{array}$$

Le produit de 434 multiplié par 4 est de 1.736 ou $434 \times 4 = 1.736$.

3° Lorsque le multiplicateur a plusieurs chiffres on multiplie successivement le multiplicande par tous les chiffres du multiplicateur ; on obtient ainsi, plusieurs produits partiels que l'on n'a plus qu'à placer convenablement et à additionner.

Soit par exemple à multiplier 2.476 par 204. Multiplier 2.476 par 204 c'est répéter ce nombre d'abord 200 fois, puis 4 fois, ou inversement. En le répétant 4 fois, on le multiplie par 4 et en le répétant 200 fois on le multiplie par 200 et on exprime le résultat en centaines.

Pour faire l'opération on écrit le multiplicande 2.476, puis au-dessous le multiplicateur 204 en plaçant chaque chiffre dans la colonne qui lui convient, on tire un trait horizontal et on commence la multiplication

$$\begin{array}{r} 2476 \\ \times 204 \\ \hline 9901 \\ 4952 \\ \hline 505104 \end{array}$$

en plaçant le premier chiffre de chaque produit partiel sous le chiffre du multiplicateur qui l'a formé sans tenir compte des zéros du multiplicateur.

On se reporte à la table de Pythagore et on dit : 4 fois 6, 24, on pose 4 et on retient 2, 4 fois 7 = 28 et 2 de retenue 30, on pose 0 et on retient 3 ; 4 fois 4 = 16 et 3 de retenue 19, on pose 9 et on retient 1 ; 4 fois 2 = 8 et 1 de retenue 9, on pose 9. Le produit obtenu de 2.476 par le chiffre des unités 4 est le nombre 9.904.

Au-dessous de ce nombre on inscrit le produit de 2.476 par le chiffre des centaines qui est 2, sans tenir compte du zéro représentant les dizaines, mais en ayant soin de placer le premier chiffre du produit

qu'on va obtenir sous le 2 du multiplicateur et non sous le 0. On dit:
2 fois 6, 12, on pose 2 et on retient 1 ; 2 fois 7, 14 et un de retenue 15,
on pose 5 et on retient 1 ; 2 fois 4, 8 et 1 de retenue 9, on pose 9 ; 2 fois
2 = 4, on pose 4. Le produit obtenu de 2.476 par le chiffre 2 des centaines est 4.952. En additionnant les deux produits partiels des unités et
des centaines, on obtient le résultat définitif de l'opération, on tire sous
les deux nombres un trait horizontal et on en fait l'addition, qui nous
donne comme total le nombre de 505.104 qui est le produit cherché.

4° Si les facteurs sont terminés à droite par des zéros, on multiplie
par ces zéros mais on en place à la droite du produit autant qu'il y en a
à la droite des deux facteurs.

Soit à multiplier 4.600 par 200 qui donne = 92.000. Il suffit de multiplier 46 par 2 et d'ajouter quatre zéros.

5° Nous avons vu, au premier principe de la multiplication que le
produit était au multiplicande, ce que le multiplicateur était à l'unité.

Multiplier un nombre par 0,05, c'est-à-dire par la moitié de l'unité,
c'est donc prendre la moitié du multiplicande. Prendre les 0,08, les 0,07,
c'est multiplier le nombre par 0,08 ou par 0,07.

Multiplier un nombre par 0,1, 0,01, 0,001 revient au même que de le
diviser par 10, 100, 1000.

Ces remarques faites, on peut dire que la multiplication des nombres
décimaux se fait, comme celle des nombres entiers, en ayant soin de
séparer par une virgule à la droite du produit, autant de chiffres décimaux qu'il y en a dans les deux facteurs.

Soit, à multiplier, en prenant les mêmes chiffres que précédemment:
24,76 × 2,04 le produit sera 50,5104.

Preuve par 9. — Pour faire la preuve de la multiplication on
emploie le procédé suivant qui s'appelle la preuve par 9.

Soit à faire la preuve de la multiplication :
475 × 24 = 11.400.

Pour vérifier par la preuve par 9, je dispose l'opération de la façon
suivante. Je trace deux lignes qui forment quatre angles :

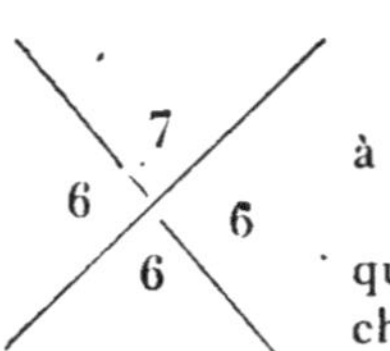

1° J'additionne les chiffres du multiplicande :
4 + 7 + 5 = 16
à ce total je retranche 9 :
16 — 9 = 7
que je pose dans l'un des angles. (Au lieu de retrancher 9 j'aurais pu additionner les deux chiffres de 16:
1 + 6 = 7, le résultat est le même) ;

2° J'additionne de même les chiffres du multiplicateur :
2 + 4 = 6.

Je pose 6 en regard du précédent résultat.

4° Je multiplie l'un par l'autre les deux chiffres obtenus :
$$6 \times 7 = 42.$$
J'additionne les chiffres de 42 :
$$4 + 2 = 6.$$
Je pose 6 dans l'un des angles qui restent libres ;

4° J'additionne les chiffres du produit :
$$1 + 1 + 4 = 6.$$
Je place ce total dans le quatrième angle.

Les deux derniers totaux étant semblables, l'opération est exacte.

§ V. — *Division*. — On peut donner de la division les deux définitions suivantes :

1° La division est une opération qui a pour but de partager un nombre appelé « dividende » en autant de parties égales qu'il y a d'unités dans un autre nombre appelé « diviseur ».

Le résultat s'appelle « quotient ».

Ainsi, si l'on veut partager un tas de 972 douves en 9 piles égales, on fait une division pour savoir combien on doit en mettre dans chaque pile. Le résultat obtenu sera 108.

972 est le dividende.

9 est le diviseur.

108 est le quotient.

2° La division est une opération qui a pour but de chercher combien de fois un nombre appelé « diviseur » est contenu dans un autre nombre appelé « dividende ».

Le résultat s'appelle « quotient ».

Ainsi pour savoir combien l'on peut faire de barriques avec 360 douves, sachant que pour en faire une on en emploi 20 ; il suffit, en faisant une division de trouver combien de fois 20 est contenu dans 360. Le résultat ou quotient obtenu est 18.

360 est le dividende.

20 est le diviseur.

18 est le quotient.

Le signe de la division s'indique par : ou par — qui s'énonce « divisé par » et qui s'écrit :

Dividende : diviseur = quotient

ou :
$$\frac{\text{Dividende}}{\text{Diviseur}} = \text{quotient.}$$

Par exemple :
$$9 : 3 \text{ ou } \frac{9}{3} = 3.$$

Diviser un nombre c'est le rendre un nombre quelconque de fois plus petit.

Diviser un nombre par 2 c'est le rendre deux fois plus petit, diviser un nombre par 3 c'est le rendre trois fois plus petit, etc...

La moitié, le quart, le cinquième, le tiers d'un nombre, c'est le quotient obtenu en divisant ce nombre par 2, 4, 5, 3.

Nous avons dit que la multiplication pouvait être considérée comme une suite d'additions, nous pouvons dire que la division est une succession de soustractions.

Diviser, c'est retrancher autant de fois qu'il est possible le diviseur du dividende.

Soit à diviser par soustractions successives, 145 par 35 :

1º 145 — 35 = 110 ;

2º 110 — 35 — 75 ;

3º 75 — 35 — 40 ;

4º 40 — 35 = 5.

On peut retrancher quatre fois le nombre 35 du nombre 145. Le quotient est donc 4 et le reste 5 de la dernière division est le reste de la division. Il est toujours plus petit que le diviseur.

Il est évident que si, dans la pratique, il fallait employer ce moyen pour faire une division, le calcul serait long. Pour diviser rapidement il faut savoir trouver le quotient.

Toutes les fois que le diviseur n'a qu'un chiffre et que le dividende ne contient pas dix fois le diviseur, le quotient n'a qu'un chiffre et on le trouve à l'aide de la table de Pythagore.

Soit à diviser 46 par 8. On sait que 5 fois 8 font 40 et que 6 fois 8 font 48 ; 46 contient donc 5 fois 8, mais ne le contient pas 6 fois, le quotient sera donc 5.

Pour faire une division, on écrit le diviseur à la droite du dividende, sur une même ligne horizontale en les séparant par un trait vertical et en mettant sous le diviseur une barre horizontale, sous laquelle on écrit le quotient.

Soit 628 à diviser par 63. On place les chiffres comme il vient d'être indiqué et on cherche si le quotient a un ou plusieurs chiffres. Pour cela on ajoute un zéro à la droite du diviseur. Si le nombre obtenu dépasse le dividende, c'est que celui-ci ne contient pas dix fois le diviseur, et le quotient n'a qu'un chiffre, c'est ce qui arrive pour l'exemple ci-contre, 630 est plus grand que 628 ; Si le nombre obtenu dépasse le dividende, c'est que celui-ci contient au moins dix fois le diviseur et le quotient a plusieurs chiffres

1º Le quotient n'a qu'un chiffre. Après avoir placé les nombres comme il a été dit ci-dessus on sépare sur la gauche du dividende autant de chiffres qu'il en faut pour contenir au moins une fois, mais pas plus de neuf fois, le premier chiffre de gauche du diviseur ; on divise cette partie séparée du dividende par le premier chiffre du diviseur et on obtient un chiffre au quotient ; on multiplie le diviseur par ce chiffre et on retranche du dividende le produit obtenu. Ce chiffre est le quotient cherché, et le résultat de la soustraction est le reste de la division.

Soit à diviser 2.429 par 538 ; on sépare sur la gauche du dividende deux chiffres, soit 24 qu'on divise par le premier chiffre 5 du diviseur.

On trouve au quotient le chiffre 4 ; on multiplie le diviseur par ce chiffre :

$$538 \times 4 = 2.152$$

et on retranche du dividende le produit obtenu :

$$2.429 - 2.152 = 277.$$

Le chiffre 4 est le quotient et le nombre 277 est le reste de la division.

Si la soustraction n'est pas possible, c'est-à-dire, si le produit du diviseur par le chiffre trouvé est plus grand que le dividende, on diminue ce chiffre d'une unité pour que la soustraction puisse se faire.

Soit à diviser 911 par 335. On sépare 9 qu'on divise par 3. On trouve 3, on multiplie 335 par 3, on trouve 1.005 qui est plus grand que 911, la soustraction est impossible, donc le chiffre 3 est trop fort, on le diminue d'une unité et on inscrit 2 au quotient.

Le produit de 335 par 2 est 670 qui est plus petit que 911 et qui retranché de ce nombre donne pour reste à la division 241 ; 2 est bien le quotient cherché pour les raisons suivantes :

a) Le dividende contient au moins 2 fois le diviseur puisqu'on peut l'en retrancher deux fois.

b) Le dividende ne contient pas trois fois le diviseur puisque le produit de 335 par 3 dépasse le dividende.

Théoriquement, pour faire une division on multiplie le diviseur par le chiffre trouvé au quotient et on retranche le produit du dividende.

Pratiquement on simplifie les calculs en faisant tout à la fois cette multiplication et cette soustraction.

Soit à diviser 911 par 335. On dit : en 9 combien y a-t-il de fois 3 — 2 fois ; 2 fois 5 = 10, 10 ôté de 11 reste 1 et je retiens 1 ; 2 fois 3 = 6 et 1 de retenue 7, ôté de 11 reste 4 et je retiens 1 ; 2 fois 3 = 6 et 1 de retenue 7, ôté de 9 reste 2. Le quotient est 2 et le reste 241.

2° Le quotient a plusieurs chiffres. Si le quotient a plusieurs chiffres, on sépare sur la gauche du dividende donné le nombre de chiffres nécessaires pour contenir le diviseur ; on obtient ainsi un dividende partiel qui, divisé, donne le premier chiffre du quotient.

A la droite du reste de cette division partielle, on abaisse le chiffre suivant du dividende donné et on divise ce deuxième dividende partiel pour obtenir le deuxième chiffre du quotient et ainsi de suite, jusqu'à ce que le reste obtenu ne puisse plus contenir le diviseur.

Soit à diviser le nombre 48.527 par 58. On divise le premier dividende partiel 485 par 58 et on trouve 8 comme quotient, on abaisse le chiffre suivant qui est 2 à la droite du reste, ce qui donne un second dividende partiel 212 qui, divisé à son tour par 58, donne, comme quotient 3, et comme reste 38. On abaisse le chiffre suivant qui est 7 à la droite de ce reste et on obtient un troisième dividende partiel qui, divisé par 58 fournit un quotient de 6 et un reste de 39. Finalement le quotient cherché est 836 et le reste est 39.

$$\begin{array}{r|l} 48527 & 58 \\ \hline 212 & 836 \\ 387 & \\ 39 & \end{array}$$

Si l'on veut pousser plus loin la division et obtenir au quotient des dixièmes et des centièmes, on ajoute à la droite du reste un zéro pour le rendre 10 fois plus grand ; on met au quotient une virgule et on continue l'opération en ajoutant un zéro à chaque reste.

Quand un dividende partiel est inférieur au diviseur on place un zéro au quotient, on abaisse à la droite de ce dividende partiel le chiffre suivant du dividende donné et on continue l'opération.

Soit à diviser 316.629 par 628. Le premier dividende partiel est 3166 qui, divisé par 628 donne un quotient de 5 et un reste de 26 ; le second dividende partiel est 263 qui est plus petit que le diviseur ; on place un zéro au quotient et on abaisse à la droite de 263 le chiffre suivant du dividende, soit 9, pour former un dividende partiel qui puisse contenir le diviseur. Le résultat final de l'opération donne un quotient de 504 et un reste de 127.

$$\begin{array}{r|l} 316629 & 628 \\ \hline 2639 & 504 \\ 127 & \end{array}$$

PREUVE. — Pour faire la preuve de la division on multiplie le diviseur par le quotient, on ajoute le reste au produit et on doit retrouver le dividende.

$$48.527 : 58 = 836, \text{ reste } 39.$$
$$\text{Preuve} : 836 \times 58 = 48.488 + 39 = 48.527.$$

Quand une division se fait sans reste on dit qu'elle est faite exactement ; le quotient s'appelle le quotient exact. Quand une division se fait avec un reste, le quotient s'appelle le quotient approché.

DIVISIBILITÉ. — Un nombre est divisible par un autre lorsque la division du premier par le second se fait exactement.

DIVISIBILITÉ PAR 2. — Pour qu'un nombre soit divisible par 2 il suffit que son dernier chiffre soit 2, 4, 6, 8 ou 0. 18, 20 sont divisibles par 2.

DIVISIBILITÉ PAR 3. — Pour qu'un nombre soit divisible par 3, il suffit que la somme de ses chiffres soit divisible par 3. 474 est divisible par 3 parce que $4 + 7 + 4 = 15$ et que 15 est exactement divisible par 3. $3 \times 5 = 15$. $15 : 3 = 5$.

DIVISIBILITÉ PAR 4. — Un nombre est divisible par 4 lorsque le nombre formé par ses deux derniers chiffres est divisible par 4.

8.112 est divisible par 4 parce que 12 est divisible par 4. $3 \times 4 = 12$.

DIVISIBILITÉ PAR 5. — Un nombre est divisible par 5 quand son dernier chiffre est 5 ou 0.

35 est divisible par 5, de même que 120, 135, 140.

DIVISIBILITÉ PAR 6. — Un nombre est divisible par 6 quand il est à la fois divisible par 2 et par 3.

36 divisible par 2 et par 3 est divisible par 6.

DIVISIBILITÉ PAR 9. — Un nombre est divisible par 9 quand la somme de ses chiffres est divisible par 9.

1.782 est divisible par 9 parce que $1+7+8+2 = 18$ qui est divisible par 9.

DIVISIBILITÉ PAR 10. — Tout nombre terminé par un zéro est divisible par 10.

DIVISION DES NOMBRES DÉCIMAUX. — Dans la division des nombres décimaux, il y a deux cas à envisager :

1° Le dividende seul est décimal.

La division se fait comme s'il s'agissait d'un nombre entier en ayant soin de mettre au quotient une virgule en même temps qu'on abaisse le premier chiffre décimal.

Lorsque la partie entière du dividende est plus petite que le diviseur elle doit être représentée au quotient par un zéro ;

2° Le diviseur est décimal.

Comme on ne peut faire un partage qu'en parties égales, si le diviseur est décimal on doit le convertir en nombre entier. Il suffit pour cela de supprimer la virgule du diviseur et de transformer le dividende (en supprimant, en déplaçant la virgule ou en ajoutant des zéros) en unités de même ordre que le dernier chiffre décimal du diviseur.

§ VI. — *Usages de la multiplication et de la division. Exemples appliqués à la tonnellerie.*

1° Un tonnelier a acheté un lot de 283 arbres et un lot de 75 arbres qu'il a payés à raison de 25 francs le pied. L'abatage lui a coûté 3 francs et le transport 4 francs par arbre. Chaque arbre du premier lot devant lui fournir 105 douves et 4 stères de bois de feu, quel sera le prix moyen de revient de chaque douve, sachant qu'il paie au fendeur 0 fr. 35 de façon par douve et qu'il vend le bois de feu 10 francs le stère.

Solution :

Nombre d'arbres achetés : $283 + 75 = 358$.

Ces arbres coûtent :

Prix d'achat : $25 \times 358 = 8.950$ francs.

Frais d'abatage : $3 \times 358 = 1.074$ francs.

Frais de transport : $4 \times 358 = 1.432$ francs.

Débours total : $8.950 + 1.074 + 1.432 = 11.456$ francs.

Ces arbres produisent :

1er lot : $105 \times 283 = 29.715$ douves.

2e lot : $220 \times 75 = 1.750$ douves.

Soit au total $29.715 + 1.750 = 31.465$.

Leur façon coûte au tonnelier $31.465 \times 0,35 = 11.012$ fr. 75.

Le prix total des douves est de 11.012 fr. $65 + 11.456 = 22.468$ fr. 75.

Il y a lieu de déduire le bénéfice que le tonnelier va retirer de la vente du bois de feu et qui est de :

Nombre de stères : $4 \times 283 = 1.132$ stères.

$$6 \times 75 = 450 \quad —$$

Au total : $1.133 + 450 = 1.582$ stères.

Prix de vente : $10 \times 1.582 = 15.820$ francs.

Le prix de revient de la totalité des douves après la vente du bois de feu sera de :

$$22.468,75 — 15.820 = 6.648 \text{ fr. } 75.$$

Le prix de revient de chaque douve sera de :

$$6.648,75 : 31.465 = 0 \text{ fr. } 21 \text{ centimes.}$$

2° Un tonnelier a 18 barriques à cercler. Son travail lui revient à 288 francs. Combien chaque barrique a-t-elle de cercles, sachant que chaque cercle revient à 2 francs ?

Solution :

Nombre total de cercles employés par le tonnelier :

$$288 : 2 = 144.$$

Chaque barrique aura :

$$144 : 18 = 8 \text{ cercles.}$$

3° Trois tonneliers achètent ensemble un lot de 3.820 kilogrammes de feuillard pour 7.640 francs. Le premier paie 2.620 francs, le deuxième 1.840 francs et le troisième le reste. Combien revient-il de kilogrammes à chacun ?

Solution :

Le premier et le second ayant payé $2.620 + 1.840 = 4.460$ francs.

Le troisième aura à payer $7.640 — 4.460 = 3.180$ francs.

Le kilogramme de ce feuillard coûtant $7.640 : 3.820 = 2$ francs Il revient :

Au premier : $2.620 : 2 = 1.310$ kilogrammes.

Au second : $1.840 : 2 = 920 \quad —$

Au troisième : $3.180 : 2 = 1.590 \quad —$

Preuve : 7.640 fr. 3.820 —

CHAPITRE III

Moyennes

Pour trouver la moyenne de plusieurs quantités on additionne ces quantités et on divise le total obtenu par le nombre de quantités.

Utilisation de cette règle en tonnellerie :

1º Trouver la circonférence moyenne d'un arbre qui a, au pied 2 m. 52 de tour et à la tête 1 m. 32.

Solution :

2 m 52 + 1 m. 32 = 3 m 84 : 2 = 1 m. 92.

2º Un tonnelier a gagné en janvier 1.122 fr. 60, en février 1.294 francs, en mars 980 francs et en avril 1.018 francs. Combien a-t-il gagné en moyenne par mois ?

Solution :

Il a gagné en moyenne par mois :

$$\frac{1.122,60 + 1.294 + 980 + 1.018}{4} = 1.103 \text{ fr. } 65.$$

CHAPITRE IV

Nombres complexes

Les nombres qui expriment des divisions qui ne sont pas décimales s'appellent des nombres complexes.

Tels sont les nombres qui expriment les divisions du temps et de la circonférence.

L'année se divise en 365 ou 366 jours ou en 12 mois.

Le mois se divise en 28, 29, 30 ou 31 jours.

Le jour se divise en 24 heures.

L'heure se divise en 60 minutes.

La minute se divise en 60 secondes.

La circonférence se divise en 360 degrés qui s'écrivent 360º.

Le degré se divise en 60 minutes qui s'écrivent 60'.

La minute se divise en 60 secondes qui s'écrivent 60".

Soit par exemple à chercher combien il y a de secondes dans 8 heures 40 minutes et 24 secondes.

Solution :

Dans 8 h. 40 il y a : $8 \times 60 = 480 + 40 = 520$ minutes.

Dans 520 minutes il y a : $520 \times 60 = 31.200$ secondes.

$31.200 + 24 = 31.224$ secondes.

Autre exemple :

Pour laisser couler d'un foudre plein, un hectolitre d'eau, un robinet met 1 heure 54 minutes. Quelle sera la contenance du foudre, sachant qu'il a mis un jour à se vider ?

Dans un jour ou 24 heures il y a $60 \times 60 \times 24 = 86.400$ secondes.

Dans 1 heure 54 minutes il y a : a) $60 \times 60 = 3.600$) b) $60 \times 54 = 3.240$ } 6.840 secondes

Le robinet laissera couler : $86.400 : 6.840 = 12$ hect. 70.

La contenance du foudre sera donc de : 12 hect. 70.

CHAPITRE V

Système métrique

Autrefois en France, le système des poids et mesures était livré aux usages de chaque province. Dans certaines contrées on mesurait les longueurs en toises, les grains en boisseaux, dans d'autres, l'unité de longueur était l'aulne et l'unité de capacité la pinte. Enfin, suivant les régions, des mesures de même nature et parfois de même nom n'avaient pas la même valeur.

En 1841, le système métrique, comprenant l'ensemble des mesures ayant pour base le mètre, fut rendu obligatoire.

Le mètre, qui donne son nom à ce système, n'est autre chose que la dix-millionième partie du quart du méridien terrestre.

Le système métrique comprend six sortes de mesures :

Les mesures de longueur dont l'unité est le mètre ;

Les mesures de surface dont l'unité est le mètre carré ;

Les mesures de volume dont l'unité est le mètre cube ;

Les mesures de capacité dont l'unité est le litre ;

Les mesures de poids dont l'unité est le gramme ;

Les monnaies dont l'unité est le franc.

Le système métrique a été appelé aussi système décimal parce que tout y est subordonné au nombre 10. Au-dessus de l'unité il y a des mesures 10, 100, 1.000 fois plus grandes qu'elle ; on les appelle multiples. Au-dessous de l'unité il y a des mesures 10, 100, 1.000 fois plus petites qu'elle ; on les appelle sous-multiples.

Les multiples sont désignés par les mots suivants que l'on place avant l'unité :

Déca qui veut dire 10 fois plus grand ;

Hecto qui veut dire 100 fois plus grand ;

Kilo qui veut dire 1.000 fois plus grand ;

Myria qui veut dire 10.000 fois plus grand.

Les sous-multiples sont désignés par les mots suivants que l'on place avant l'unité.

Déci qui veut dire 10 fois plus petit ;

Centi qui veut dire 100 fois plus petit ;

Milli qui veut dire 1.000 fois plus petit.

§ I — *Mesures de longueur*. — Les mesures de longueur sont celles qui servent à mesurer les distances ou les objets dont on considère l'étendue sous une seule dimension :

L'unité est le mètre (en abrégé m.)

Les multiples du mètre sont :

Le décamètre qui vaut dix mètres (dam).

L'hectomètre qui vaut cent mètres (hm).

Le kilomètre qui vaut mille mètres (km).

Le myriamètre qui vaut dix mille mètres (Mm).

Les sous-multiples du mètre sont :

Le décimètre qui est la dixième partie du mètre (dm).

Le centimètre qui est la centième partie du mètre (cm).

Le millimètre qui est la millième partie du mètre (mm).

Les multiples et les sous-multiples du mètre étant de 10 en 10 fois plus grands les uns que les autres, sont assujettis aux règles de la numération décimale et correspondent aux divers ordres d'unités des nombres ordinaires.

Dix kilomètres, deux hectomètres, six mètres s'écrivent : 10 km. 206.

Les unités de mesure qui composent le système métrique sont réelles ou fictives selon qu'elles existent ou n'existent pas réellement.

Dans la pratique, les mesures de longueur sont représentées par différents instruments.

Le double décamètre, le décamètre et le demi-décamètre sont des chaînes métalliques, pouvant se plier pour être d'un volume plus réduit, ou des rubans s'enroulant sur une bobine. Ces instruments se trouvent dans le commerce sous le nom de « chaînes d'arpenteur » ou décamètres à ruban.

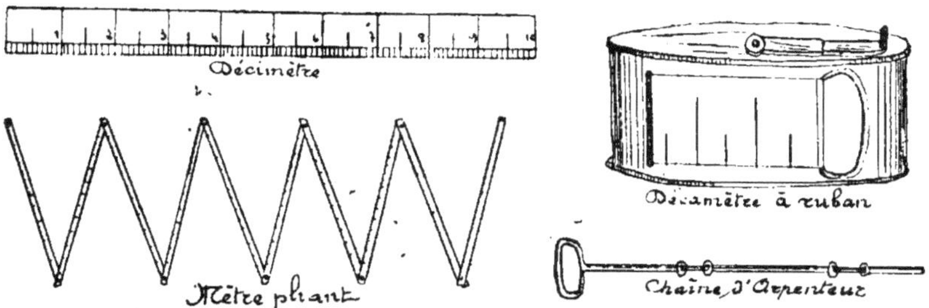

Le décimètre, le double décimètre, le mètre, le demi mètre, le double mètre, sont des barres rigides, des tiges pliantes, articulées ou des rubans.

De quelque nature qu'ils soient, ils sont divisés sur toute leur longueur en décimètres et en centimètres, et en général à l'une de leurs extrémités une certaine longueur est divisée en millimètres.

Pour mesurer une longueur on porte le mètre sur elle autant de fois qu'il est possible, s'il y a un reste, on calcule sur le mètre de combien de décimètres, de centimètres ou de millimètres est composé ce reste et on ajoute aux mètres obtenus cette quantité. Pour mesurer une longueur d'une certaine importance on se sert de la chaîne d'arpenteur.

§ II. — *Mesures de surface.* — Les mesures de surface sont celles qui servent à mesurer l'étendue d'un objet sous deux dimensions, longueur et largeur.

L'unité de surface est le mètre carré (m²). Le mètre carré est un carré qui a un mètre de côté.

Les multiples du mètre carré sont :

Le décamètre carré (dam²) qui vaut 100 mètres carrés ;

L'hectomètre carré (hm²) qui vaut 10.000 mètres carrés ;

Le kilomètre carré (km²) qui vaut 1.000.000 mètres carrés ;

Le myriamètre carré (Mm²) qui 100.000.000 mètres carrés ;

Les sous multiples du mètre carré sont :

Le décimètre carré (dm²) qui est la centième partie du mètre carré ;

Le centimètre carré (cm²) qui est la dix millième partie du mètre carré ;

Le millimètre carré (mm²) qui est la millionième partie du mètre carré.

Les multiples et les sous-multiples du mètre carré sont de cent en cent. Il est facile de s'en rendre compte. Supposons un carré ABCD qui mesure un décimètre de chaque côté. Nous partageons la longueur AB et la largeur AD en dix parties égales, ayant chacune un centimètre. Par chacun des points de division nous menons neuf parallèles à AD et neuf parallèles à AB. Ces lignes par leur intersection, forment un certain nombre de petits carrés d'un centimètre de côté. Si nous comptons ces carrés, nous en trouvons dix dans le sens vertical en suivant AD et dix dans le sens horizontal

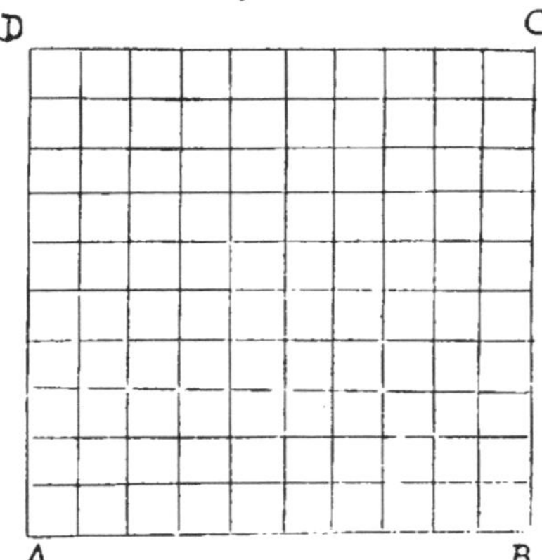

en suivant AB. Le carré en contient bien : $10 \times 10 = 100$.

Le décimètre carré contient bien 100 centimètres carrés

Il suit de cette particularité que pour écrire un nombre représentant des surfaces, il faut deux chiffres par ordre d'unités.

Dix kilomètres carrés, quatre hectomètres carrés, trois mètres carrés s'écrivent :

10 km² 04 hm² 00 dam² 03 m².

Les mesures de surface employées pour désigner l'étendue de terrain s'appellent les mesures agraires.

L'unité des mesures agraires est l'are (a) qui vaut 100 mètres carrés.

Son unique multiple est l'hectare (ha) qui vaut 10.000 m².

Son seul sous-multiple est le centiare (ca ou m²) qui vaut 1 m².

Dans les mesures agraires les unités vont de 100 en 100 comme dans les mesures de surface.

Ces deux mesures n'ont pas dans la pratique de mesures effectives.

On ne trouve pas dans le commerce de mètre carré. Pour calculer une superficie quelconque on se sert des mesures de longueur. (Du mètre ou de la chaîne d'arpenteur selon l'importance) en appliquant les principes et les règles de géométrie que nous étudierons dans la section suivante.

§ III. — *Mesures de volume*. — Les mesures de volume sont celles qui servent à mesurer la grosseur des objets, c'est-à-dire l'étendue sous trois dimensions, longueur, largeur et hauteur ou profondeur.

L'unité de mesures de volume est le mètre cube qui est représenté par un cube à six faces carrées, ayant un mètre de longueur, un mètre de largeur et un mètre de hauteur.

Les multiples du mètre cube ne sont pas usités.

Les sous multiples sont :

Le décimètre cube (dm^3) qui est la millième partie du mètre cube.

Le centimètre cube (cm^3) qui est la millionième partie du mètre cube.

Le millimètre cube (mm^3) qui est la billionième partie du mètre cube.

Les sous multiples du mètre cube vont de 1.000 en 1.000. Il est facile d'expliquer graphiquement cette particularité en se reportant à l'expérience que nous avons faite précédemment pour les surfaces. Reprenons notre carré d'un décimètre contenant 100 centimètres carrés et plaçons le horizontalement. Sur ce premier carré, superposons en un deuxième puis un troisième et ainsi de suite jusqu'à ce que nous ayons superposé dix carrés représentant la hauteur d'un décimètre cube. Ce décimètre cube contiendra bien :

$$100 \times 10 = 1.000 \text{ centimètres cubes.}$$

Il s'en suit qu'il faut trois chiffres pour écrire chaque unité.

Dix mètres cubes, quatre décimètres cubes, trois millimètres cubes s'écrivent :

$$10^{mc} 004^{dmc} 000^{cmc} 003^{mmc}.$$

Comme les surfaces, les volumes n'ont pas de mesures effectives, et pour trouver le volume d'un objet quelconque on se sert des mesures de longueur et de calculs géométriques.

Mesures de volume pour les bois. — On emploie pour mesurer les bois des mesures de volume spéciales.

L'unité est le stère qui équivaut à un mètre cube.

Le seul multiple du stère est le décastère qui vaut 10 stères.

Le seul sous multiple du stère est le décistère qui est la dixième partie du stère.

Dans ces mesures les unités sont de dix en dix fois plus grandes ou plus petites ; elles vont donc normalement de dix en dix et chaque ordre d'unité s'écrit avec un chiffre.

Le décistère qui est la dixième partie du mètre cube équivaut à 1000 dm^3.

Pour écrire : Dix stères, trois décistères, cinquante décimètres cubes, on écrit : 10ˢ,350.

Il y a pour les volumes des bois trois mesures effectives :

Le stère, le double stère et le demi décastère. Chacune de ces mesures est représentée par un cadre en bois, se composant : d'un madrier horizontal appelé « sole » sur lequel sont fixés deux montants perpendiculaires, munis de soutiens, placés obliquement à l'extérieur appelés

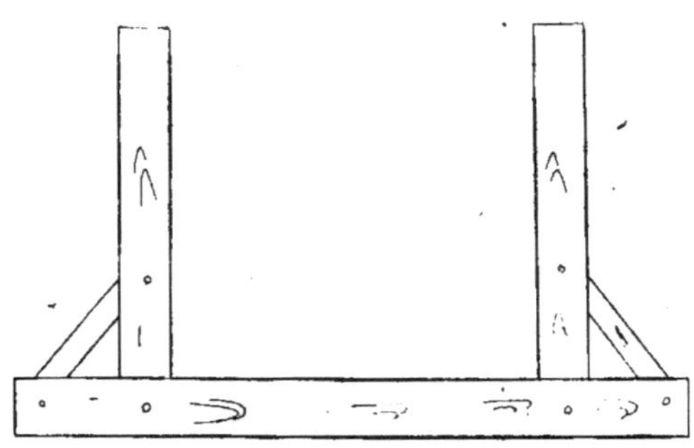

« contre fiches » ; c'est entre ces montants que se placent les bûches à mesurer. Dans le stère la hauteur des montants du châssis est de 1 mètre et leur écartement de 1 mètre.

Dans le double stère la hauteur des montants du châssis est de 1 mètre et leur écartement est de 2 mètres.

Dans le demi-décastère la hauteur des montants est de 1 m.66 et leur écartement est de 3 mètres.

Les bûches à mesurer doivent avoir exactement 1 mètre de longueur ; si leur longueur n'est pas d'un mètre la longueur des montants doit leur être proportionnée.

Il y d'autres mesures employées dans certaines provinces pour mesurer le volume du bois de chauffage ; mais elles ne sont pas admises par la système métrique. Nous indiquerons les deux plus usitées : la « corde » qui dans certains départements est comptée pour 4 stères et dans d'autres pour 3 ; la « voie » qui est comptée pour une demi-corde.

§ IV. — *Mesures de capacité.* — La capacité est le volume intérieur d'un corps creux. Les mesures de capacité sont donc celles qui servent à exprimer la contenance d'un objet et qui sont destinées à mesurer des liquides ou des matières sèches.

L'unité des mesures de capacité est le litre (l) qui est représenté par un vase cylindrique dont le volume est égal à un décimètre cube.

Les multiples du litre sont :

Le décalitre (dal) qui vaut 10 litres ;

L'hectolitre (hl) qui vaut 100 litres ;

Le kilolitre (kl) qui vaut 1.000 litres.

Les sous-multiples du litre sont :

Le décilitre (dl) qui est la dixième partie du litre ;

Le centilitre (cl) qui est la centième partie du litre ;

Le millilitre (ml) qui est la millième partie du litre.

Dans les mesures de capacité les unités vont de dix en dix et chaque ordre d'unités est représenté par un seul chiffre.

Cent hectolitres, trois litres s'écrivent : 100 h. 03.

Les mesures effectives de capacité employées dans la pratique sont :
Le centilitre et le double centilitre ;
Le demi-décilitre, le décilitre et le double décilitre ;
Le demi-litre, le litre et le double litre ;
Le demi-décalitre, le décalitre, le double décalitre ;
Le demi-hectolitre et l'hectolitre.

Ces mesures servent à mesurer des liquides ou des matières sèches. Les petites mesures servant au commerce de détail, pour mesurer des vins, spiritueux, huiles, vinaigres, etc... sont en étain. Celles plus grandes servant au commerce de gros pour les mêmes matières sont en tôle, en fer blanc ou en cuivre. Le tonnelier est appelé parfois à en fabriquer en bois.

Pour mesurer les graines, farines, etc... on emploie des mesures en bois dont la construction est confiée au boisselier.

Les objets construits par le boisselier diffèrent de ceux construits par le tonnelier en ceci, qu'ils ne possèdent aucune étanchéité et sont, de ce fait, impropres au mesurage des liquides.

Relations entre les mesures de capacité et les mesures de volumes :
Un litre équivaut à 1 décimètre cube ;
Un décalitre équivaut à 10 décimètres cubes ;
Un hectolitre équivaut à 100 décimètres cubes ;
Un décilitre équivaut à 100 centimètres cubes ;
Un centilitre équivaut à 10 centimètres cubes ;
Un millilitre équivaut à 1 centimètre cube ;
Un mètre cube vaut 1.000 litres ou 10 hectolitres.

Pour convertir des mesures de volume en mesures de capacité, il suffit de les transformer en décimètres cubes qui font autant de litres.

Pour convertir des mesures de capacité en mesures de volume, il suffit de les transformer en litres qui font autant de décimètres cubes.

La partie du système métrique que nous venons d'étudier, mesures de longueur, mesures de surface, mesures de volume et de capacité intéressent essentiellement la tonnellerie et le travail du tonnelier est une application journalière des principes qui en dérivent mais pour devenir compréhensible à l'esprit de l'ouvrier au point de l'appliquer dans ses ouvrages, il faut que cette étude soit complétée par celle des éléments de géométrie qui s'y rapportent ; c'est pourquoi nous ne donnons pas d'exemples d'application ayant trait à cette partie. L'ouvrier tonnelier, après l'étude de la section suivante, sera à même de les appliquer selon les besoins de son travail.

§ V. — *Mesures de poids.* — Les mesures de poids sont celles qui servent à évaluer le poids des objets.

L'unité des mesures de poids est le gramme qui équivaut au poids d'un centimètre cube d'eau à la température de quatre degrés.

Les multiples du gramme sont :
Le décagramme qui vaut 10 grammes (dag) ;
L'hectogramme qui vaut 100 grammes (hg) ;
Le kilogramme qui vaut 1.000 grammes (kg) ;
Le myriagramme qui vaut 10.000 grammes (Mg) ;
Le quintal (q) qui vaut 100 kilogrammes ;
La tonne (t) qui vaut 1.000 kilogrammes.

Les sous-multiples du gramme sont :
Le décigramme (dg) qui pèse 10 fois moins que le gramme ;
Le centigramme (cg) qui pèse 100 fois moins que le gramme ;
Le milligramme (mg) qui pèse 1.000 fois moins que le gramme.

Dans les mesures de poids, les unités vont de 10 en 10 et chaque ordre d'unités s'écrit avec un seul chiffre.

Trois kilogrammes, cent grammes s'écrivent : 3 kg. 100.

Les mesures de poids, sauf le quintal et la tonne sont des mesures effectives qui sont représentées dans la pratique sous des formes diverses : du milligramme au gramme, les poids sont formés de lamelles de cuivre ; du gramme au kilogramme, ils sont formés de cylindres de cuivre et terminés par un bouton permettant de les saisir ; du demi-hectogramme au myriagramme, ils sont formés de blocs de fonte coni ques à base rectangulaire ou hexagonale et munis d'un anneau.

C'est en le comparant avec un ou plusieurs de ces instruments que l'on peut évaluer le poids d'un objet quelconque.

On fait cette comparaison à l'aide d'une balance.

Une balance se compose théoriquement :

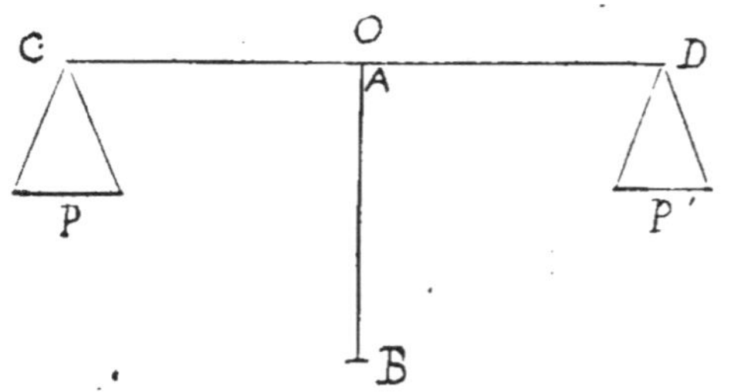

1° D'un appui A B représenté par une tige verticale ou une suspension ;

2° D'un fléau C D pivotant sur une arête O ;

3° De deux plateaux P P" suspendus à chaque extrémité du fléau et à égale distance du point O.

En plaçant l'objet à peser dans le plateau P, pour trouver son poids, il suffit de placer dans le plateau P" le nombre de poids marqués suffisant pour faire équilibre. Le fléau restant horizontal, le poids de l'objet sera égal au nombre de grammes marqués sur les poids.

Pratiquement on a fait subir aux différents modèles de balances des modifications qui les rendent plus maniables et plus précises. Ce serait nous écarter de notre sujet que d'en faire la description. Le tonnelier sera toujours apte à peser quelques kilogrammes de feuillard sur le type de balance qu'il aura à sa portée.

§ VI. — *Les monnaies.* — Pour les monnaies, l'unité est le franc, qui est effectivement représenté par une pièce formée de 9 partie d'argent et d'une partie de cuivre et qui pèse 5 grammes.

Le franc n'a pas de multiples.

Les sous-multiples sont :

Le décime qui est la dixième partie du franc ;

Le centime qui est la centième partie du franc ;

Le millime qui est la millième partie du franc.

Les unités dans les monnaies vont de dix en dix et chaque ordre d'unité s'écrit avec un seul chiffre.

Cent francs soixante centimes s'écrivent : 100 fr.60.

CHAPITRE VII

Applications de l'arithmétique

§ I. — *Rapports et proportions.* — On appelle rapport de deux nombres le quotient du premier de ces nombres par le second.

Le rapport de deux nombres entiers n'est autre chose que la division ordinaire qui a pour dividende le premier de ces nombres et pour diviseur le second.

Le rapport de 4 à 8 s'écrit $\frac{4}{8} =$ et est égal à 0,5.

L'égalité de deux rapports s'appelle proportion.

Ainsi $\frac{9}{18} = \frac{15}{30}$ est une proportion parce que ces deux rapports sont égaux l'un et l'autre à $\frac{1}{2}$.

Le premier terme et le dernier terme d'une proportion s'appellent les « extrêmes ».

Ainsi dans $\frac{9}{18} = \frac{15}{30}$ 9 et 30 sont les extrêmes.

Les deux termes qui sont entre les extrêmes se nomment les « moyens ».

Ainsi dans $\dfrac{9}{18} = \dfrac{15}{30}$ 18 et 15 sont les moyens.

Il est à retenir comme principe que :

Dans toute proportion le produit des extrêmes est égal au produit des moyens.

Soit la proportion $\dfrac{8}{15} = \dfrac{24}{45}$. Dans cette proportion 8 et 45 sont les termes extrêmes et 15 et 24 sont les termes moyens.

$$8 \times 45 = 360.$$
$$15 \times 24 = 360.$$

Les résultats des deux multiplications sont bien les mêmes. Donc le produit des extrêmes est égal au produit des moyens.

Il suit de ce principe que lorsqu'on connaît trois termes d'une proportion on peut trouver le quatrième.

Il y a dans la recherche de ce terme inconnu deux cas à envisager :

1° Pour trouver un terme moyen inconnu on fait le produit des extrêmes et on divise ce produit par le moyen connu.

Soit la proportion :

$$\dfrac{4}{9} = \dfrac{x}{72}$$

où le moyen inconnu est remplacé par x. On cherche le produit des extrêmes :

$$4 \times 72 = 288.$$

On divise le produit obtenu par le moyen connu 9 et on obtient :

$$288 : 9 = 32$$

qui est le moyen cherché. On rétablit alors la proportion :

$$\dfrac{4}{9} = \dfrac{32}{72}.$$

2° Pour trouver un terme extrême inconnu on fait le produit des moyens et on divise ce produit par l'extrême connu.

Soit la proportion :

$$\dfrac{x}{4} = \dfrac{6}{8}.$$

On fait le produit des moyens :

$$4 \times 6 = 24.$$

On divise par l'extrême connu :

$$24 : 8 = 3.$$

L'extrême inconnu est 3. On rétablit la proportion :

$$\dfrac{3}{4} = \dfrac{6}{8}.$$

Ces principes relatifs aux proportions sont en tonnellerie d'une application journalière pour établir la largeur de l'extrémité de chaque douve par rapport à la largeur du bouge.

Moyenne proportionnelle. — On appelle moyenne proportionnelle entre deux nombres un nombre qui, multiplié par lui-même, est égal au produit de ces deux nombres.

Par exemple 6 est la moyenne proportionnelle entre 4 et 9 parce que $6 \times 6 = 36$ et que $4 \times 9 = 36$ également.

Quantités proportionnelles. — Deux quantités peuvent être directement proportionnelles ou inversement proportionnelles. Deux quantités sont directement proportionnelles quand : la première devenant 2, 3, 4 fois plus grande ou plus petite ; la seconde devient 2, 3, 4 fois plus grande ou plus petite.

Ainsi, pour un salaire, un ouvrier reçoit 8 francs par jour, pour une semaine ou 6 jours, il recevra 6 fois plus,

ou $8 \times 6 = 48$ francs.

Deux quantités sont inversement proportionnelles quand : la première devenant 2, 3, 4 fois plus grande ou plus petite, la seconde devient 2, 3, 4 fois plus petite ou plus grande.

Ainsi, on achète 25 arbres pour 250 francs. Si les arbres avaient été 2 ou 3 fois plus chers, pour la même somme de 250 francs on en aurait eu 2 ou 3 fois moins, ou : Si 10 ouvriers ont mis 5 jours pour faire un foudre, il est évident que 5 ouvriers ou 2 fois moins auraient mis 2 fois plus de temps.

C'est de ces principes sur les quantités proportionnelles que découle la règle de trois.

§. II. - *Règle de trois*. — On donne le nom de règle de trois à des problèmes qui peuvent se résoudre au moyen de proportions dans lesquelles trois termes sont connus.

Il y a deux sortes de règles de trois : la règle de trois simple et la règle de trois composée.

La règle de trois simple sert à résoudre les problèmes dans lesquels trois nombres étant connus, il reste à trouver le quatrième.

La règle de trois composée sert à résoudre les problèmes dans lesquels plus de trois nombres étant connus, il reste à trouver un autre nombre inconnu.

A. Règle de trois simple. — Pour faire une règle de trois simple, il faut d'abord en écrivant l'énoncé du problème avoir soin de placer à la fin le nombre indiquant l'espèce d'unité cherchée ; on calcule le résultat pour une unité, puis pour le nombre d'unités demandées.

La solution d'un problème de ce genre tient en trois lignes.

La règle de trois peut être directe ou inverse.

Example de règle de trois directe. — 1º S'il s'agit de nombres entiers:

Pour 210 francs on peut acheter 3 barriques. A ce prix combien coûtent 12 barriques?

On pose ainsi la solution de ce problème :

3 barriques coûtent 210 francs,
1 barrique coûte 3 fois moins,
12 barriques coûtent 12 fois plus

$$\text{ou}: \frac{210 \times 12}{3} = 840 \text{ francs.}$$

2º S'il s'agit de fractions:

En payant 148 fr. 25 j'acquitte $\frac{5}{12}$ de mes contributions. Quel est le total de mes impôts annuels?

Solution :

$\frac{5}{12}$ de mes impôts représentent 148 fr. 25,

$\frac{1}{12}$ de mes impôts représente 5 fois moins,

$\frac{12}{12}$ de mes impôts représentent 12 fois plus

$$\text{ou}: \frac{148,25 \times 12}{5} = 355 \text{ fr. } 80.$$

Example de règle de trois inverse. — Dix ouvriers ont mis 6 jours pour faire un foudre ; combien 4 ouvriers auraient-ils mis de temps pour faire le même ouvrage?

Solution :

Puisque 10 ouvriers ont mis 6 jours pour faire un foudre,
    1 — mettra 10 fois plus,
    4 — mettront 4 fois moins

$$\text{ou}: \frac{6 \times 10}{4} = 15 \text{ jours.}$$

B. Règle de trois composée. — Le principe est le même que pour la règle de trois simple mais on opère avec un nombre de termes connus supérieur à trois.

Exemple : Etant donné que 8 ouvriers tonneliers ont mis 15 jours pour préparer 8.225 douves, combien de jours mettraient 12 ouvriers pour en préparer 15.345?

Solution :

Puisque 8 ouvriers ont mis 15 jours pour préparer ces douves,
    1 ouvrier mettra 8 fois plus ou: 15×8
    et 12 ouvriers mettront 12 fois moins

$$\text{ou}: \frac{15 \times 8}{12}.$$

Puisque en ce temps là 12 ouvriers ont préparé 8.225 douves, pour préparer 1 douve ils mettront 8.225 fois moins de temps et pour préparer 15.345 douves ils mettront 15.345 fois plus

$$\text{ou}: \frac{15 \times 8 \times 15.345}{12 \times 8.225} = 18 \text{ jours.}$$

§ III. — *Tant pour cent.* — Pour trouver une quantité qui soit « tant pour cent » plus grande ou plus petite qu'une quantité donnée, on applique une règle de trois.

EXEMPLE : Quelle sera la largeur d'une douve de 120 m/m quand le tonnelier l'aura diminuée de 20 % (pour cent).

On pose ainsi la solution de ce problème :

Sur 100 millimètres on doit faire une diminution de 20 m m.
— 1 — — — 100 fois moins.
— 120 — — — 120 fois plus

$$\text{ou}: \frac{20 \times 120}{100} = 24 \text{ millimètres.}$$

La douve réduite aura une largueur de 120 — 24 = 96 m m.

§ IV. — *Prix de revient.* — Les questions qu'on peut avoir à résoudre à ce sujet rentrent dans les deux cas suivants :

1° Étant donnés les quantités et les prix de plusieurs substances qu'on mélange, calculer le prix de revient de l'unité du mélange ainsi obtenu.

2° Étant donné le prix de deux substances trouver dans quel rapport il faut les mélanger pour que l'unité du mélange revienne à un prix déterminé.

1er EXEMPLE. — Pour faire un fût, un tonnelier a employé
    8 douves qui lui reviennent à 0 fr. 45,
    9 — — à 0 fr. 75,
    13 — — à 0 fr. 70.
Quel est le prix de revient de chaque douve ?
On pose ainsi la solution de ce problème :
    8 douves à 0 fr. 45 valent : 0 fr. 45 × 8 = 3 fr. 60.
    9 — à 0 fr. 75 — 0 fr. 75 × 9 = 7 fr. 65.
    13 — à 0 fr. 70 — 0 fr. 70 × 13 = 0 fr. 10.

30 douves reviennent à...... .... 20 fr. 35. .
Chaque douve revient à 20 fr. 35 : 30 = 0 fr. 678.

2° EXEMPLE. — Un tonnelier a un tas de 120 douves qui lui coûtent 0 fr. 55 pièce. Combien faut-il y ajouter de douves à 0 fr. 70 pour que chaque douve ne revienne plus qu'à 0 fr. 62.

On pose ainsi la solution de ce problème :

Le prix d'une des premières douves est trop faible de 0,62 — 0,55 = 0 fr. 07.
Le prix total des 120 douves sera trop faible de 120 × 0,07 = 8 fr. 40.
Le prix d'une des secondes douves est trop fort de 0,70 — 0,62 = 0 fr. 08.

Pour compenser ce que le premier prix a de trop faible, il faut donc ajouter autant de douves du second prix qu'il y a de fois 0,08 dans 8,40

ou : 8,40 : 0,08 = 105 douves.

SECTION II

ÉLÉMENTS DE GÉOMÉTRIE

La géométrie est la science qui nous apprend à connaître, à tracer et à mesurer les lignes, les surfaces et les volumes.

CHAPITRE PREMIER

Les Lignes

§ I. — *Généralités.* — Une ligne est une longueur, sans largeur ni épaisseur que l'on peut comparer à un fil très mince tendu d'un point à un autre.

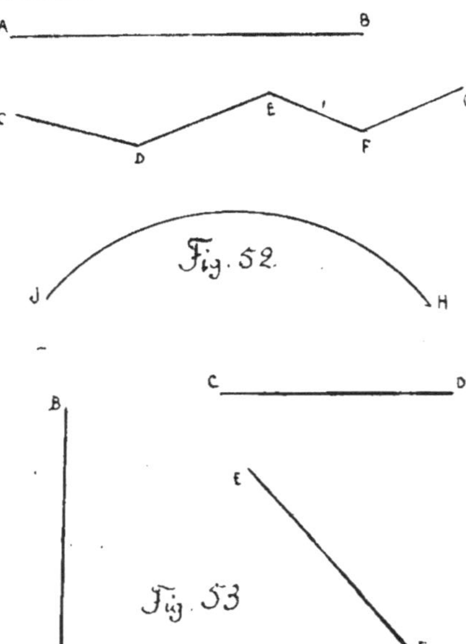

Un point n'a pas de dimension, c'est l'endroit d'où part une ligne, l'endroit où elle arrive ou le lieu de rencontre de deux lignes.

Les lignes, selon leur forme prennent des noms différents, on les appelle lignes droites, lignes brisées, lignes. courbes.

Une ligne droite AB (fig. 52) est le plus court chemin d'un point à un autre.

Une ligne brisée CDEFG est une ligne formée de lignes droite.

Une ligne courbe est une ligne qui n'est droite dans aucune de ses parties ni brisée JH.

Les lignes, selon leur direction, peuvent être verticales, horizontales ou obliques.

Une ligne verticale est une ligne droite qui suit le fil à plomb ou la direction d'une pierre qui tombe AB (fig. 53).

Une ligne horizontale est une ligne qui suit la direction de l'horizon ou la direction de la surface de l'eau. CD (fig. 53).

Une ligne oblique EF (fig. 53) est une ligne qui n'est ni verticale ni horizontale.

Entre elles, les lignes peuvent avoir des positions relatives.

Elles peuvent être perpendiculaires, obliques ou parallèles.

On appelle lignes perpendiculaires des lignes qui tombent l'une sur l'autre sans pencher ni à droite ni à gauche et qui forment par leur intersection deux angles égaux. Dans la figure 54 les lignes AB et OC sont perpendiculaires l'une à l'autre. Une ligne verticale et une ligne horizontale qui se coupent sont perpendiculaires. On appelle lignes obliques des lignes qui tombent l'une sur l'autre en penchant plus d'un côté que d'un autre et qui forment par leur intersection deux angles inégaux. Dans la figure 54 les lignes CD et EF son des lignes obliques. On appelle lignes parallèles des lignes qui suivent la même direction sans jamais se rencontrer. Dans la figure 54 les lignes GH et IJ sont des lignes parallèles. En les prolongeant elles ne se rencontrent pas et gardent toujours entre elles le même écartement.

Des lignes courtes et des lignes brisées peuvent être parallèles.

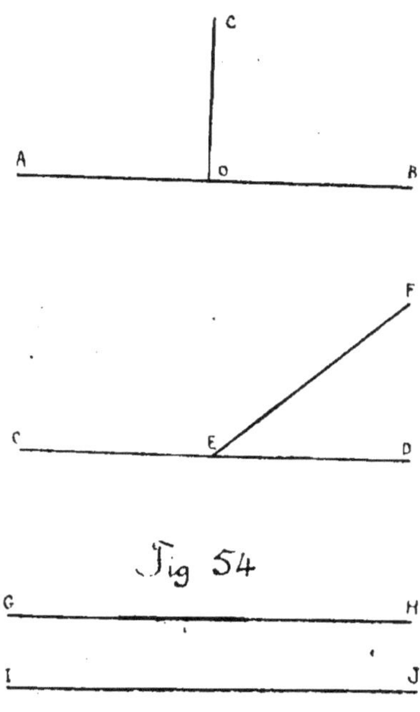

EXERCICES GRAPHIQUES. — 1° TRACER UNE LIGNE DROITE. — Pour tracer une ligne droite on se sert de la règle, on applique un des bords de celle-ci sur les deux points représentant les extrémités de la ligne et avec de la craie, un crayon ou une pointe à tracer, on joint ces deux points en faisant suivre la règle à l'objet qu'on a choisi pour tracer (craie, crayon ou pointe).

Si la distance qui sépare les deux points représentant chaque extrémité de la ligne est supérieure à la longueur de la règle on emploie le procédé suivant :

On prend une corde que l'on frotte d'un bout à l'autre avec du blanc d'Espagne si la ligne à tracer se trouve sur un fond sombre, ou avec du noir de fumée si la ligne à tracer se trouve sur un fond clair et on la tend fortement par ses deux extrémités, chacune d'elles correspondant aux deux points qui représentent les extrémités de la droite. On pince ensuite entre deux doigts le milieu de la corde pour l'élever de quelques centimètres bien perpendiculairement sans pencher ni à droite ni à gauche ; puis on la laisse retomber. La corde rendue élastique par la tension, s'applique brutalement sur l'endroit où elle était tendue et en se débarrassant par le choc de la craie ou du noir dont elle est couverte trace une ligne droite.

2° TRACER UNE LIGNE COURBE. — Pour tracer une ligne courbe on se sert d'un instrument spécial appelé compas (fig. 55). Quand nous étudierons l'emploi du compas en tonnellerie nous donnerons de cet instrument selon les modèles, différentes descriptions. Contentons-nous ici, de dire que le compas se compose de deux branches en métal ou en bois, d'égale longueur dont les extrémités sont, d'un côté, terminées en pointes et, de l'autre, réunies par un axe autour duquel elles tournent avec un frottement assez prononcé. Ce frottement doit être calculé de façon à être suffisant pour maintenir invariable l'écartement des pointes pendant le maniement de l'instrument, en permettant toutefois d'ouvrir le compas sans secousses pour faire varier progressivement selon les besoins du travail, l'écartement des pointes. D'ordinaire une vis placée sur l'axe permet de régler ce frottement.

Pour tracer une ligne courbe à une distance O A du point O (fig 56) on ouvre le compas de façon à ce que l'écartement de ses pointes soit égal à O A. Puis on place une des pointes en O et on fait mouvoir l'autre autour de la première qui reste en O. On trace ainsi une courbe B C qui passe par le point A.

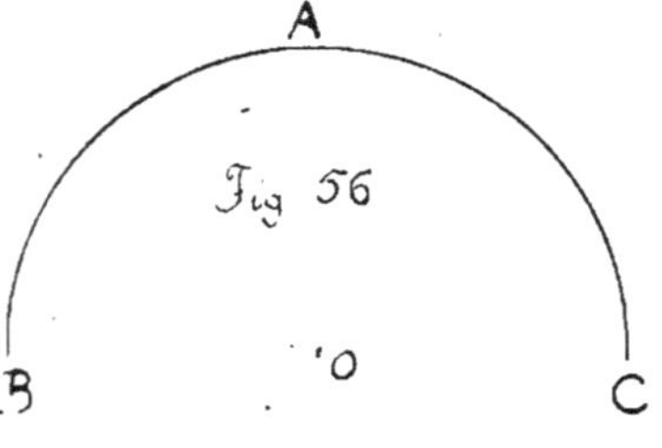

3° TRACER UNE LIGNE BRISÉE. — La ligne brisée étant une succession de lignes droites, le tracé de cette ligne correspond au tracé de plusieurs lignes droites et on agit de la façon qui a été indiquée ci-dessus.

4° DIVISER UNE DROITE EN DEUX PARTIES ÉGALES. — Pour diviser une droite en deux parties égales, il est facile de prendre un mètre, de mesurer la longueur de cette droite et d'en prendre la moitié ; mais si pour une raison quelconque, au moment où l'on veut faire ce calcul, le mètre est entre les mains d'un autre ouvrier, on peut aussi bien faire cette division à l'aide du compas et de la règle.

Soit la droite A B (fig. 57) que l'on veut diviser en deux parties égales. Du point A, comme centre, en donnant aux branches du compas un écartement quelconque, mais qu'on juge à l'œil plus grand que la moitié de AB, on décrit deux portions de courbes, l'une au-dessus, l'autre au-dessous de AB. Avec le même écartement entre les pointes du compas, ou pour nous servir de la locution d'usage que nous emploierons dorénavant « avec la même ouverture de compas » et en prenant le point B comme centre, nous décrivons deux autres portions de courbes, aux points C et D. Par une ligne droite tracée à la règle, on joint ces deux points. Le point O ou la droite CD coupe AB est le milieu de la ligne AB et AO = OB. On peut, par le même moyen diviser AO et OB en autant d'autres parties égales que l'on veut.

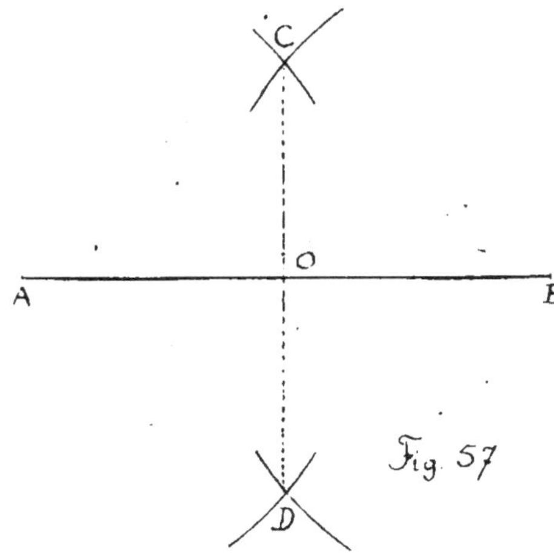

Fig. 57

5º PAR UN POINT DONNÉ ÉLEVER UNE LIGNE PERPENDICULAIRE A UNE DROITE. — Le point donné peut être placé sur la droite ou hors de la droite.

A). Pour élever d'un point donné d'une droite une perpendiculaire à cette droite on peut se servir soit de l'équerre, soit du compas.

L'équerre (fig. 58) est un triangle rectangle en bois ou en métal qui sert à mener des perpendiculaires ou des parallèles. Avant d'employer une équerre on doit la vérifier c'est-à-dire s'assurer que les trois bords constituent des règles droites et que l'angle BAC est absolument droit.

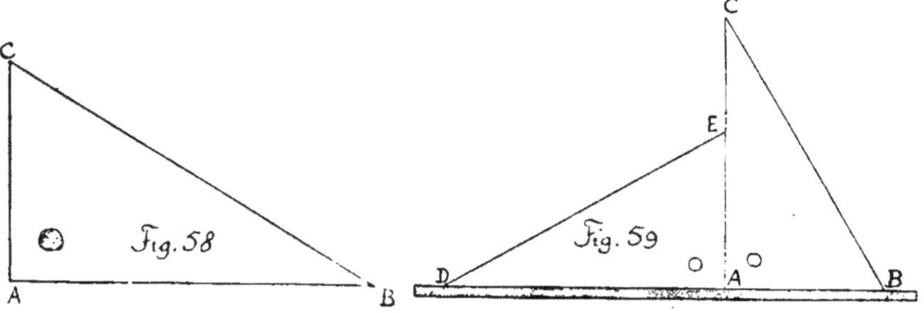

Fig. 58

Fig. 59

Pour vérifier les côtés on place successivement chacun d'eux sur une surface plane et on observe s'il la couvre en tous les points.

Pour vérifier si l'angle BAC est absolument droit on applique le côté AB contre une règle posée sur du papier blanc et, avec un crayon on trace sur le papier une ligne suivant le côté AC ; puis sans changer la face appuyée sur le papier, on fait pivoter l'équerre autour de A de façon à l'amener dans la position A D E (fig. 59). Le sommet A restant au même point le côté A C vient s'appuyer en A D contre la régle. On trace une nouvelle ligne suivant A E. Si la ligne A E coïncide parfaitement avec la ligne A C, c'est-à-dire si elle la recouvre et n'en forme qu'une avec elle, l'angle B A C est droit. Si, au contraire, la coïncidence n'a pas lieu et si la ligne A E ne recouvre pas parfaitement la ligne A C, l'angle B A C n'est pas droit et l'équerre ne peut rendre aucun service à l'ouvrier, il faut la changer ou la rectifier.

Pour mener à l'aide de l'équerre en un point O d'une droite A B (fig. 60) une perpendiculaire à cette ligne on place le long de la droite A B une règle M N, puis on place le côté de l'angle droit a b de l'équerre sur la régle de façon à ce que le sommet a de l'équerre coïncide avec le point O de la droite A B.

On trace une ligne suivant le côté a c de l'équerre.

Cette ligne est la perpendiculaire demandée.

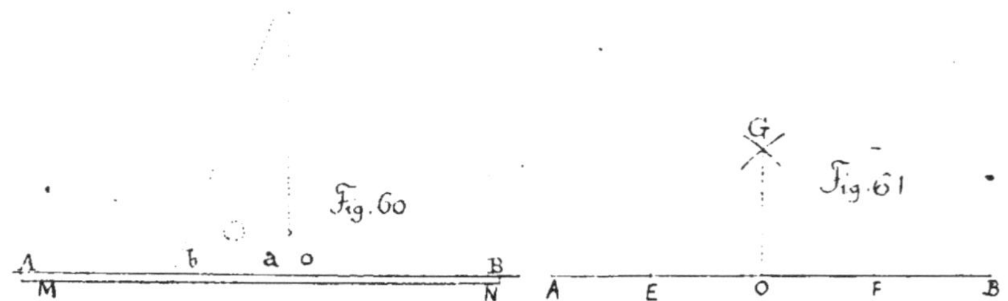

Pour élever d'un point donné d'une droite une perpendiculaire à cette droite à l'aide du compas, on opère ainsi :

Soit A B la droite et O le point donné (fig 61). On prend de chaque côté du point O sur la droite A B des longueurs égales O E et O F; puis du point E comme centre avec une ouverture de compas quelconque mais plus grande que O E, on décrit au-dessus de A B une portion de courbe ; au point F comme centre avec la même ouverture de compas on décrit au-dessus de A B une deuxième portion de courbe qui coupe la première au point G. Avec la règle on trace une ligne joignant G O. Cette ligne est la perpendiculaire demandée.

B. Pour élever d'un point donné hors d'une droite une perpendiculaire à cette droite on peut se servir de l'équerre ou du compas.

En se servant de l'équerre on opère comme il a été ci-dessus indiqué ; on place le côté a b de l'équerre sur la règle qui coïncide avec la ligne droite et on la fait glisser toujours en la tenant bien appuyée le long de la règle jusqu'à ce que le côté a c de l'équerre rencontre le point d'où doit être menée la perpendiculaire. On trace une ligne suivant a c; cette ligne est la perpendiculaire demandée.

Pour mener avec le compas par un point situé hors d'une droite une perpendiculaire à cette droite, on opère ainsi (fig. 62) :

Soit AB la droite et O le point donné. Du point O comme centre avec une ouverture de compas quelconque on trace une portion de courbe qui coupe la ligne AB aux deux points E et F. Du point E comme centre, avec une ouverture de compas quelconque, mais plus grande que la moité de EF, on décrit au-dessous de AB une portion de courbe. Du point F avec la même ouverture de compas on décrit au-dessous de AB une autre portion de courbe qui coupe la première au point G, on

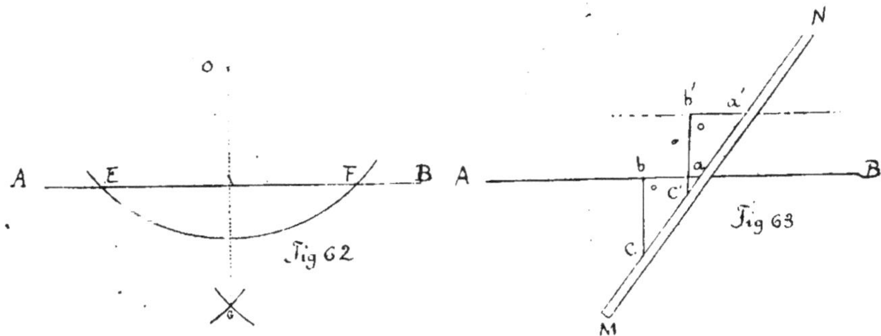

trace à la règle une ligne joignant O et G. Cette ligne est la perpendiculaire demandée.

6° PAR UN POINT DONNÉ HORS D'UNE DROITE, MENER UNE PARALLÈLE A CETTE DROITE. (Fig. 63). — On peut résoudre ce problème à l'aide de l'équerre ou à l'aide du compas.

Avec l'équerre on opère ainsi : soit à mener une parallèle à la ligne AB passant par le point O. On applique l'équerre sur le papier de façon à ce que l'un des côtés a b de l'angle droit coïncide avec la droite AB; puis en appuyant la main sur l'équerre pour la maintenir fixe on applique le bord de la règle MN sur le côté oblique a c de l'équerre, et en ayant soin de maintenir la règle bien immobile, on fait glisser l'équerre sur le papier, le côté a c restant bien appliqué sur la règle jusqu'à ce que le côté c b passe par le point O. L'équerre se trouve alors transportée dans la position c' a' b', on trace une ligne au crayon suivant le côté b' a' de l'équerre. Cette ligne est la parallèle demandée.

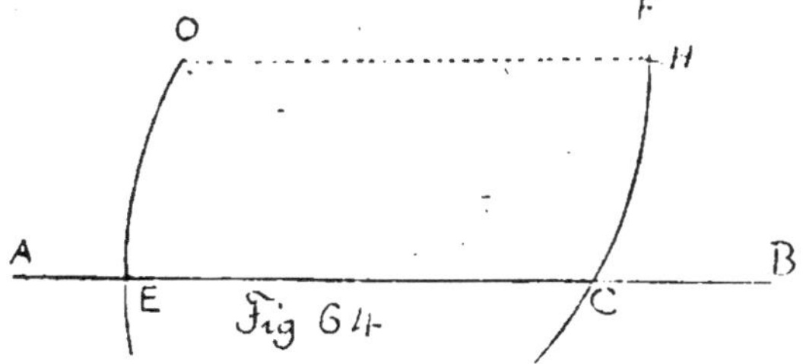

Avec le compas on s'y prend comme il suit :

Soit à mener par le point O une parallèle à la droite AB (fig. 64).

D'un point quelconque C de la droite AB avec une ouverture de compas égale à CO on décrit une portion de courbe qui coupe AB au point E ; du point O comme centre avec la même ouverture de compas, on décrit une autre portion de courbe CF. On prend sur cette courbe entre P et F une ouverture de compas CH égale à EO. Avec la règle on trace une ligne joignant OH. Cette ligne OH est la parallèle demandée.

§ II. — *Les angles*. — On appelle angle l'espace compris entre deux droites qui se rencontrent, on dit aussi que c'est la figure formée par deux demi-droites OA et OB (fig. 65) partant d'un même point dans deux directions différentes et limitées à ce point O. Le point O est le sommet de l'angle. Les lignes AO et OB sont les côtés.

Un angle isolé se désigne par la lettre du sommet ; on dit l'angle O. Mais quand le sommet est commun à plusieurs angles on désigne chaque angle par les trois lettres indiquant les extrémités de ses côtés et son sommet en ayant soin de placer au milieu entre les deux autres la lettre indiquant le sommet de l'angle. Ainsi dans la figure 66 on dit les angles AOB et BOC.

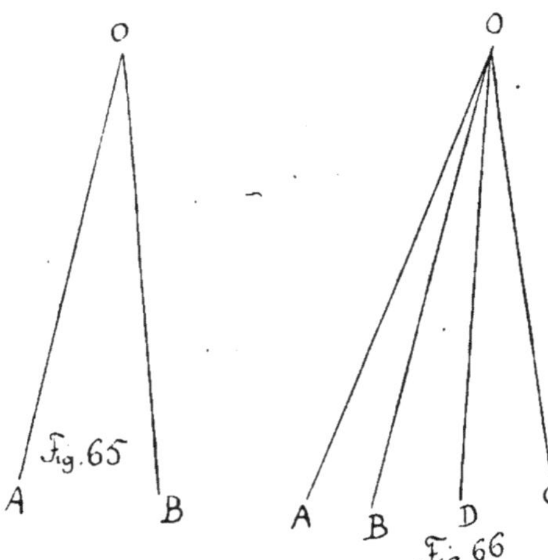

Une ligne qui partage un angle en deux partie égales s'appelle une bissectrice. Ainsi la ligne OD (fig. 66) est la bissectrice de l'angle BOC.

Selon leur forme et leur grandeur les angles portent différents noms.

Il y a : l'angle droit, l'angle aigu, l'angle obtus.

Un angle droit (fig. 67) est un angle formé par la rencontre de deux droites perpendiculaires.

L'angle droit mesure 90 degrés. L'angle AOB est un angle droit.

Un angle aigu est un angle formé par la rencontre d'une ligne droite et d'une ligne oblique et qui est plus petit que l'angle droit. L'angle aigu a moins de 90 degrés. L'angle EOD est un angle aigu (fig. 67).

Un angle obtus est un angle qui est aussi formé par la rencontre d'une ligne droite et d'une ligne oblique, mais qui est plus grand que l'angle droit.

L'angle obtus a plus de 90 degrés. L'angle EOC est un angle obtus (fig. 67).

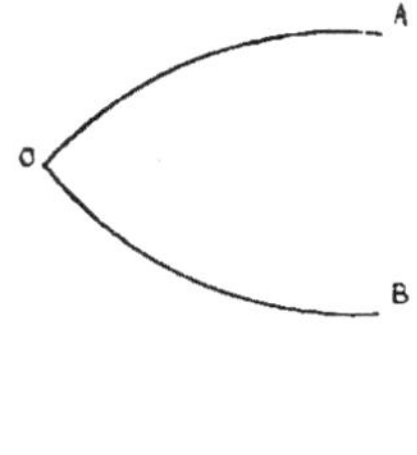

Les angles peuvent être formés par d'autres lignes que des lignes droites ; des lignes courbes se rencontrant ou des lignes courbes rencontrant des lignes droites peuvent aussi former des angles.

Deux lignes courbes qui se rencontrent forment un angle curviligne (fig. 68) AOB. Une ligne courbe et une ligne droite qui se rencontrent forment un angle mixtiligne (fig. 68) COD.

EXERCICES GRAPHIQUES. — 1º Mesure d'un angle. — Pour mesurer un angle ou pour construire un angle égal à un angle donné, on se sert d'un instrument appelé rapporteur.

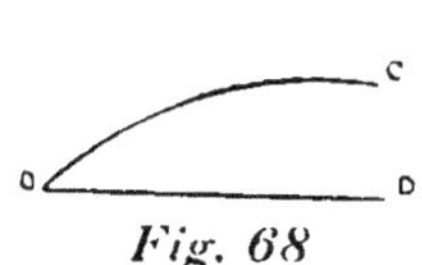

Fig. 68

Le rapporteur (fig. 69) est constitué par un demi-cercle en bois, en corne transparente ou en cuivre, divisé en 180 parties, représentant autant de degrés.

Ces divisions sont gravées dans la matière qui constitue le rapporteur et numérotées dans les deux sens de 10 en 10. Le centre de l'instrument, par rapport au cercle est indiqué par un trou. Avant de se servir du

rapporteur, il faut faire ce qu'on a fait pour la règle et pour l'équerre, il faut le vérifier pour s'assurer que les 180 divisions inscrites sur le demi-cercle sont bien éga-

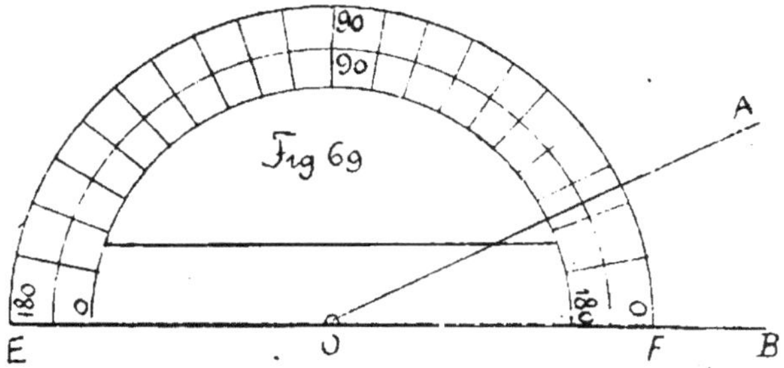

les entre elles. Pour faire cette vérification on trace sur le papier un angle quelconque, on place le centre du rapporteur sur le sommet de l'angle et l'un des côtés de l'angle correspondant à la ligne EB du rapporteur, on remarque le chiffre indiquant la division à laquelle correspond l'autre côté de l'angle. On fait ensuite tourner le rapporteur sur le sommet de l'angle autour de son centre et on mesure l'angle donné à l'aide d'autres divisions ; le nombre de divisions obtenu doit être égal au nombre obtenu la première fois et, dans ce cas, le rapporteur est exact.

Soit à mesurer à l'aide du rapporteur l'angle AOB (fig. 69). On place le centre du rapporteur au sommet O de l'angle, on fait coïncider la ligne EF allant du zéro au cent quatre vingtième degré du rapporteur avec le côté OB. La mesure de l'angle correspond au nombre de degrés lu sur les divisions du demi-cercle de l'instrument à l'endroit où arrive le côté OA de l'angle.

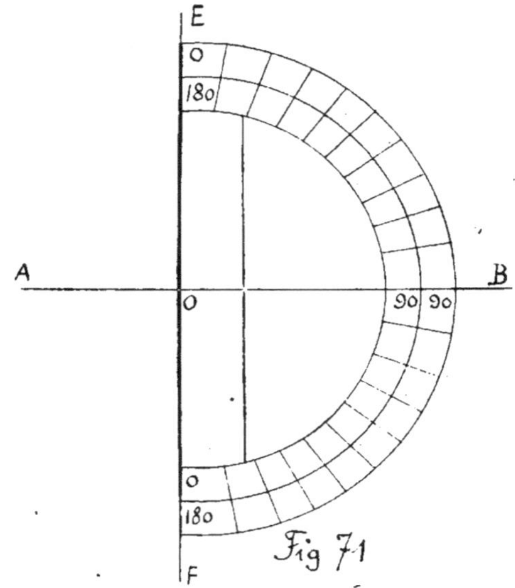

S'il s'agit par exemple de construire à l'aide du rapporteur, en un point O d'une droite AB (fig. 71) avec la demi-droite OB un angle d'un nombre de degrés donnés, 90 par exemple, on opère ainsi : on place le rapporteur de façon à ce que son côté EF passe par le point O et que son centre et la division indiquée par le chiffre 90 soient sur la ligne AB. On trace une ligne suivant FE, cette ligne forme avec OB l'angle de 90 degrés demandé.

2° Mener à l'aide du compas par un point A d'une droite AB une droite faisant avec la demi-droite AB un angle donné DEF (fig. 72).

Du point E comme centre, avec une ouverture de compas quelconque, on décrit une portion de courbe qui coupe en G et en H les côtés EF et ED de l'angle DEF.

Avec la même ouverture de compas en prenant A comme centre on décrit une autre portion de courbe IJ qui

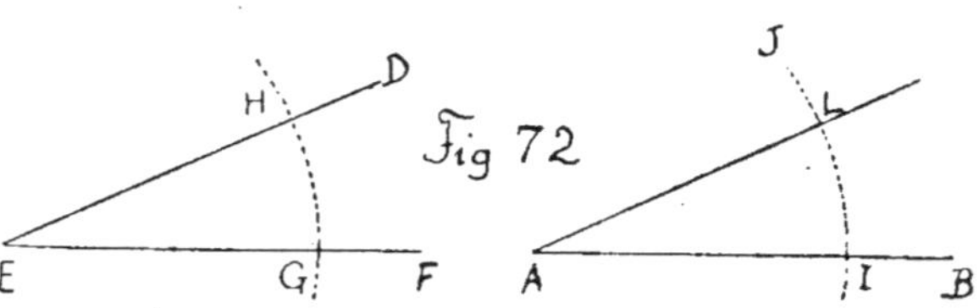

coupe en I la droite AB. En plaçant les pointes du compas respectivement en G et en H on prend une ouverture de compas égale à GH que l'on porte sur la portion de courbe IJ et qui donne une grandeur IL, égale à GH. Par un trait tiré à la règle, on joint A et L et on a l'angle LAI qui est égal à l'angle DEF.

3º Trouver à l'aide du compas la bissectrice d'un angle donné (fig. 73).

Soit A O B l'angle donné. Du point O comme centre, avec une ouver-

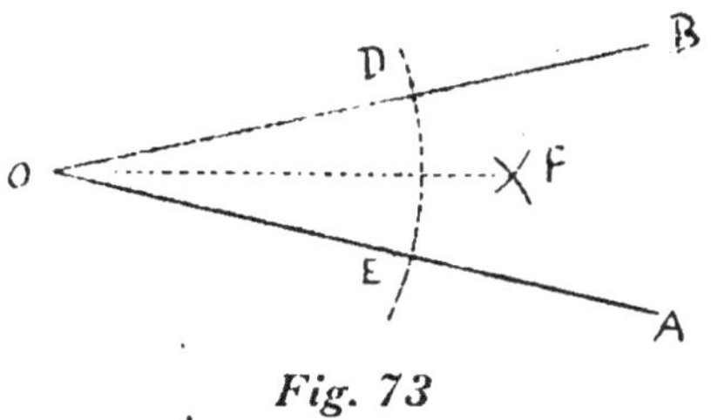

Fig. 73

ture de compas quelconque, on décrit une portion de courbe qui rencontre les côtés A O et O B de l'angle donné en E et en D. De ces points, comme centre avec un rayon plus grand que la moitié de E D, on décrit des portions de courbes qui se coupent en F. On joint, par un trait tiré à la règle O et F. La ligne droite O F est la bissectrice demandée.

CHAPITRE II

Des surfaces

Une surface plane ou un plan est une surface sur laquelle on peut appliquer une règle bien droite dans tous les sens.

Toute surface plane a deux dimensions : la largeur et la longueur.

Une surface plane terminée par des lignes droites qui se rencontrent, s'appelle un polygone.

§ I. — *Polygone.* — Les lignes droites qui forment un polygone s'appellent les côtés du polygone.

Les angles formés par les côtés du polygone s'appellent les angles du polygone.

Les sommets de ces angles s'appellent les sommets du polygone.

On distingue différentes sortes de polygones :

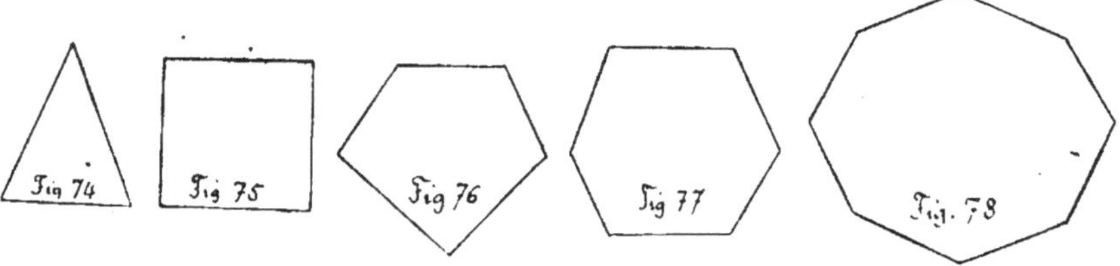

1º Le triangle qui est un polygone à trois côtés (fig. 74);

2º Le quadrilatère qui est un polygone à quatre côtés (fig. 75);

3º Le pentagone qui est un polygone à cinq côtés (fig. 76);

4º L'hexagone qui est un polygone à six côtés (fig. 77);

5º L'octogone qui est un polygone à huit côtés (fig. 78).

Les polygones peuvent être réguliers ou irréguliers.

Les polygones réguliers sont ceux qui ont leurs côtés égaux et leurs angles égaux.

Parmi eux, on peut citer, le triangle équilatéral qui a trois côtés égaux, le carré qui a quatre côtés égaux, le pentagone qui a cinq côtés égaux, l'hexagone qui a six côtés égaux, l'octogone qui a huit côtés égaux, le décagone qui a dix côtés égaux, le dodécagone qui a douze côtés égaux.

Les polygones irréguliers sont ceux dont tous les côtés et tous les angles, ou au moins une partie sont inégaux (fig. 79).

L'ensemble des côtés d'un polygone s'appelle le périmètre du polygone.

Toute ligne joignant deux sommets non consécutifs d'un polygone est une diagonale.

§ II. — *Des triangles*. — Le triangle est un polygone à trois côtés, ou une surface terminée par trois lignes droites.

On désigne le triangle par trois lettres placées chacune à un de ses sommets. Exemple le triangle A B C.

Dans un triangle on distingue : la base et la hauteur.

La base d'un triangle est l'un des côtés de ce triangle, et la hauteur est la perpendiculaire B D abaissée sur la base, du sommet opposé à cette base. Dans certains triangles (fig. 81) la hauteur peut tomber sur le prolongement de cette base.

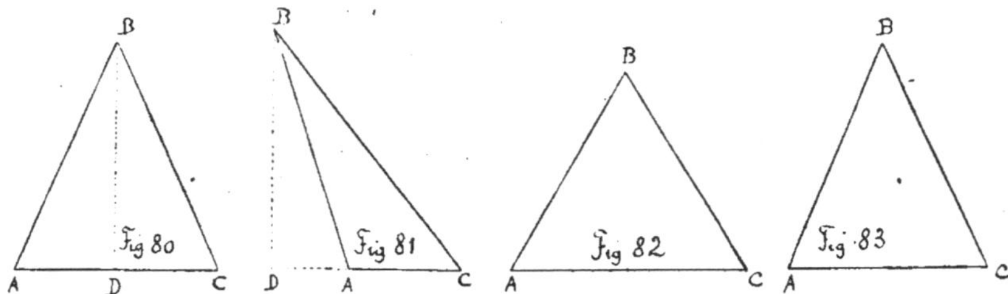

Il y a quatre sortes de triangles :

1° Le triangle équilatéral qui est un triangle qui a trois côtés égaux (fig. 82) ;

2° Le triangle isocèle qui est un triangle qui a deux côtés égaux (fig. 83).

Dans ces sortes de triangles la hauteur tombe exactement au milieu de la base ;

3° Le triangle rectangle qui est un triangle qui a un angle droit (fig. 84).

Dans un triangle rectangle, le côté opposé à l'angle droit s'appelle l'hypoténuse.

Si l'un des côtés de l'angle droit est choisi pour base, l'autre côté représente la hauteur du triangle (fig 84).

A B = hauteur.

A C = base.

B C = hypoténuse.

4° Le triangle scalène est un triangle qui a les trois côtés inégaux sans angle droit (fig. 85).

§ III. — *Des quadrilatères*. — Un quadrilatère est une surface terminée par quatre lignes droites qui représentent chacune un des côtés du quadrilatère.

On désigne un quadrilatère par les quatre lettres placées à ses quatre sommets.

Exemple le carré A B C D (fig. 86).

Il y a deux sortes de quadrilatères : les parallélogrammes et les trapèzes.

Un parallélogramme est un quadrilatère dont les quatre côtés sont parallèles deux à deux et égaux.

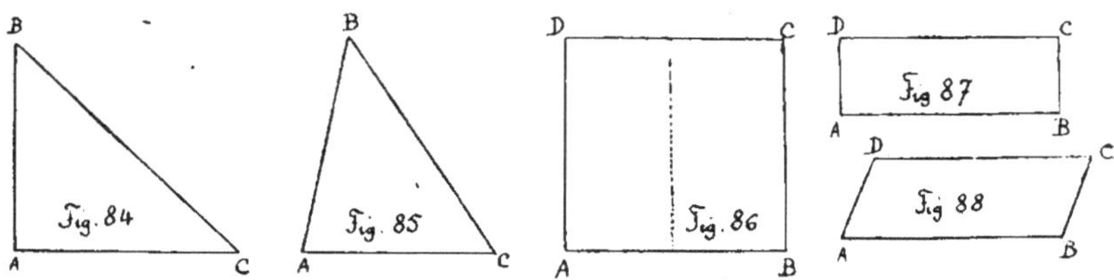

La ligne droite qui joint le milieu de deux côtés opposés d'un parallélogramme s'appelle médiane.

On distingue quatre sortes de parallélogrammes :

Le carré, qui est un parallélogramme qui a ses quatre côtés égaux et ses quatre angles égaux et droits (fig. 86).

Le rectangle qui est un parallélogramme dont les côtés sont égaux deux à deux et les quatre angles droits (fig. 87).

Dans un rectangle le plus grand côté s'appelle longueur et le plus petit côté largeur.

Le parallélogramme proprement dit, qui est un parallélogramme qui a les côtés égaux deux à deux, sans avoir les angles droits (fig 88).

Deux des côtés de ce parallélogramme s'appellent bases. La hauteur est la perpendiculaire menée entre ces bases.

Le losange, qui est un parallélogramme qui a les quatre côtés égaux sans avoir les angles droits (fig. 89).

Le trapèze qui est un quadrilatère dont deux côtés seulement sont parallèles (fig. 90).

AB s'appelle la grande base.

CD s'appelle la petite base.

EC qui est la perpendiculairs menée entre les deux bases s'appelle la hauteur.

Un trapèze dont l'un des côtés est perpendiculaire aux bases, s'appelle un trapèze rectangle.

Exercices graphiques. — 1° Trouver le centre d'un triangle.

La solution de ce problème étant subordonnée à l'étude de la circonférence que nous ne connaissons pas encore, nous le reportons à la suite de l'étude du cercle.

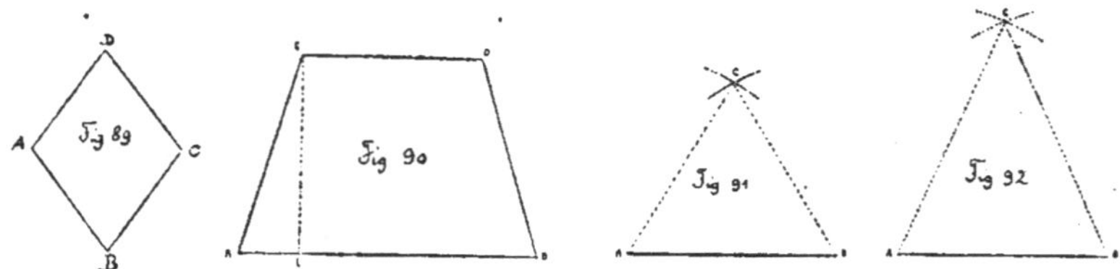

2° Construire un triangle équilatéral sur une base donnée.

Soit AB cette base. De chaque extrémité A et B pris comme centre et avec une ouverture de compas égale à AB on décrit, au-dessus de AB deux portions de courbe.

Le point d'intersection C de ces deux courbes est le sommet du triangle. On joint AC et AB et on a le triangle demandé ABC (fig. 91).

3° Construire un triangle isocèle sur une base donnée.

Soit AB la base donnée. De chaque extrémité A et B de cette base prise comme centre et avec une ouverture de compas supérieure à AB on décrit au-dessus de la ligne AB deux portions de courbe qui se coupent au point C. Ce point d'intersection des deux portions de courbe est le sommet du triangle. On joint AC et BC et on a le triangle isocèle demandé ABC (fig. 92).

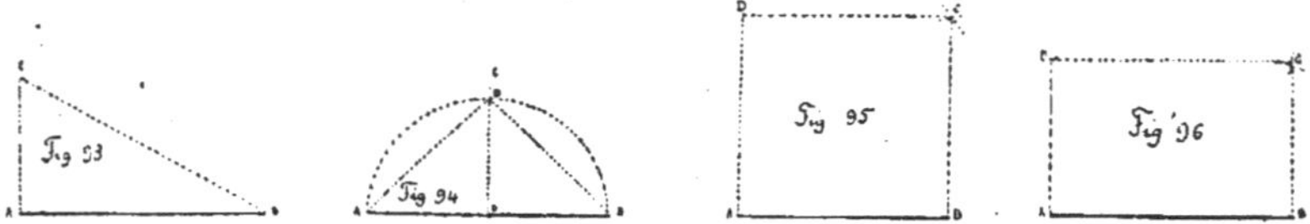

4° Construire un triangle rectangle sur une base donnée.

Soit AB la base donnée. A l'extrémité A de cette base on élève à l'équerre une perpendiculaire comme il a été indiqué précédemment; après quoi on joint par une ligne droite l'autre extrémité à un point quelconque de la perpendiculaire et on obtient le triangle rectangle demandé A B C (fig. 93).

5° Construire un triangle rectangle isocèle dont l'hypoténuse est la base horizontale.

Soit A B l'hypoténuse. On la divise en deux parties et par cette division on obtient le point O, d'où on élève par les moyens que l'on connaît une perpendiculaire. Puis de ce même point O comme centre avec une ouverture de compas égale à D A et à O B, on décrit une courbe qui coupe la perpendiculaire O C au point D, on joint D A et D B par deux droites et on a le triangle rectangle isocèle demandé.

6° Construire un carré sur une base donnée.

Soit A B cette base. A son extrémité A on élève par l'un des moyens indiqués précédemment une perpendiculaire à A B. Sur cette perpendiculaire, à l'aide des pointes du compas, on prend une longueur A D égale à A B. Puis des points D et B comme centres, avec une ouverture de compas égale à A B, on trace deux portions de courbe dont l'intersection donne le point C. On joint C D et C B. A B C D est le carré demandé.

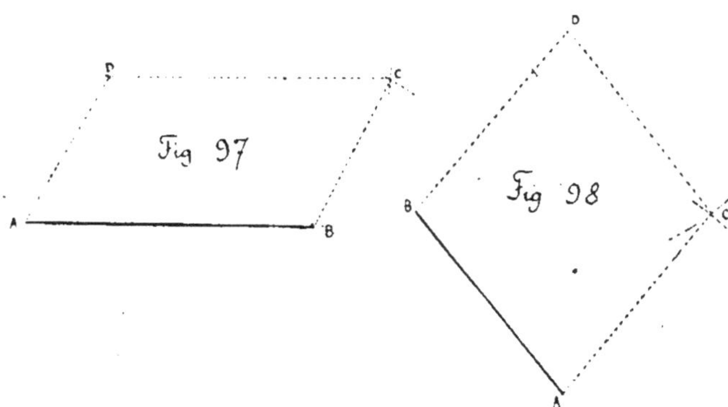

7° Construire un rectangle connaissant sa base et sa hauteur.

Soit A B la base donnée. A l'une de ses extrémités A on élève une perpendiculaire à A B. Sur cette perpendiculaire on prend une grandeur A D égale à la hauteur donnée. Du point D comme centre et avec une ouverture de compas égale à A B on décrit une portion de courbe. Du point B comme centre, avec une ouverture de compas égale à A D, on décrit une autre portion de courbe qui coupe la première au point C. On joint D C et B C et on a obtenu le rectangle demandé A B C D.

8° Construire un parallélogramme sur une base donnée.

Soit A B cette base. De son extrémité A on mène une ligne oblique A D plus petite ou plus grande que A B. Du point D comme centre avec une ouverture de compas égale à A B on décrit une portion de courbe. Du point B comme centre avec une ouverture de compas égale à A D on décrit une autre portion de courbe qui coupe la première au point C. On joint D C et B C, A B C D est le parallélogramme demandé.

9° Construire un losange connaissant un de ses côtés.

Soit A B le côté donné. De l'extrémité B de cette droite, on mène une ligne oblique B D égale à B A et formant avec A B un angle obtus. Du point D comme centre avec une ouverture de compas égale à A B on trace une portion de courbe ; du point A comme centre avec la même ouverture de compas on décrit une autre portion de courbe qui coupe la première au point C. On joint A C et C D. A B C D est le losange demandé.

CHAPITRE III

Les mesures des surfaces

Mesurer une surface c'est chercher combien elle contient de mètres carrés ou simplement de carrés égaux, d'une dimension déterminée.

§ I. — *Surface du carré.* — Pour trouver la surface d'un carré on multiplie son côté par lui-même.

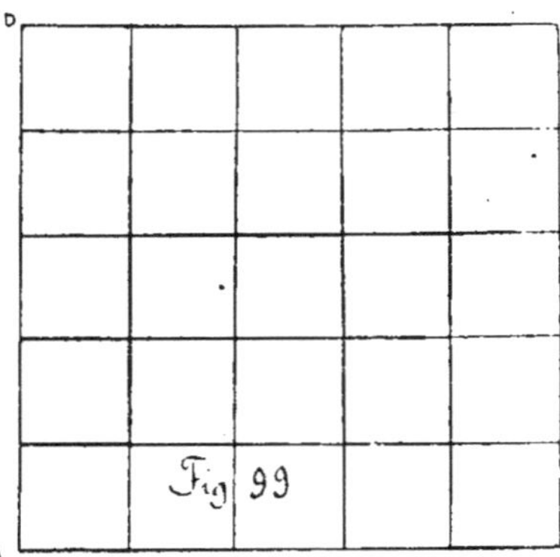

Soit à trouver la surface du carré A B C D (fig. 99).

A B = 5 mètres.

A D = 5 mètres.

En partageant A D en 5 divisions et A B en 5 divisions et en menant par les points obtenus : verticalement des parallèles à A D et horizontalement des parallèles à A B on divise le carré A B C D en 25 petits carrés qui auront un mètre de côté et par conséquent un mètre carré. (*Arithmétique*, CHAPITRE III, § II). Le carré A B C D a donc une surface de 25 mètres carrés ou A B que multiplie A D

ou : $5 \times 5 = 25$ mètres carrés.

Un carré qui a des côtés 2, 3, 4 fois plus grands qu'un autre a une surface 2, 3, 4 fois plus grande.

Pour trouver le périmètre d'un carré on multiplie son côté par 4.

En effet (*Arithmétique,* CHAPITRE II, § IV),

A B + B C + C D + D A = A B × 4,

mais comme

A B = 5 mètres.

A B × 4 = 5 × 4 = 20 mètres.

Le périmètre est 20 mètres.

Applications : Quelles sont la surface et la longueur du périmètre d'un carré de 0 m. 25 de côté.

La surface est 0 m. 25 × 0 m. 25 = 0^{m2}0625.

La longueur du périmètre 0 m. 25 × 4 = 1 mètre.

§ II. — *Surface du rectangle.* — Pour trouver la surface d'un rectangle on multiplie la longueur par la largeur.

Soit à trouver la surface du rectangle ABCD.

A B = 5 mètres.

A D = 3 mètres.

En divisant A B en 5 parties égales et A D en 3 parties égales représentant chacune 1 mètre et en menant par ces divisions des parallèles à A B et à A D on divise le rectangle ABCD en 15 carrés de 1 mètre de côté ; sa surface est donc de 15 mètres carrés ou :

AB × AD = 15 mètres carrés.

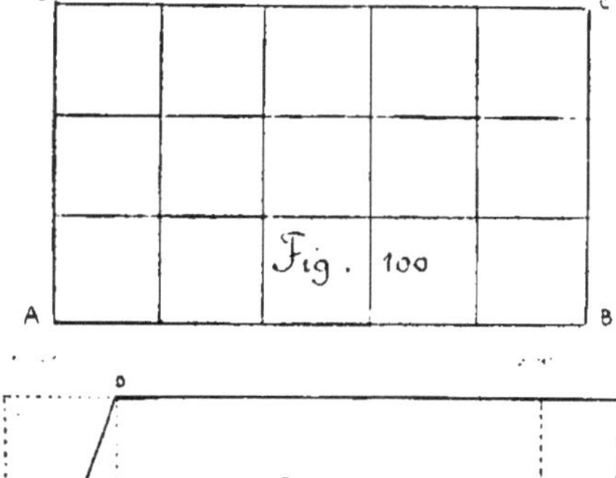

Il suit de là que :

Pour trouver l'une des dimensions d'un rectangle on divise la surface par l'autre dimension.

Pour trouver le périmètre d'un rectangle on additionne deux fois la longueur avec deux fois la largeur.

Applications : 1° Quels sont la surface et le périmètre d'un rectangle de 36 mètres de long sur 25 mètres de large.

La surface est de 36 × 25 = 900 mètres carrés.

Le périmètre est de 36 + 36 + 25 + 25 = 122 mètres ou (36 × 2) + (25 × 2) = 122 mètres.

2° Quelle est la largeur d'un rectangle qui a une surface de 900 mètres carrés et une longueur de 36 mètres.

La largeur est de 900 : 36 = 25 mètres.

§ III. — *Surface du parallélogramme.* — Pour trouver la surface du parallélogramme on multiplie la base par la hauteur.

Soit le parallélogramme ABCD dont la base A B = 5 mètres, et la hauteur O D = 3 mètres.

En prolongeant A B d'une longueur égale à A O, B O' et en joignant

O'C on obtient un rectangle dont la surface sera bien $DC \times DO$ ou DC égalant AB :

$$AB \times DO \text{ ou } 5 \times 3 = 15 \text{ mètres carrés.}$$

Il s'en suit que, comme pour le rectangle :

Pour trouver l'une des dimensions d'un parallélogramme (hauteur ou longueur) on divise la surface par l'autre dimension.

Pour trouver le périmètre d'un parallélogramme on additionne les côtés deux par deux et on ajoute les totaux obtenus.

APPLICATIONS : Quelle est la surface d'un parallélogramme qui a 25 mètres de base et 10 mètres de hauteur.

$$\text{La surface est de } 25 \times 10 = 250 \text{ mètres carrés.}$$

Quelle est la hauteur d'un parallélogramme de 210 mètres carrés qui a une base de 25 mètres.

$$\text{La hauteur est de : } 250 : 25 = 10 \text{ mètres.}$$

§ IV. — *Surface du losange.* — Pour trouver la surface d'un losange on multiplie l'une des diagonales par la moitié de l'autre.

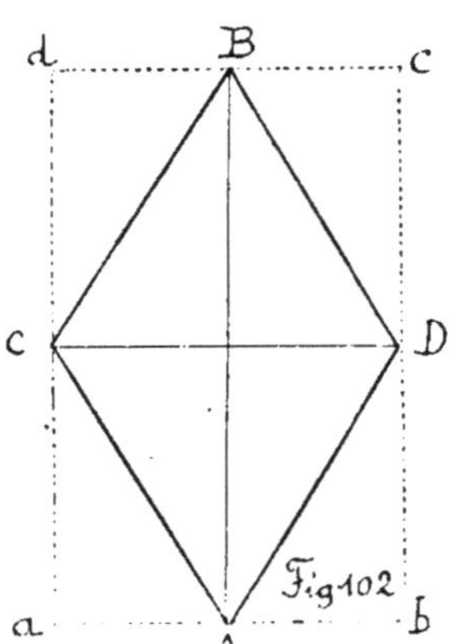

Soit à trouver la surface du losange ABCD. Nous savons que :

$$BA = 18 \text{ mètres.}$$
$$CD = 8 \text{ mètres.}$$

La surface sera :

$$BA \times \frac{CD}{2} \text{ ou } 18 \times \frac{8}{2} = 72 \text{ m}^2.$$

On peut aussi trouver la surface du losange en multipliant les diagonales l'une par l'autre et en divisant le produit par 2, car le losange ABCD n'est en somme que la moitié du rectangle a, b, c, d, dont la surface serait obtenue par le produit de la longueur AB, par la largeur CD.

Pour trouver l'une des diagonales d'un losange on divise sa surface par la moitié de l'autre diagonale.

APPLICATIONS : Quelle est la surface d'un losange dont une diagonale a 25 mètres de long et l'autre 15 mètres.

$$\text{La surface sera } 25 \times \frac{15}{2} \text{ ou } 25 \times 7,5 = 187 \text{ m}^2 50.$$

Quelle est la longueur de la plus petite diagonale d'un losange sachant que sa surface est de 187 m² 50 et la longueur de sa grande diagonale de 25 mètres.

La petite diagonale a comme longueur :

$$187 \text{ m}^2 50 : \frac{25}{2} \text{ ou } 187 \text{ m}^2 50 : 12,50 = 15 \text{ mètres.}$$

§ V. — *Surface du triangle*. — Pour trouver la surface d'un triangle on multiplie la base par la hauteur et on prend la moitié du résultat.

Soit à trouver la surface du triangle ABC. Nous savons que :

AB = 12 mètres.

CD = 14 mètres.

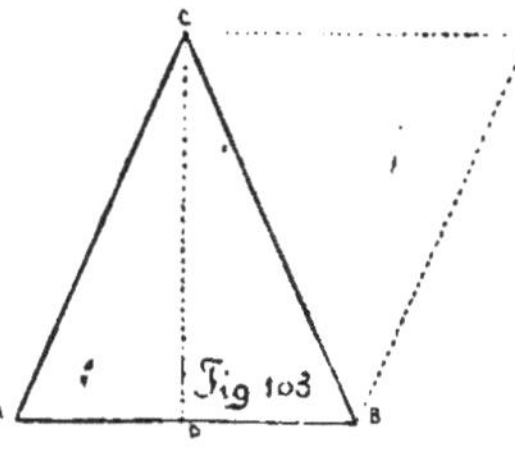
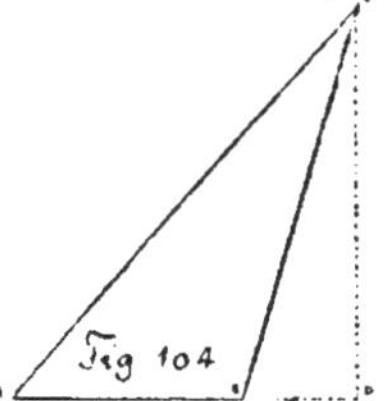
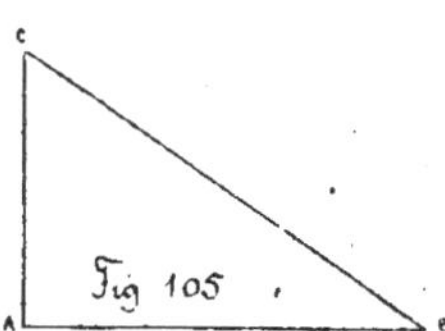

La surface du triangle ABC n'est en somme que la moitié de la surface du parallélogramme ABEC.

Donc, en multipliant AB par CD nous obtiendrons bien la surface de ce parallélogramme dont nous n'aurons plus qu'à prendre la moitié ou :

$$\frac{AB \times CD}{2} = \text{ou} \quad \frac{12 \times 14}{2} = 84\,m^2.$$

La hauteur DC peut être prise en dehors du triangle (fig. 104), le calcul est le même et dans le triangle ci-contre ABC. La surface est de :

$$\frac{AB \times CD}{2}.$$

Si le triangle est rectangle (fig. 105), l'un des côtés de son angle droit est pris pour hauteur et le calcul est le même. La surface est de :

$$\frac{AB \times AC}{2}.$$

Pour trouver l'une des deux dimensions d'un triangle, hauteur ou base, on divise sa surface par la moitié de l'autre dimension.

APPLICATIONS : Quelle est la surface d'un triangle dont la base est de 26 mètres et la hauteur de 27 mètres.

$$\text{La surface est de :} \quad \frac{27 \times 26}{2} = 351\,m^2.$$

Quelle est la base d'un triangle dont la surface est de 351 mètres carrés et la hauteur de 27 mètres.

$$\text{La base est de } 351 : \frac{27}{2} \text{ ou } 351 : 13,50 = 26 \text{ mètres.}$$

§ VI. — *Surface du trapèze*. — Pour trouver la surface d'un trapèze on multiplie la demi-somme des bases par la hauteur. Soit à trouver la surface du trapèze ABCD, en menant par le milieu de CB une

7

ligne FE parallèle à AD et en portant le triangle EOB en OCF; on transforme le trapèze ABCD en un parallélogramme AEFD qui a même hauteur et mêmes bases puisque :

$$DC + CF = AB - EB.$$

La base du parallélogramme est donc égale à la demi-somme des bases du trapèze et sa surface sera :

$$\frac{AB + DC}{2} \times DG$$

ou en supposant :

AB = 18 mètres.
DC = 15 mètres.
DG = 9 mètres.

$$\frac{18 + 15}{2} \times 9 = 1215 \, \text{m}^2.$$

D'où il suit que :

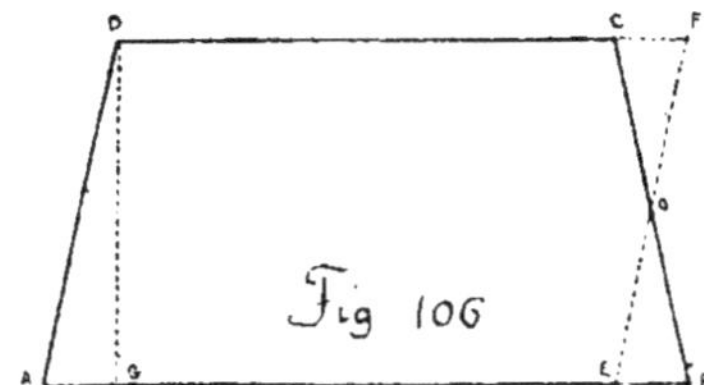

Pour trouver la hauteur d'un trapèze on divise la surface par la demi-somme des bases.

Pour trouver la demi-somme des bases on divise la surface par la hauteur.

APPLICATIONS. — Quelle est la surface d'un trapèze qui a 130 mètres de grande base, 72 de petite base et 64 mètres de hauteur.

En appliquant la formule ci-dessus :

AB = 130.
DC = 72.
DG = 64.

$$DG \times \frac{AB + DC}{2} = \frac{130 + 72}{2} \times 64 = 6.464 \text{ mètres carrés.}$$

Quelle est la longueur de la petite base d'un trapèze qui a une surface de 6.464 mètres carrés, une hauteur de 64 mètres et une grande base de 130 mètres.

La demi-somme des bases est de : 6.464 : 64 = 101 mètres.
La somme des bases est de : 101 × 2 = 202 mètres.
La petite base est de : 202 — 130 = 72 mètres.

§ VII. — *Surface des polygones.* — A. SURFACE D'UN POLYGONE RÉGULIER. — Pour trouver la surface d'un polygone régulier on multiplie le périmètre par la moitié de l'apothème.

On appelle apothème d'un polygone régulier la perpendiculaire abaissée du centre du polygone sur l'un des côtés

Les apothèmes d'un polygone régulier sont tous égaux, soit le polygone ABCDEF et GO son apothème. Il s'agit de trouver sa surface.

En menant les diagonales, nous divisons ce polygone en 6 triangles; la surface du polygone sera donc égale à la somme des surfaces des 6 triangles qui le composent.

La surface du triangle AOB pouvant s'écrire :

$$AB \times \frac{OG}{2}.$$

La surface du polygone peut s'écrire :

$$\frac{GAB \times OG}{2}.$$

$$\text{ou : } AB + BC + CD + DE + EF + FA \times \frac{OG}{2}.$$

En supposant que le périmètre soit de 48 mètres et l'apothème de 12 mètres, la surface est de :

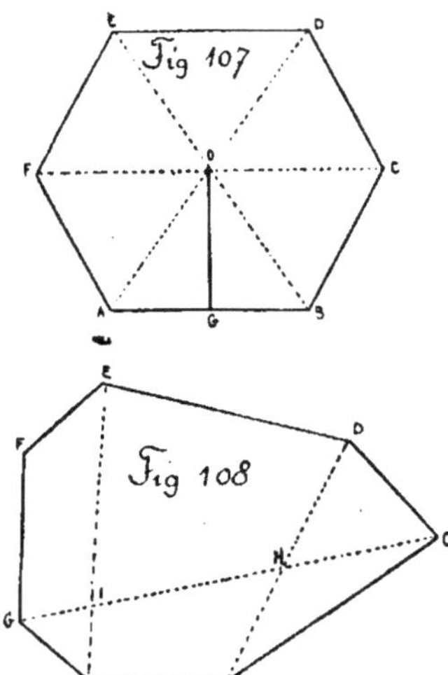

$$48 \times \frac{12}{2} \text{ ou : } 48 \times 6 = 288 \text{ mètres carrés.}$$

B. Surface d'un polygone irrégulier. — Pour trouver la surface d'un polygone irrégulier on le divise en triangles et en trapèzes que l'on mesure séparément.

Soit à trouver la surface du polygone irrégulier ABCDEFG. On le divise et on obtient :

3 trapèzes: GIEF.
DEIH.
ABHI.
3 triangles: IGH.
BCH.
DHC.

On calcule séparément la surface de chacune de ces figures et on en fait la somme.

CHAPITRE IV

La circonférence et le cercle

§ 1. — *Définitions*. — On appelle circonférence une ligne courbe fermée dont tous les points sont à égale distance d'un point intérieur appelé centre (fig. 109). La ligne courbe fermée ABCI est une circonférence.

Une portion de circonférence s'appelle arc. La figure D B E est un arc.

On appelle diamètre une ligne droite qui joint deux points de la circonférence en passant par le centre. La ligne A C est un diamètre.

On appelle rayon toute ligne droite qui, partant du centre va aboutir à un point quelconque de la circonférence. Le rayon est la moitié du diamètre. La ligne O I est un rayon.

On appelle corde une ligne droite qui joint deux points de la circonférence sans passer par le centre; une corde limite un arc. La ligne D E est une corde.

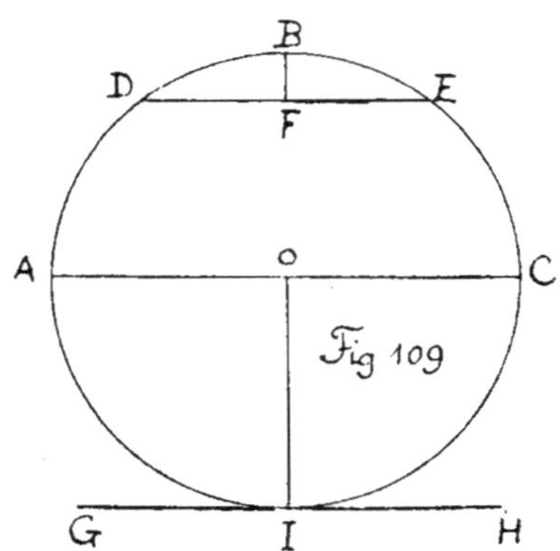

Une perpendiculaire menée au milieu d'une corde s'appelle une flèche. La ligne B F est une flèche.

Une ligne droite qui ne touche la circonférence qu'en un seul point s'appelle une tangente. Le point où elle touche la circonférence s'appelle point de contact. La ligne G H est une tangente, le point D est le point de contact.

Nous savons (*Arithmétique,* CHAPITRE IV) qu'une circonférence se divise en 360 degrés.

§ II. — *Longueur de la circonférence.* — La longueur d'une circonférence dépend de la longueur de son diamètre. Si le diamètre devient 2, 3, 4 fois plus grand, la circonférence devient elle-même 2, 3, 4 fois plus grande.

La longueur d'une circonférence qui a 1 mètre de diamètre est de 3 m. 1416, il s'en suit que :

La longueur d'une circonférence qui a 2 mètres de diamètre est de :
$$3 \text{ m}. 1416 \times 2 = 6 \text{ m}. 2832.$$

La longueur d'une circonférence qui a 3 mètres de diamètre est de :
$$3 \text{ m}. 1416 \times 3, \text{ etc...}$$

Dans les calculs géométriques cette grandeur 3 m. 1416 se représente par la lettre grecque se prononçant Pi.

Pour trouver la longueur d'une circonférence on multiplie son diamètre par 3 m. 1416 ou pour faciliter les calculs par 3 m. 15.

Pour trouver la longueur du diamètre d'une circonférence on divise la longueur de la circonférence par 3 m. 1416 ou par 3 m. 15.

Pour trouver la longueur d'un arc, il suffit de multiplier la longueur de la circonférence qui l'a formé par le nombre de degrés de cet arc et de diviser le produit obtenu par 360.

§ III. — *Surface du cercle.* — La surface limitée par une circonférence s'appelle cercle.

Pour trouver la surface d'un cercle on multiplie la longueur de la circonférence par la moitié du rayon.

Le cercle n'est autre chose qu'un polygone régulier qui aurait un nombre tel de côtés que le périmètre se confondrait avec la circonférence et l'apothème avec le rayon. La surface se calcule donc comme celle du polygone régulier.

Soit à trouver la surface du cercle ABCD (fig. 110). Nous savons que le rayon OD = 4 mètres.

Le diamètre sera de : $4 \times 2 = 8$ mètres.

La longueur de la circonférence sera de : $3 m. 1416 \times 8 = 25 m. 132$.

La moitié du rayon est de $4 : 2 = 2$.

La surface du cercle sera de : $25 m. 132 \times 2 = 50 m^2 2656$.

Segment. — On appelle segment la partie d'un cercle comprise entre un arc et sa corde. ABC (fig. 110) est un segment.

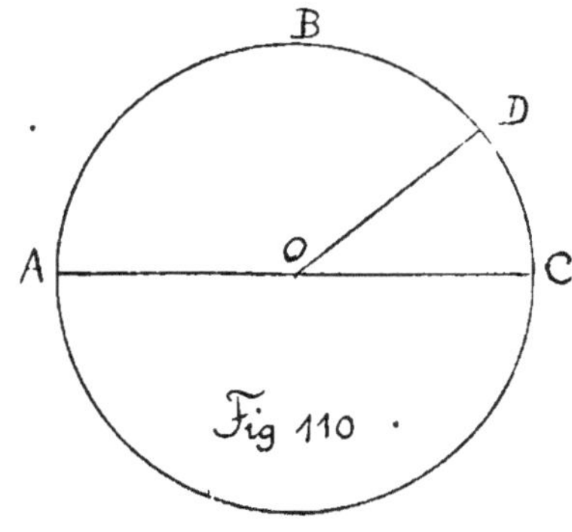

Secteur. — On appelle secteur la partie d'un cercle comprise entre deux rayons et un arc. DOC (fig. 110) est un secteur.

Pour trouver la surface d'un secteur, on multiplie la longueur de son arc par la moitié de son rayon.

Soit par exemple à trouver la surface du secteur DOC.

DC = 3 mètres

OC = 2 m. 90

La surface de ce secteur sera :

$$DC \times \frac{OD}{2}.$$

$$ou : 3 \times \frac{2 m. 90}{2} = 4 m^2 35.$$

Couronne. — On appelle couronne la surface comprise entre deux circonférences concentriques. La surface comprise entre les circonférences ABCG et DEFH est une couronne (fig. 111).

Pour trouver la surface d'une couronne, on calcule la surface du grand cercle, puis celle du petit ; puis on retranche la surface du petit cercle de celle du grand.

Soit à trouver (fig. 111) la surface d'une couronne dont le rayon OI du grand cercle est égal à 5 mètres et le rayon OJ du petit cercle est égal à 3 mètres.

Le diamètre du grand cercle est de :

$5 \times 2 = 10$ mètres.

Le diamètre du petit cercle est de :
$$3 \times 2 = 6 \text{ mètres.}$$

La longueur de la circonférence du grand cercle est de :
$$3\,\text{m}.1416 \times 10 = 31\,\text{m}.1416.$$

La longueur de la circonférence du petit cercle est de :
$$3\,\text{m}.1416 \times 6 = 18\,\text{m}.8496.$$

La surface du grand cercle est de :
$$\frac{31\,\text{m}.1416 \times 5}{2} = 78\,\text{m}^{\circ}54.$$

La surface du petit cercle est de :
$$\frac{18\,\text{m}.8496 \times 3}{2} = 28\,\text{m}^2 2744.$$

La surface de la couronne est de :
$$78\,\text{m}^2 54 - 28\,\text{m}^2 2744 = 50\,\text{m}^2 2656.$$

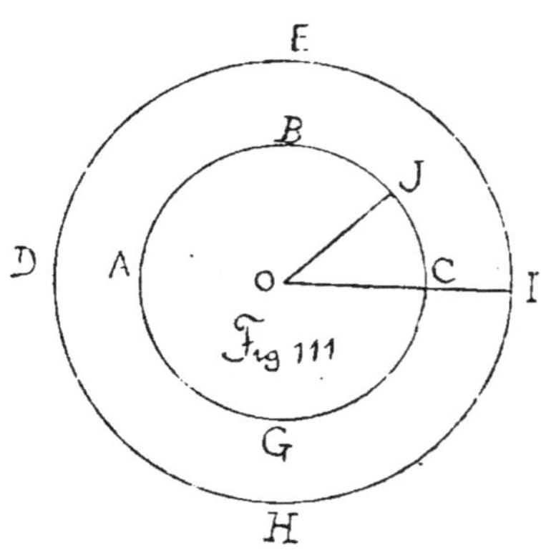

APPLICATIONS. — Un fond de tonneau à 0 m.42 de diamètre.

Quelle est la longueur de sa circonférençe.

La longueur de la circonférence est de :
$$0\,\text{m}.42 \times 3\,\text{m}.1416 = 1\,\text{m}.3194.$$

Un tonneau a une circonférence de 1 m.3194. Quel est son diamètre?

Quel est son rayon ?

La longueur de son diamètre est de :
$$1\,\text{m}.3194 : 3\,\text{m}.1416 = 0\,\text{m}.42.$$

La longueur de son rayon est de :
$$0\,\text{m}.42 : 2 = 0\,\text{m}.21.$$

Quelle sera la surface d'un fond de tonneau dont le diamètre est de 0 m.90 ?

La longueur de la circonférence de ce fonds est de :
$$0\,\text{m}.90 \times 3\,\text{m}.1416 = 2\,\text{m}.8227.$$

Le rayon de cette circonférence est de :
$$0\,\text{m}.90 : 2 = 0\,\text{m}.45.$$

La surface est de :
$$2\,\text{m}.8227 \times \frac{0\,\text{m}.45}{2} = 0\,\text{m}^2 6351.$$

Quelle est la surface d'un secteur de 60°, la circonférence du cercle ayant 3 m.60 ?

La longueur du diamètre est de :
$$\frac{3\,\text{m}.60}{3\,\text{m}.1416} = 0\,\text{m}.57.$$

La longueur de l'arc est de :

$$\frac{3\ \mathrm{m}\ 60 \times 06}{360} = 0\,\mathrm{m}.\,60.$$

La surface du secteur est de :

$$0\ \mathrm{m}.\,57 \times \frac{0\ \mathrm{m}.\,60}{2} = 0\ \mathrm{m}^2 1710.$$

ELLIPSE. — L'ellipse est une circonférence allongée, c'est une courbe A B C D (fig. 112) qui représente le lieu géométrique des points d'un plan tels que la somme des distances de chacun de ces points à deux points fixes F F' du plan soit constante. Les point F F' sont les foyer de l'ellipse

La ligne A B en est le grand axe et la ligne C D le petit axe.

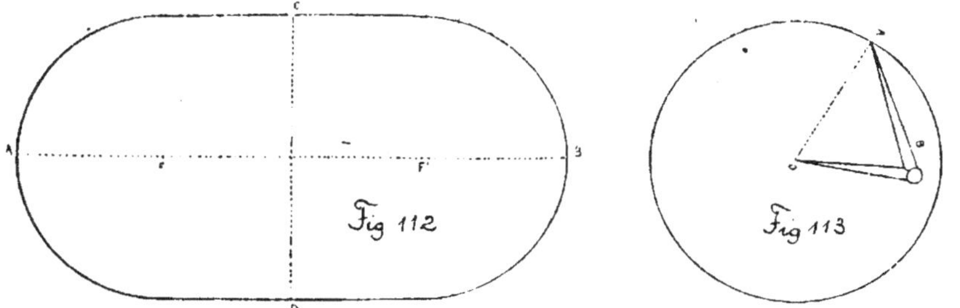

Fig 112

Fig 113

EXERCICES GRAPHIQUES. — 1° Tracer une circonférence.

Pour tracer une circonférence on prend une ouverture de compas égale au rayon donné O A. On place une des pointes du compas sur le point O choisi comme centre et autour de ce point on fait avancer circulairement l'autre pointe B qui trace en partant de A la circonférence demandée.

2° Décrire une circonférence qui passe par trois points A B C donnés non en ligne droite.

Des points A et B comme centres avec une ouverture de compas plus grande que la moitié de A B, on trace deux arcs de cercles (fig. 114) qui se coupent aux points D et D', on mène à la règle la droite D D' qui est à égale distance des points A et B. Des points C et B comme centres avec une ouverture de compas plus grande que la moitié de A C on trace deux arcs de cercle qui se coupent aux points E et E'; on mène à la règle la ligne E E qui est à égale distance de B et de C. Cette droite coupe la première D D' au point O. De ce point O comme centre avec une ouverture de compas égale à O A on décrit une

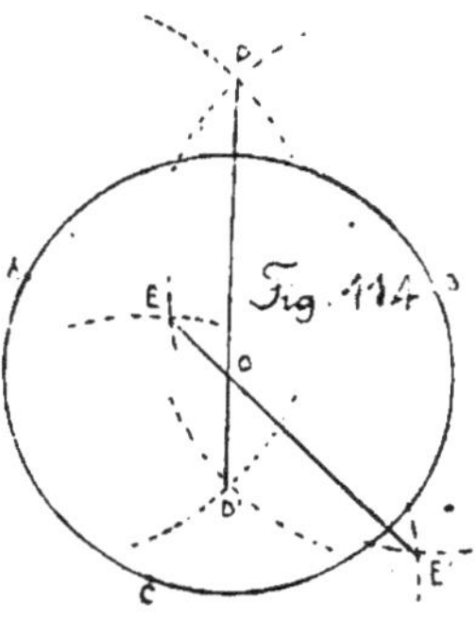

Fig 114

circonférence qui est la circonférence demandée et qui passe par les trois points A B C.

3° Trouver le centre d'une circonférence donnée.

Cet exercice est une conséquence de l'exercice précédent ; il suffit, pour trouver ce centre de prendre sur la circonférence trois points quelconques et d'opérer comme précédemment pour trouver d'abord les lignes D D' et E E', et ensuite le point O qui est le centre demandé.

4° Trouver le centre d'un triangle.

Le même exercice peut servir aussi à trouver le centre d'un triangle. Pour cela il n'y a qu'à inscrire le triangle dans un cercle. Le centre du triangle sera le centre du cercle. On peut trouver, par le même moyen, le centre d'un polygone régulier.

5° Élever une perpendiculaire à l'extrémité d'une droite qu'on ne peut prolonger.

Soit A B la droite donnée. Il s'agit d'élever du point A une perpendiculaire à A B. D'un point quelconque O pris au-dessus de A B comme centre et avec une ouverture de compas égale à O A, on décrit une circonférence qui coupe la ligne A B aux points A et D. On mène le diamètre E O D et on joint E A. La droite obtenue est la perpendiculaire demandée (fig. 115).

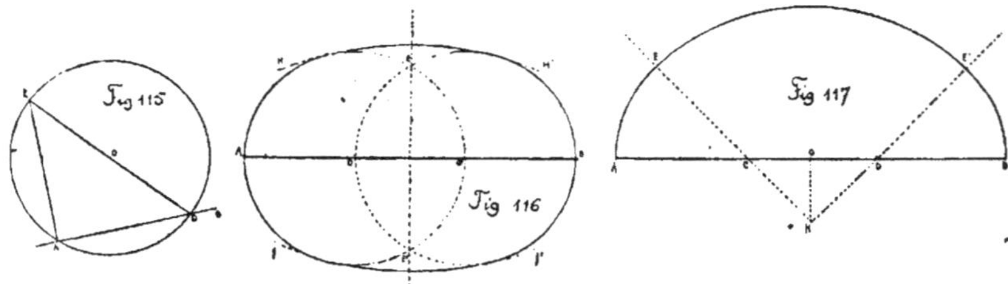

6° Tracer une ellipse.

Soit A B le grand axe de l'ellipse. D'un point O de la ligne A B (fig. 116) avec une ouverture de compas égale au tiers de A B, on décrit un premier cercle qui coupe A B au point A et au point O'. De ce point O' avec la même ouverture de compas, on décrit un second cercle qui coupe le premier aux points E et E' ; on joint ces points par une droite E E' menée à la règle ; puis de deux points pris sur cette droite prolongée avec une ouverture de compas égale à A B, on décrit deux arcs de cercle H H' et I I' qui complètent l'ellipse demandée.

7° Tracer une anse de panier.

L'anse de panier est une demi-ellipse ; elle est formée d'arcs de cercles se raccordant entre eux.

Soit à tracer une anse de panier, on divise la droite A B en trois parties égales A C, C D, D B. Du milieu O de A B on mène la perpendiculaire O H. Du point H on mène les droites H C E et H D E'. Du point C comme centre avec une ouverture de compas égale à C A, on trace l'arc de cercle A E. Du point D comme centre avec la même ouverture de compas, on trace l'arc de cercle B E'. Du point H comme centre avec une ouverture de compas égale à H E on trace l'arc de cercle E E' qui complète l'anse de panier (fig. 117).

CHAPITRE V

Des volumes et de leurs mesures

On appelle volume l'espace occupé par un corps.

Le volume a trois dimensions : la longueur, la largeur et l'épaisseur.

Les volumes sont limités par des surfaces.

Mesurer le volume d'un corps c'est chercher combien il contient de mètres cubes ou simplement de cubes égaux d'une dimension déterminée.

Mesurer la surface latérale d'un volume c'est chercher combien la somme des surfaces de toutes les faces de ce volume contient de mètres carrés ou de fractions de mètres carrés.

Quand le tonnelier construit un tonneau d'une contenance déterminée, cette contenance représente le volume du tonneau et l'ouvrier doit être capable d'établir, d'après ce volume qu'il connaît, toutes les dimensions qui lui sont nécessaires pour sa construction, y compris la surface latérale qui est représentée par les douves arrangées circulairement et la surface totale qui est la somme de la surface latérale et de la surface des bases, c'est-à-dire des fonds.

Les principaux volumes sont :

1° Le prisme ;

2° Le cube ;

3° Le parallélipipède ;

4° La pyramide ;

5° Le cylindre ;

6° Le cône.

Tous les volumes, directement ou indirectement intéressent la tonnellerie, soit que leurs formes mêmes représentent les objets construits par le tonnelier, soit que leurs relations aident à déterminer chez les uns des dimensions inconnues dérivant de la mesure des autres.

Le tonneli.r obtient les dimensions d'une cuve carrée par les calculs basés sur les mesures du volume du cube, du parallélipipède ou du tronc de pyramide, selon la forme de la cuve. Il connaît les dimensions d'un foudre, d'une cuve ronde, d'un tonneau, ou de tout autre objet dont la surface latérale est circulaire par les calculs basés sur les mesures du volume du cylindre, du cône et du tronc de cône.

§ I. — *Le prisme.* — Un prisme est un volume limité par deux surfaces égales et parallèles réunies par des parallélogrammes (fig. 118).

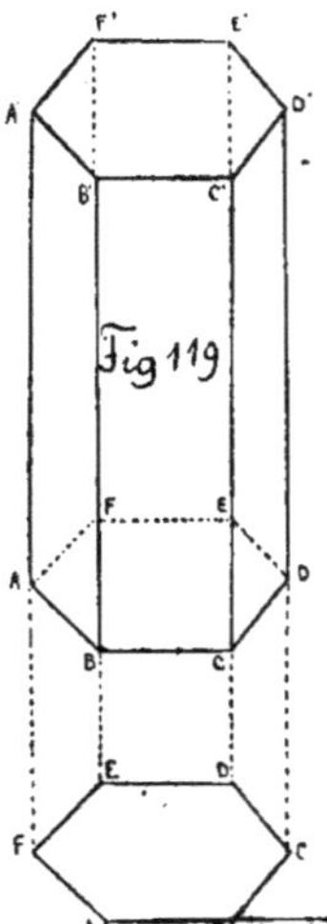

Les côtés parallèles d'un prisme s'appellent les bases.

Les côtés s'appellent les faces.

Les faces autres que les bases s'appellent les faces latérales.

Les lignes formées par la rencontre de deux faces s'appellent arêtes.

La perpendiculaire menée d'une base sur l'autre s'appelle hauteur.

La figure 118 représente un prisme dans lequel :

A B C et E F D sont les bases ;

A E F B, B F D C, D E A C sont les faces latérales ;

A E, F B, D C sont les arêtes ;

G H est la hauteur.

Si les arêtes sont perpendiculaires aux bases, le prisme est droit, les faces latérales sont des rectangles et la hauteur est une arête latérale.

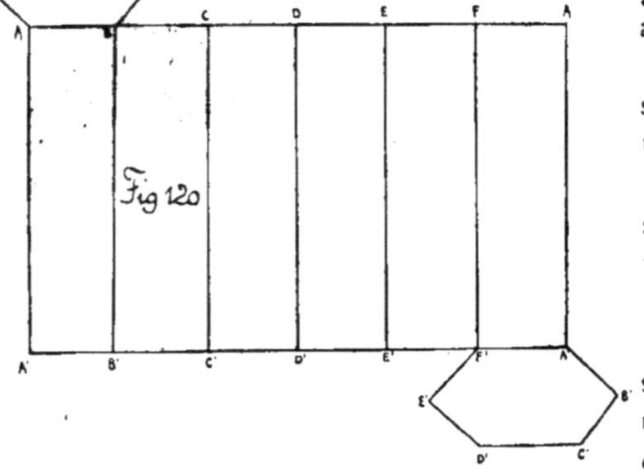

Un prisme dont les bases sont des triangles est un prisme triangulaire.

Un prisme dont les bases sont des quadrilatères est un prisme quadrangulaire.

Un prisme dont les bases sont des pentagones est un prisme pentagonal, etc...

SURFACE DU PRISME. — La surface totale du prisme se compose :

1º De la surface de ses faces ou surface latérale ;

2º De la surface de ses bases.

a) La surface latérale du prisme s'obtient en multipliant le périmètre de la base par la hauteur.

Soit à trouver la surface latérale du prisme hexagonal ABCDEF, A'B'C'D'E'F' dans lequel le périmètre de la base est de 8 mètres et la hauteur 3 mètres (fig. 119).

Développons ce prisme (fig. 120), nous obtenons un rectangle AA'A'A dont la surface sera (*Géométrie*, CHAPITRE III, § II) obtenue par le produit de la longueur AA par la largeur AA', mais :

$$AA = AB + BC + CD + DE + EF + FA = 8 \text{ mètres,}$$

c'est-à-dire la longueur du périmètre de la base.

La hauteur du prisme est équivalente à la largeur du rectangle :

$$AA' = 3 \text{ mètres.}$$

La surface latérale est donc :

$$8 \times 3 = 24 \, \text{m}^2.$$

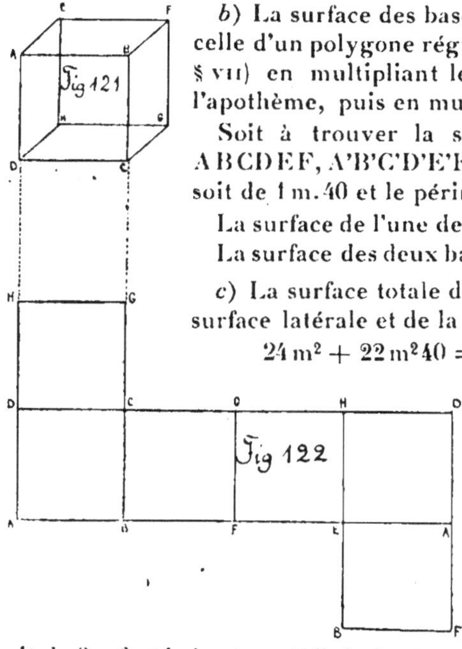

b) La surface des bases d'un prisme s'obtient comme celle d'un polygone régulier (*Géométrie*, CHAPITRE V, § VII) en multipliant le périmètre par la moitié de l'apothème, puis en multipliant par 2.

Soit à trouver la surface des bases du prisme ABCDEF, A'B'C'D'E'F', en supposant que l'apothème soit de 1 m.40 et le périmètre de 8 mètres.

La surface de l'une des bases $= 8 \times 1$ m.$40 = 11$ m^{2}20.
La surface des deux bases $= 11$ m^{2}20 $\times 2 = 22$ m^{2}40,

c) La surface totale du prisme est la somme de la surface latérale et de la surface dés bases soit :

$$24 \, \text{m}^2 + 22 \, \text{m}^2 40 = 46 \, \text{m}^2 40$$

VOLUME DU PRISME.— Pour trouver le volume d'un prisme on multiplie la surface de la base par la hauteur.

Soit à calculer le volume du prisme représenté par la figure 118, en supposant que la surface de la base ABC soit de 2 m² et la hauteur HG de 4 mètres.

Le volume sera de :

$$2 \times 4 = 8 \text{ mètres cubes.}$$

Pour trouver la base d'un prisme on divise le volume par la hauteur.

Pour trouver la hauteur d'un prisme on divise le volume par la surface de la base.

§ II. — *Le cube.* — Le cube est un prisme dont les six faces sont des carrés égaux (fig. 121).

SURFACE DU CUBE. — *a)* Surface latérale. Pour trouver la surface latéral d'un cube, on multiplie la surface d'une face par 4.

b) Surface totale. Pour trouver la surface totale d'un cube, on multiplie la surface d'une face par 6.

Soit le cube A B C D E F G H (fig. 121) dont on se propose de trouver la surface latérale et la surface totale.

Je suppose chaque côté égal à deux mètres.

En développant ce cube (fig. 122) nous obtenons une surface latérale A D D A comprenant 4 carrés de 2 mètres de côté. La surface de chaque carré sera de :

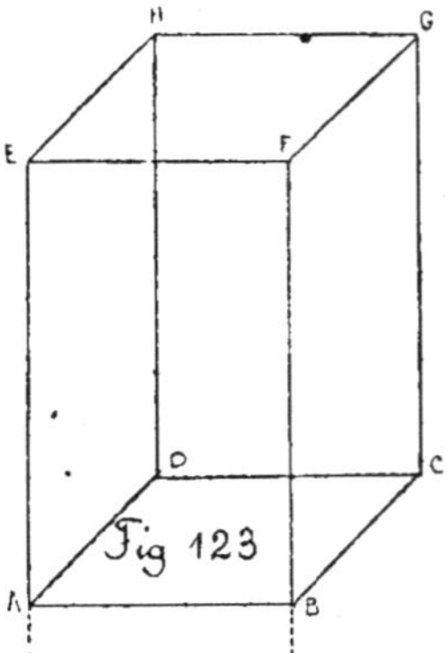

$$2 \times 2 = 4\,\mathrm{m^2}\ (\textit{Géométrie}, \text{CHAPITRE III, § 1}).$$

La surface ces 4 carrés ou surface latérale sera de :

$$4\,\mathrm{m^2} \times 4 = 16\,\mathrm{m^2}.$$

La surface totale représentée par le développement complet du cube contenant 6 carrés de 2 mètres de côté sera de :

$$4\,\mathrm{m^2} \times 6 = 24\,\mathrm{m^2}.$$

Pour trouver la longueur totale des arêtes d'un cube, on multiplie son côté par 12.

VOLUME DU CUBE. — Pour trouver le volume d'un cube on multiplie son côté par lui-même et une seconde fois par lui-même.

Ainsi, pour obtenir le volume du cube A B C D E F G A dont le côté mesure 2 mètres ; on multiplie :

$$2 \times 2 = 4 \times 2 = 8\,\mathrm{m^3}$$

ou 8 mètres cubes

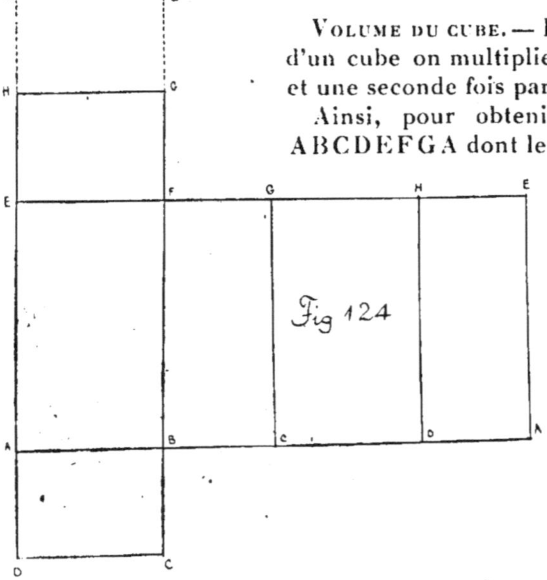

§ III. — *Le parallélipipède.* — Le parallélipipède est un prisme droit dont les bases sont des rectangles ou des carrés ; les trois dimensions du parallélipipèes sont : la longueur, la largeur et la hauteur. La hauteur peut, selon les cas, s'appeler épaisseur ou profondeur (fig. 123).

SURFACE DU PARALLÉLIPIPÈDE. — *a)* Surface latérale. Pour trouver la surface latérale d'un parallélipipède on multiplie le périmètre de la base par la hauteur.

Soit à trouver la surface latérale du parallélipipède A B C D E F G H.

Développons ce parallélipidède (fig. 124). La surface latérale sera bien égale à la surface du rectangle A A, E E, mais A E n'est autre chose que la hauteur du parallélipipède et A A est égal à A B + BC + CD + D A, c'est-à-dire au périmètre de la base.

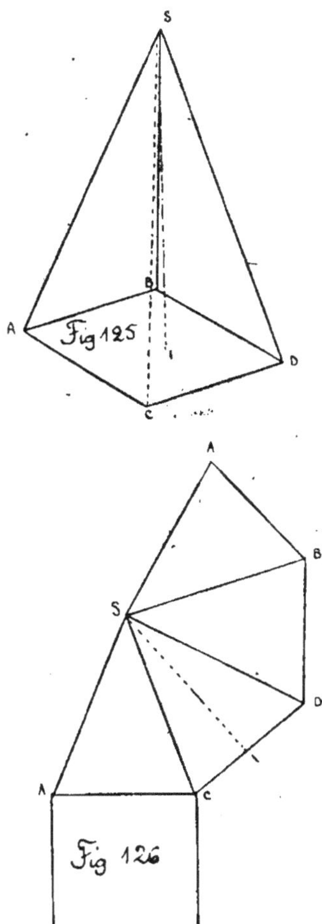

Donc, en supposant que :

A E = 8 mètres ;
A B = 4 mètres ;
A D = 3 mètres.

La surface latérale sera de :

$$(AB + BC + CD + DA) \times AE$$
ou : $(4 + 3 + 4 + 3) \times 8$
ou : $14 \times 8 = 112 \, m^2$.

SURFACE TOTALE. — Pour trouver la surface totale d'un parallélipipède on ajoute à la surface latérale deux fois la surface de la base.

D'après les calculs ci-dessus, la surface de la base du parallélipipède qui nous intéresse est de :

$AB \times AD$ (*Géométrie*, CHAPITRE III, §1) ou : 4 m. $\times$ 3 m. $= 12 \, m^2$.

La surface totale sera de :
$$112 \, m^2 + (12 \, m^2 \times 2) = 136 \, m^2.$$

VOLUME DU PARALLÉLIPIPÈDE. — Pour trouver le volume d'un parallélipipède on multiplie la longueur par la largeur et par la hauteur.

Le volume du parallélipipède dont nous venons de trouver la surface sera de : $AB \times AD \times AE$
ou : 4 m. $\times$ 3 m. $\times$ 8 m. $= 96 \, m^3$.

Pour trouver l'une des trois dimensions d'un parallélipipède on divise le volume par la surface obtenue avec les deux autres dimensions.

§ IV. — *La pyramide*. — La pyramide est un volume dont la base est un polygone, dont le sommet est un point et dont les faces sont des triangles (fig. 125).

Selon que le polygone formant la base de la pyramide est un triangle, un quadrilatère, un pentagone, etc..., la pyramide est dite triangulaire, quadrangulaire, pentagonale, etc...

La perpendiculaire S I abaissée du sommet sur la base s'appelle la hauteur de la pyramide (fig. 125).

Surface de la pyramide. — La surface totale d'une pyramide est représentée par la somme de la surface de sa base et de celle de sa surface latérale.

Soit à trouver la surface de la pyramide à base carrée A B C D S en admettant que :

$$A B = 2 \text{ mètres}$$

et que la hauteur S H du triangle C S D = 3 mètres.

Développons cette pyramide (fig. 126), nous obtenons :

Pour base un carré A C D'C' ;

Pour surface latérale 4 triangles

Pour trouver cette surface latérale on fait la somme des surfaces des triangles (*Géoméirie*, chapitre iii, § v) ou, ce qui revient au même, on multiplie le périmètre de la base par la moitié de la hauteur S H d'un des triangles.

$$\text{Soit A C} + \text{C D} + \text{D B} + \text{B A} \times \frac{\text{S H}}{2}$$

$$\text{ou : } (2 \times 4) \times \frac{\text{S H}}{2}$$

$$\text{ou : } 8 \times \frac{3}{2} = 12 \text{ mètres carrés.}$$

Pour trouver la surface de la base qui est un carré on procède comme il a été indiqué *(Géoméirie,* chapitre iii. § i) et on a : $2\,\text{m.} \times 2\,\text{m.} = 4\,\text{m}^2$.

La surface totale est $12\,\text{m}^2 + 4\,\text{m}^2 = 16\,\text{m}^2$.

Volume de la pyramide. — Pour trouver le volume d'une pyramide on multiplie la surface de la base par le tiers de la hauteur.

Soit à trouver le volume de la pyramide représentée par la figure 125.

La surface de base est de $4\,\text{m}^2$.

La hauteur est de $S I = 2\,\text{m. } 60$.

$$\text{Le volume sera de : } \frac{4 \times 2\,\text{m.}\,60}{3} = 3\,\text{m}^3\,46.$$

Tronc de pyramide. — Si l'on sectionne une pyramide et qu'on en supprime le sommet on obtient un tronc de pyramide (fig. 127).

[On donne pour trouver le volume d'un tronc de pyramide cette règle :

Le volume d'un tronc de pyramide est équivalent à la somme des volumes de trois pyramides qui ont pour hauteur commune la hauteur du tronc et pour bases ; l'une la base inférieure du tronc, l'autre la base supérieure, la troisième uue moyenne proportionnelle entre ces deux bases].

L'étude des notions élémentaires qui précèdent n'ayant pas préparé l'ouvrier tonnelier à un calcul de ce genre nous nous contenterons de lui indiquer la façon de trouver approximativement le volume d'un tronc de pyramide.

Pour trouver le volume d'un tronc de pyramide, on mesure la grande longueur et la petite longueur et on en fait la moyenne en divisant le total par 2 (*Arithmétique*, CHAPITRE III), on mesure de même la grande et la petite largeur et on en prend la moyenne. Ou multiplie ensuite la moyenne longueur par la moyenne largeur et le produit par la hauteur.

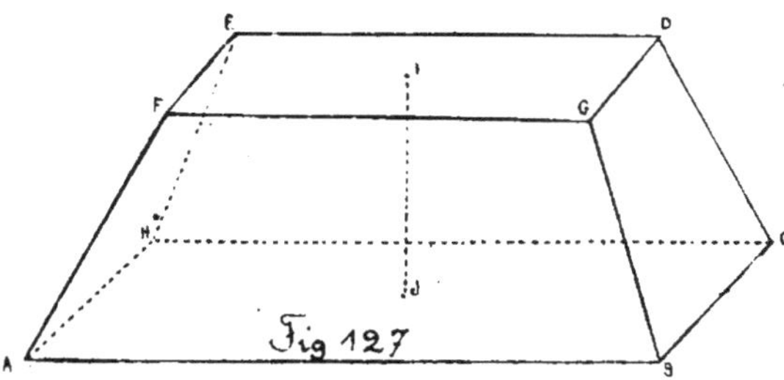

Le nombre obtenu donne approximativement le volume du tronc de pyramide.

Soit à trouver le volume de la cuve en forme de tronc de pyramide ABCDEFGH, représenté par la figure 127 et dans laquelle, d'après les les mesures prises :

$$AB = 3 \text{ mètres;}$$
$$BC = 2 \text{ m. } 20;$$
$$FG = 1 \text{ m. } 80;$$
$$IJ = 1 \text{ m. } 20;$$
$$GD = 1 \text{ mètre.}$$

On fait la somme des longueurs et on en prend la moyenne.

Soit : $\dfrac{3\,\text{m.} + 1\,\text{m.}80}{3} = 2\,\text{m.}40.$

On fait la somme des largeurs et on en prend la moyenne.

Soit : $\dfrac{2\,\text{m.}20 + 1\,\text{m.}}{2} = 1\,\text{m.}60.$

et on multiplie la moyenne largeur par la moyenne longueur et par la hauteur, soit :

$$2\,\text{m.}40 \times 1\,\text{m.}60 \times 1\,\text{m.}20 = 4\,\text{m}^3 60.$$

§ V. — *Du cylindre* — On appelle cylindre un volume qui a pour bases deux cercles égaux et parallèles (fig. 128).

On peut comparer le cylindre à un prisme qui aurait un très grand nombre de faces

SURFACE DU CYLINDRE. — SURFACE LATÉRALE. — Pour trouver la surface latérale d'un cylindre on multiplie la circonférence de la base par la hauteur.

Pour trouver la surface totale d'un cylindre on ajoute à la surface latérale la surface des deux bases.

Soit à trouver la surface totale du cylindre A BC D. Développons ce cylindre nous obtenons deux cercles O et O' représentant les bases, et un rectangle A BC D représentant la surface latérale (fig. 129).

La surface du rectangle sera : $CD \times AB$.

Mais C D est égal à la longueur de la circonférence O' et A C est égal à la hauteur du cylindre.

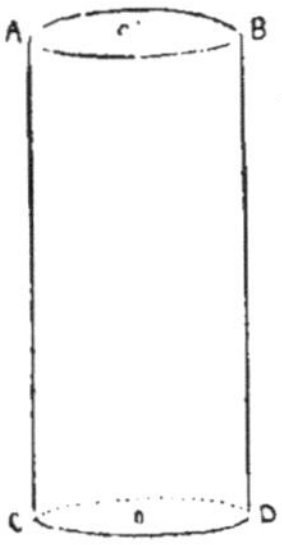

En mesurant nous obtenons :

A C $= 2$ m. 50 et diamètre de O' $= 1$ m. 20.

La longueur de la circonférence O' est de :

1 m. 28 $\times$ 3 m. 1416 $=$ 3 m. 769 (*Géométrie,* CHAPI-TRE IV, § II).

La surface latérale est de :

3 m. 769 $\times$ 2 m. 50 $=$ 9 m²42.

La surface des bases est de :

$$3 \text{ m. } 769 \times \frac{1 \text{ m. } 20}{4} = 1 \text{ m}^2 13 \quad (Géométrie, \text{ CHAPI-TRE IV, § III}).$$

La surface totale est de :

9 m²42 $+$ 1 m²13 $+$ 1 m²13 $=$ 11 m²68.

VOLUME DU CYLINDRE. — Pour trouver le volume du cylindre on multiplie la surface de sa base par sa hauteur.

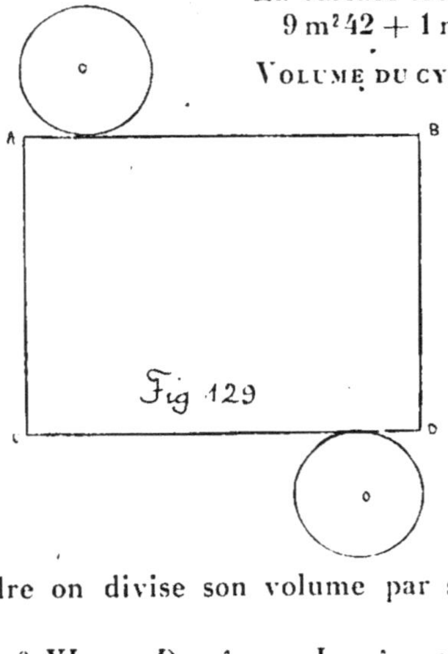

Soit à trouver le volume du cylindre représenté par la figure 128.

Nous savons par le calcul précédent que sa hauteur est de 2 m. 50 et sa surface de base 1 m²13.

Son volume sera de :

1 m²13 $\times$ 2 m. 50 $=$ 2 m² 825.

Pour trouver la hauteur ou la longueur d'un cylindre, on divise son volume par la surface de sa base.

Pour trouver la base d'un cylindre on divise son volume par sa longueur.

§ VI. — *Du cône* — Le cône est un volume qui a la forme d'un pain de sucre dont la base est un cercle et le sommet un point (fig. 130). La ligne C E qui joint le sommet du cône à la base et qui est perpendiculaire à cette dernière s'appelle la hauteur.

SURFACE DU CONE. — SURFACE LATÉRALE. — Pour trouver la surface latéral d'un cône on multiplie la circonférence de base par la moitié du côté.

Pour trouver la surface totale, on ajoute à la surface latérale la surface de la base.

Soit à trouver la surface totale du cône représenté par la figure 130, dans lequel $AC = 1$ m.85 et le diamètre de $AB = 0$ m.85. Développons ce cone (fig. 131).

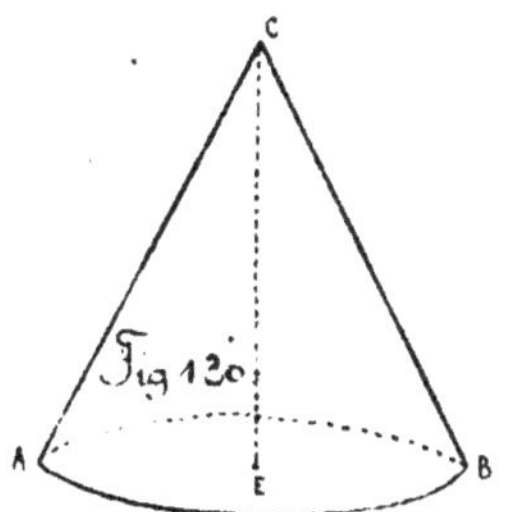

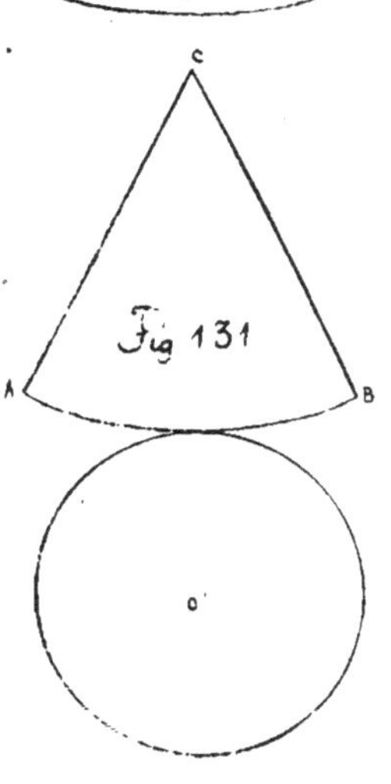

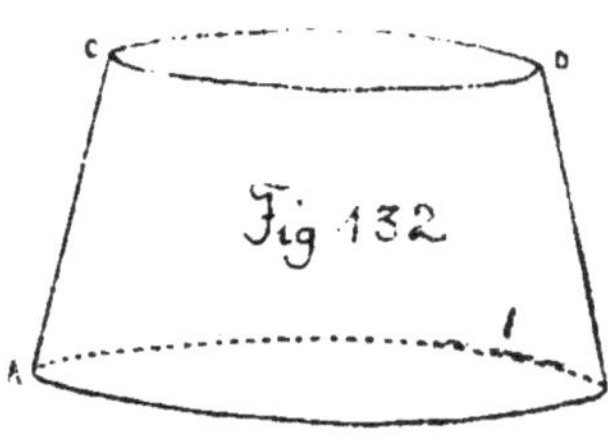

La surface latérale sera de :

$$AB \times \frac{AC}{2}.$$

AB représentant la longueur de la circonférence est égal à :

$$3 \text{ m}.15 \times 0 \text{ m}.85 = 2 \text{ m}.60.$$

$$\frac{AC}{2} = \frac{1.85}{2} = 0{,}925.$$

La surface latérale sera de :

$$2 \text{ m}.60 \times 0{,}925 = 2 \text{ m}^2 405.$$

La surface totale sera de :

Surface du cercle $2\text{m}.60 \times \dfrac{0,85}{4} = 0{,}5512.$

$$2 \text{ m}^2 405 + 0{,}5512 = 2 \text{ m}^2 95{,}62.$$

Volume du cone. — Pour trouver le volume d'un cône on multiplie la surface du cercle de la base par le tiers de la hauteur.

Soit à trouver le volume du cône représenté par la figure ci-contre.

Nous connaissons sa surface de base $AB = 0.5512.$

Nous mesurons sa hauteur $CE = 1,80.$

Le volume sera de :

$$0{,}5512 \times \frac{1.80}{3} = 0 \text{ m}^3 3307.$$

Tronc de cone. — Si l'on sectionne un cône à la moitié de sa hauteur et parallèlement à sa base et que l'on en supprime le sommet on obtient un tronc de cône.

[Il y a plusieurs règles pour trouver le volume d'un tronc de cône: le volume d'un tronc de cône à bases parallèles est équivalent à la somme des volumes de trois cônes qui auraient pour hauteur commune la hauteur du tronc et pour bases, l'un la base inférieure, l'autre la base supérieure, le troisième une moyenne proportionnelle entre les deux bases du tronc. Certains auteurs donnent la règle suivante: Pour mesurer le volume d'un cône tronqué on commence par calculer la surface du cercle qui forme sa base supérieure et celle du cercle qui forme sa base inférieure. On multiplie les deux surfaces, c'est-à-dire les deux bases l'une par l'autre et on extrait la racine carrée du produit. Enfin on ajoute cette racine aux bases, on multiplie la somme des trois nombres par le tiers de la hauteur du tronc de cône et le nouveau produit exprime combien le volume du cône tronqué contient de mètres cubes.]

Ce genre de calcul obligeant l'ouvrier à entreprendre l'étude des moyennes proportionnelles et de l'extraction d'une racine carrée est au-dessus de la portée de notre sujet. Nous nous contenterons donc, comme pour le tronc de pyramide d'indiquer au tonnelier un moyen simple pour trouver approximativement le volume d'un tronc de cône.

Pour trouver le volume approximatif d'un tronc de cône, on mesure la circonférence de la grande base et celle de la petite base. On en fait la moyenne. On cherche la surface du cercle qui correspond à cette circonférence moyenne et on multiplie le résultat obtenu par ? longueur.

Soit à trouver le volume d'un tronc de cône qui a :

Comme diamètre de la grande base 0 m.67.

Comme diamètre de la petite base 0 m.56.

Comme longueur 0 m.38.

La longueur de la circonférence de la grande base est de :
$$0 \text{ m}.67 \times 3,15 = 2 \text{ m}.05 \; (\textit{Géométrie}, \text{ CHAPITRE IV}, \S \text{ III}).$$

La longueur de la circonférence de la petite base est de :
$$0 \text{ m}.56 \times 3,15 = 1 \text{ m}.76.$$

La circonférence moyenne est de :
$$\frac{2 \text{ m}.05 + 1 \text{ m}.76}{2} = 1 \text{ m}.90 \text{ dont le diamètre est de : } \frac{1.90}{3.15} = 0 \text{ m}.60.$$

La surface du cercle moyen est de :
$$1 \text{ m}.90 \times \frac{0.60}{4} = 1,90 \times 0,15 = 0 \text{ m}^3 28,50.$$

Le volume du tronc de cône est de :
$$0 \text{ m}^3 2850 \times 0 \text{ m}.38 = 0 \text{ m}^3 108 \text{ dcm}^3 \text{ approximativement.}$$

On peut tirer de ce calcul les conséquences suivantes dérivant des principes de la division :

1° Pour trouver la hauteur d'un tronc de cône approximativement, on divise le volume par la surface moyenne de base.

2° Pour trouver la surface moyenne de base, on divise le volume par la hauteur.

SECTION III

DE LA CONSTRUCTION THÉORIQUE D'UN TONNEAU

CHAPITRE PREMIER

Formes et dimensions des futailles

Au moment de l'adoption en France du système métrique un essai fut tenté pour introduire dans la tonnellerie la même amélioration d'uniformité dans la construction des tonneaux que dans celle des autres ustensiles servant de mesure. Les futailles devaient avoir des dimensions fixes et uniformes et porter l'indication de leur contenance sur l'un de leurs fonds. Leur longueur intérieure était conventionnellement divisée en 21 parties égales. Le diamètre intérieur du bouge devait en contenir 18 et le diamètre intérieur du fond devait en contenir 16.

L'essai fut infructueux et on n'obtint jamais de la tonnellerie une construction basée sur des règles immuables. Du reste le tonnelier construirait-il des fûts métriques, que son effort n'aurait qu'une portée éphémère. Un tonneau qui sort de l'atelier aujourd'hui avec une contenance déterminée peut parfaitement deux mois après, si le bois employé à sa construction n'était pas dans un état de dessication absolue, varier de dimensions dans de notables proportions. Il en est de même d'un fût dont le bois a séché et dont les cercles doivent être « rabattus » pour qu'il recouvre son étanchéité. Ces fûts diminuent de contenance et l'obligation pour le tonnelier à construire des futailles métriques serait une astreinte perpétuelle à les rectifier.

La fabrication des tonneaux a donc été de tout temps livrée au hasard et aux usages de chaque région. Souvent, d'un département à un autre, d'une contrée vinicole à un vignoble voisin, des futailles portant le même nom n'ont ni les mêmes dimensions, ni la même contenance.

Depuis des siècles les tonneliers les fabriquent d'après des calibres qui traînent dans les ateliers de génération en génération sans jamais chercher, par l'étude, sauf de rares exceptions, à en corriger les imperfections.

§ I. — *Des différentes sortes de futailles classées d'après les vignobles français où on les emploie.* — Les noms et les chiffres que le lecteur va lire sont empruntés au *Manuel du Tonnelier* de Paulin-Désormeaux, édition Roret, Le Mulo éditeur, rue d'Hautefeuille, Paris.

Dans la région du Midi qui comprend les départements vinicoles de l'Aude, des Pyrénées-Orientales, de l'Hérault, du Gard, du Vaucluse, des Bouches-du-Rhône, du Var, des Alpes-Maritimes et de la Corse, on construit et on emploie les futailles répondant aux noms et aux contenances suivantes :

Barral de Carpentras.	26	litres.
Barral du Gard	45	—
Charge de Narbonne.	94	—
— des Pyrénées-Orientales.	118	—
— de Castelnaudary	138	—
Barrique Corse	150	—
— de l'Hérault. 206 à	214	—
— de Frontignan	228	—
Tiercerolle du Gard.	230	—
Demi-queue de Montlouis.	243	—
Demi-pièce du Vaucluse.	275	—
Demi-queue de Saint-Gilles.	289	—
Muid de Saint-Gilles.	380	—
— de Montpellier.	510	—
Boutte de Provence.	520	—
Demi-muid du Gard.	550	—
Muid de l'Hérault	685	—

Cuves et foudres de 100 à 600 hectolitres.

Dans la région du Sud-Ouest qui comprend les départements vinicoles des Basses-Pyrénées, des Hautes-Pyrénées, de l'Ariège, de la Haute-Garonne, du Tarn-et-Garonne, du Gers, des Landes, du Lot-et-Garonne, de la Dordogne et de la Gironde, on construit et on emploie les futailles répondant aux noms et contenances suivantes :

Quart bordelais	55	litres.
Demi-barrique bordelaise	110	—
Demi-queue de Cahors.	221	—
Barrique de Cahors.	224	—
— bordelaise.	225	—
— du Lot-et-Garonne.	228	—
— des Basses-Pyrénées	270	—
Demi-queue du Languedoc	274	—
Muid de Cahors	297	—
Barrique des Landes	304	—
Petit muid du Languedoc	365	—
Muid du Languedoc.	460	—

<pre>
Pipe du Languedoc .   .   .   .   .   533 litres.
Pipe 3/6 du Languedoc   650   —
Tonneau de Bordeaux   900   —
</pre>
Foudres et cuves de 100 à 600 hectolitres.

Dans la région de l'Ouest et des Charentes qui comprend les départements vinicoles de la Charente, de la Charente-Inférieure, de l'Indre-et-Loire, de la Loire-Inférieure, du Maine-et-Loire, de la Vienne, de la Haute-Vienne, de la Vendée et des Deux-Sèvres, on construit et on emploie les futaille répondant aux noms et contenances suivantes :

<pre>
Mannée de l'Anjou .   .   .   .   .   .   40 litres.
Quartaut de Vouvray   125   —
Barrique de Cognac.   205   —
    —   de Charente   205   —
    —   de la Rochelle.   .   .   .   226   —
    —   de Tours   232   —
    —   de Saumur.   232   —
Demi-queue de Chinon.   243   —
Barrique de la Vienne   252   —
    —   des Deux-Sèvres   290   —
    --   de Châtellerault   300   —
Pipe d'Anjou.   .   .   .   •   .   .   .   480   —
Pipe de la Rochelle   533   —
Tierçon de Cognac   520   —
Pipe de Cognac   600   —
</pre>

Dans la région du Centre-Sud comprenant les départements vinicoles du Tarn, de l'Aveyron, de la Lozère, de l'Ardèche, de la Haute-Loire, du Cantal, du Lot, de la Corrèze et du Puy-de-Dôme, on construit et on emploie des futailles répondant aux noms et aux contenances suivantes :

<pre>
Quartaut d'Auvergne .   .   .   .   .   137 litres.
Barrique de l'Ardèche.   .   .   206 à   214   —
    —   du Tarn .   .   .   206 à   214   —
    —   du Lot.   .   .   .   225 à   228   —
Demi-queue d'Auvergne. 265, 280 et   290   —
</pre>

Dans la région du Centre-Nord ou de la Bourgogne qui comprend le département de l'Allier, de l'Aube, du Cher, de la Côte-d'Or, de l'Indre, de la Loire, du Loiret, du Loir-et-Cher, de la Nièvre, du Rhône, de la Saône-et-Loire et de l'Yonne, on construit et on emploie des futailles répondant aux noms et aux contenances suivantes :

<pre>
Quartaut de Bourgogne.   .   .   .   .   57 litres.
Anée du Rhône.   93   —
Quart du Mâconnais.   106   —
Feuillette de Mâcon.   112   —
    —   de la Côte-d'Or.   .   112 à   114   —
</pre>

Quartaut d'Orléans.	114	litres,
— de Beaune	114	—
Demi-pièce de la Côte-d'Or . . .	128	—
Feuillette de l'Yonne	136	—
Pièce de Saône-et-Loire	142	—
Demi-queue de Villenauxe. . . .	175	—
— de Mâcon	213	—
— de Charlieux. . . .	213	—
Barrique du Rhône. . . . 214 à	220	—
Demi-queue de Riceys	221	—
— de Sancerre	221	—
-- de Gâtinais	221	—
Barrique de Beaune.	228	—
Pièce de Bourgogne.	228	—
Demi-queue de Sologne.	236	—
— du Cher	243	—
— de Condrieu	251	—
Barrique du Cher. . . . 245 à	259	—
Muid de l'Yonne.	272	—
— du Rhône.	288	—
— d'Orléans	289	—
— de Bourgogne.	297	—
Anée du Mâconnais.	300	—

Dans la région de l'Est qui comprend les départements vinicoles de
la Drôme, des Hautes-Alpes, de l'Isère, de la Savoie, de la Haute-Savoie,
de l'Ain, du Jura, du Doubs et de la Haute-Saône on emploie des
futailles répondant aux noms et aux contenances suivantes :

Barral des Hautes-Alpes.	32	litres.
Anée de l'Isère	76	—
Barrique des Hautes-Alpes. . . .	80	—
Charge de l'Isère.	100	—
Charge des Hautes-Alpes	110	—
Barrique de l'Ermitage. . . .	205	—
Barrique de la Drôme	210	—
Demi-queue de l'Ermitage. . .	215	—
Anée de la Bresse.	300	—

Dans la région du Nord-Est comprenant les départements vinicoles
des Vosges, de la Haute-Marne, de la Meurthe-et-Moselle, de la Meuse,
de la Marne, de l'Aisne et des Ardennes on construit et on emploie des
futailles répondant aux noms et aux contenances suivantes :

Charge de la Meuse et de la Meurthe.	40	litres.
Mesure des Vosges.	42	—
Tierçon de Champagne, ...	91	—
Quartaut Chalonnais	114	—

Demi-queue de Champagne . . .	183 litres.
Demi-pièce de Reims	200 —
Barrique de Champagne	200 —
Demi-queue de Montigny	213 —
— de Châlons	214 —

Dans la région du Nord-Ouest qui comprend les départements vinicoles de l'Eure, de l'Eure-et-Loir, de l'Ille-et-Vilaine, de la Mayenne, du Morbihan, de l'Oise, de la Sarthe, de la Seine, de la Seine-et-Oise, de la Seine-et-Marne, on construit et on emploie des futailles répondant aux dimensions suivantes :

Quart de Paris.		67 litres.
Demi-pièce de Paris.		115 —
Feuillette de Paris.		133 —
Barrique de Paris. . . .	225 à	228 —
Busse de la Mayenne.		232 —
— de Blois		238 —
— de la Sarthe		240 —
Muid de Seine-et-Oise.		250 —.
— de Paris		268 —
Pipe de Paris.		620 —
Queue de Paris.	894 à	900 —

CHAPITRE II

De la construction théorique d'un tonneau

Si le tonnelier n'est pas astreint à construire des futailles métriques, il ne doit pas non plus rester l'esclave des calibres régionaux. Il doit pouvoir à son gré fabriquer un tonneau d'une contenance donnée.

La place dont je dispose ici ne me permet pas de donner les dimensions de construction correspondant à chacun des types de futailles que je viens d'énumérer. L'ouvrier, selon les usages de la région où il exercera, sera capable, après l'étude des pages qui vont suivre, de les déterminer, lui-même, en peu de temps.

Je vais, en me servant des éléments appris dans les sections précédentes donner d'abord un exemple de ce calcul et ensuite un tableau où il est appliqué aux types de futailles les plus couramment employés.

§ I. — *De la forme du tonneau.* — Pourvu que le volume intérieur du tonneau qu'il construit corresponde à la contenance donnée, le tonnelier peut lui donner la forme qui lui plait. Il doit néanmoins, s'il ne veut pas être taxé d'originalité, respecter les proportions que l'usage a consacrées, ne serait-ce que pour utiliser avec le moins de perte possible le merrain dont il dispose et qui a été débité à des dimensions s'appliquant à une grandeur de futaille déterminée.

Géométriquement la forme extérieure d'un tonneau peut se représenter par deux troncs de cône A d c B et A e f B (fig. 133) réunis par leur grande base.

Cette forme doublement conique des futailles est obligatoire et a toujours existé depuis la plus haute antiquité et depuis que les hommes fabriquent des tonneaux. Elle constitue le principe même de l'étanchéité de la futaille. L'imperméabilité étant obtenue uniquement par le serrage des douves au moyen des cercles, il est évident que si le tonneau était parfaitement cylindrique, les cercles n'ayant aucun arrêt, glisseraient d'un bout à l'autre du cylindre et le serrage ne serait pas suffisant pour que le vaisseau reste étanche.

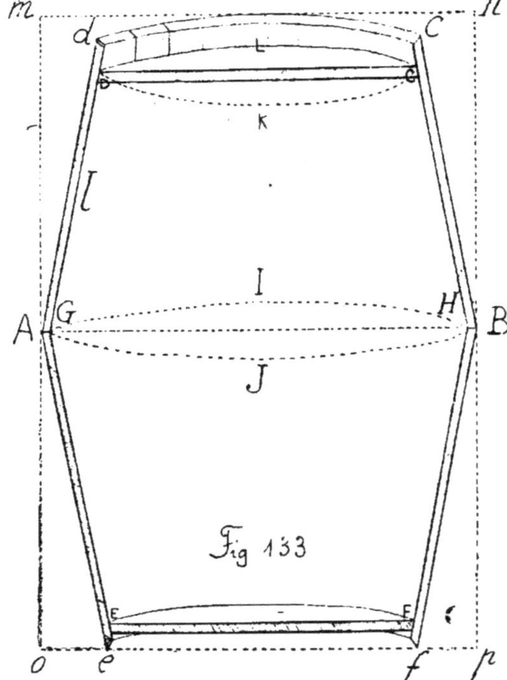

La capacité d'une futaille est égale à son volume intérieur (*Arithmétique*, CHAPITRE IV, § III).

Le volume intérieur d'un tonneau est approximativement équivalent à la somme des volumes des deux troncs de cône qui le composent (*Géométrie*. CHAPITRE V, § VI).

Connaissant ce volume, l'ouvrier doit pouvoir déterminer les dimensions à donner aux douves et aux fonds dont il dispose pour construire un tonneau d'une contenance correspondant à quelques centilitres près, au volume donné.

Soit e, f, c, d (fig. 133) le tonneau à construire

Je l'inscris dans un rectangle m, n, o, p.

La longueur du tonneau A d + A e correspond au côté m, o du rectangle.

Le diamètre A B qui est le diamètre du tonneau au niveau du bouge — on appelle bouge la partie médiane la plus renflée du tonneau — correspond à la perpendiculaire menée du milieu de m, o, sur l'autre côté du rectangle et représente par conséquent la largeur du rectangle.

L'usage a consacré en tonnellerie les principes suivants :

1° La plus grande largeur d'un tonneau, c'est-à-dire le diamètre du bouge représente à peu de chose près les $\frac{3}{4}$ de sa longueur.

Un tonneau qui a par exemple une longueur de 0 m. 94 aura un diamètre au bouge de 0 m. 70.

Ce principe nous permet d'écrire pour l'exemple qui nous intéresse.

$$AB = \frac{3}{4} \text{ de m, o.}$$

ou (*Arithmétique*, CHAPITRE V, § III) : $AB = \dfrac{3 \times m, o}{4}$;

2° Le diamètre des fonds pour que le tonneau ait une forme doublement conique doit être de 20 pour cent plus petit que le diamètre du bouge.

D'après cette règle je peux écrire (*Arithmétique*, CHAPITRE VII, § III) :

$$DC = AB - \frac{(AB \times 20)}{100} ;$$

3° Les douves qui sont droites avant la construction perdent par le cintrage un peu de leur longueur, on admet que cette diminution est proportionnelle à la différence entre le diamètre du bouge et le diamètre des fonds.

Si cette différence est de 20 %, la diminution est de 2 %.

Je peux écrire : $Am - Ad = 2 \%$.

§ II. — *Construction d'un tonneau d'une contenance de 220 litres.* — Soit à construire une barrique dont la contenance doit être de 220 litres et le volume par conséquent de $0^{m3}220$.

Quelle quantité de longailles et de fonçailles le tonnelier va-t-il employer et à quelles dimensions va-t-il les débiter pour arriver à la construction projetée ?

Sa première préoccupation doit être de regarder dans sa provision de merrain quelles sont les dimensions des longailles et des fonçailles dont il dispose dans les bois destinés à construire des barriques.

Je suppose qu'il ne lui reste plus à employer qu'un lot de merrain de l'Allier débité aux dimensions dites de « grand barricage ». (PREMIÈRE PARTIE, SECTION I, CHAPITRE IV, § VII).

Les longailles ont :

En longueur 1 m. 02.

En largeur de 0 m. 086 à 0 m. 14.

En épaisseur de 0 m. 025 à 0 m. 027.

Les fonçailles ont :

En longueur de 0 m. 65 à 0 m. 70.

En largeur de 0 m. 086 à 0 m. 14.

En épaisseur de 0 m. 025 à 0 m. 027.

Après avoir examiné son bois très attentivement l'ouvrier s'aperçoit :

1° Que les extrémités de quelques douves se sont détériorées au séchage et que pour être utilisables ces pièces doivent être rognées de 0 m.025 à chaque bout. La longueur de ce fait en est réduite de 0 m.05 et devient :

$$1 \text{ m}.02 - 0 \text{ m}.05 = 0 \text{ m}.97.$$

2° Que les pièces de fonds ont subi le même dommage et que les plus longues après rognage ne font plus que 0 m.67. De plus elles se sont gondolées et l'ouvrier pour leur donner une forme convenable doit les amincir. Cette diminution porte leur épaisseur à 0 m 020 $^{m/m}$.

Il reste donc au tonnelier pour construire une barrique qui doit avoir un volume intérieur de $0^{m3}220$ des fonçailles ayant une longueur de 0 m.67 maxima et une épaisseur de 0 m.020 et des longailles de 0 m.97 de longueur.

Pourra-t-il avec des bois d'une telle dimension construire un tonneau d'un aspect extérieur conforme aux dimensions en usage et d'après les principes exposés au paragraphe précédent?

Le diamètre du bouge A B (fig. 133) pourra être d'après les mêmes principes :

$$AB = \frac{0 \text{ m}.97 \times 3 \text{ m}.}{4} = 0 \text{ m}.72.$$

Déduction faite de l'épaisseur du bois en H B et en A G.

Soit : $0 \text{ m}.027 \times 2 = 0 \text{ m } 054.$

Il reste comme diamètre intérieur du bouge :

$$0 \text{ m}.72 - 0 \text{ m}.054 = 0 \text{ m}.66.$$

Le diamètre des fonds étant plus petit que celui du bouge, la longueur des fonçailles dont dispose le tonnelier sera plus que suffisante. Il peut donc établir son calcul en prenant comme base le diamètre du bouge intérieurement :

$$G H = 0 \text{ m}.66.$$

Connaissant $G H = 0$ m.66, il peut établir :

1° La longueur de la circonférence G J H I ;

2° La longueur du diamètre du fonds D C ;

3° La longueur de la circonférence D K C L.

Connaissant la longueur des circonférences G J H L et D K C L il peut établir :

1° Une circonférence moyenne entre ces deux circonférences ;

2° Le diamètre de cette circonférence moyenne et son rayon ;

3° La surface du cercle correspondant à cette surface moyenne.

Connaissant le volume V donné d'un des troncs de cône et la surface moyenne S M, il peut trouver la longueur l d'un des troncs de cône qui est :

$$l = V : S M.$$

En multipliant par 2 cette longueur il a la longueur des douves qui, avec un diamètre au bouge de 0 m.66 et avec un diamètre aux fonds de 20 0/0 plus petit que le diamètre du bouge lui permettra de limiter un volume représentant deux troncs de cônes faisant à eux deux $0^{m3}220^{dcm3}$ ou un onneau contenant 220 litres.

En effet :

La longueur de la circonférence G J H I est de :

$$3 \text{ m}.15 \times 0 \text{ m}.66 = 2 \text{ m}.07. \text{ (}Géométrie,\text{ chapitre iv, § ii).}$$

La longueur du diamètre D C est de :

$$0 \text{ m}.66 - \left(\frac{0 \text{ m}.66 \times 20}{100}\right) = 0 \text{ m}. 53. \text{ (}Arithmétique,\text{ chapi-}$$

tre vii, § iii) (paragraphe précédent).

La longueur de la circonférence D K C L est de :

$$3 \text{ m}.15 \times 0 \text{ m}.53 = 1 \text{ m}.73,25. \text{ (}Géométrie,\text{ chapitre iv, § ii).}$$

La moyenne entre ces deux circonférences est de :

$$2 \text{ m}.07 + 1 \text{ m}.73,25 = \frac{3 \text{ m}.80,25}{2} = 1 \text{ m}.90,12. \text{ (}Arithmétique,$$

chapitre iii).

Le diamètre de cette circonférence moyenne est de :

$$1 \text{ m}.9012 : 3 \text{ m}.15 = 0 \text{ m}.60$$

et le rayon :

$$0 \text{ m}.60 : 2 = 0 \text{ m}.30. \text{ (}Géométrie,\text{ chapitre iv, § ii).}$$

La surface du cercle limité par cette circonférence, ou base moyenne est de :

$$1 \text{ m}.9012 \times \frac{0 \text{ m}.30}{2} = 0^{m2}28,51. \text{ (}Géométrie,\text{ chapitre iv, § iii).}$$

La longueur l du tronc de cône G H D C est de :

$$\frac{220}{2} = 110 : 0^{m2}28,51 = 0 \text{ m}.38,50. \text{ (}Géométrie,\text{ chapitre v, § vi).}$$

Ces dimensions sont bien exactes puisque :

Le volume du tronc de cône G H C D est de :

$$0^{m2}28,51 \times 0 \text{ m}.38,50 = 109^{dcm3}76.$$

Le volume du tronc de cône G E F H qui a les mêmes dimensions est le même.

Le volume total des deux troncs de cône est de :

$$109^{dcm3}76 + 109^{dcm3}76 = 219^{dcm3}52$$

qui représente avec le volume donné une différence de :

$$220^{dcm3} - 219^{dcm3}52 = 0,48 \text{ centilitres.}$$

Sur une contenance donnée de 220 litres, le tonnelier peut donc, en appliquant ce calcul, construire une barrique à 48 centilitres près.

La longueur des douves à employer pour la construction d'une barrique de 220 litres devrait être de :

$$0 \text{ m}.38,50 + 0 \text{ m}.38,50 = 0 \text{ m}.77.$$

Mais cette longueur représente la longueur du tronc de cône à l'intérieur du tonneau ; l'ouvrier devra comprendre en plus pour avoir la longueur totale à donner aux longailles :

1° Une longueur de 0 m. 02 $\times$ 2 = 0 m. 04 pour l'épaisseur des fonds ;

2° Une longueur égale à 2 0 0 de la longueur de la douve pour compenser la perte qu'elle subira au moment du cintrage

$$\text{ou} : \frac{0\,\text{m}.77 \times 2}{100} = 0\,\text{m}.0154 \; ;$$

3° Une longueur représentant la hauteur des rebords extérieurs qui dépassent les fonds et que l'ouvrier détermine à son gré ou à la demande.

Supposons la de 0 m.07 ou : 0 m. 07 $\times$ 2 = 0 m.14.

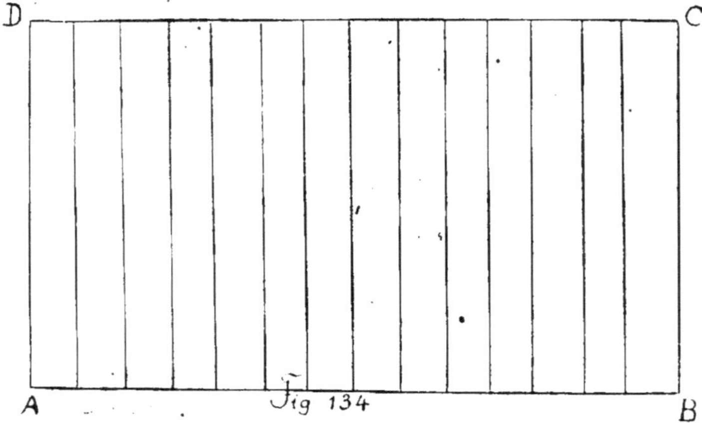

La longueur totale à donner aux douves sera donc de :

0 m.77 + 0 m.04 + 0 m.0154 + 0 m.14 = 0 m.9654 ou 0 m.97 dimension que nous avons choisie au début de ce paragraphe.

La quantité de longailles à employer pour la construction d'une barrique de 220 litres répondant aux dimensions ci-dessus sera représentée par un rectangle A B C D ayant comme longueur A B, la longueur de la circonférence du bouge et comme largeur A D (fig. 134) la longueur des douves 0 m.97.

La quantité de fonçailles nécessaires à la confection des fonds sera représentée par deux carrés de 0 m.54 de côté (soit un centimètre de plus que le diamètre des fonds).

Quand le tonnelier a construit une futaille d'après un calcul de ce genre il doit mettre de côté les calibres ou cercles qui lui ont servi dans son travail. Il les lie ensemble avec un morceau de fil de fer et leur attache une fiche sur laquelle il inscrit les différentes dimensions correspondant à la contenance de la futaille (fig. 135).

> Contenance : 220
> o Diamètre du bouge . . . 0,66 ⎱ Différence
> Diamètre du fonds. . . 0,53 ⎰ 20 °/o
> Longueur intérieure des douves. . . 0,77
> Épaisseur des longailles. 0,027
> Épaisseur des fonçailles 0,020
> Hauteur des rebords extérieurs. . . 0,07
> o Différence de longueur au cintrage. . 0,0154

(Fig. 135)

Cette précaution lui évite de refaire le même calcul pour une construction semblable.

Tableau des dimensions obtenues par le calcul précédent correspondant aux contenances des futailles le plus couramment usités.

NOMS DES FUTAILLES	CONTENANCE EN LITRES	DIAMÈTRE INTERIEUR du bouge	DIAMÈTRE INTERIEUR des fonds	LONGUEUR INTÉRIEURE des douves
Demi-muid . . .	630	0 m.98	0 m.79	1 m.03
Barrique. . . .	220	0 m.66	0 m.53	0 m.78
Demi-barrique . .	110	0 m.52	0 m.42	0 m.64
Quart.	50	0 m.40	0 m.33	0 m.50

TROISIÈME PARTIE

De la construction pratique d'un tonneau

SECTION I

PRÉPARATION DU BOIS PAR LE TONNELIER

CHAPITRE PREMIER

Les outils et l'atelier

Je ne donnerai une description de chacun des outils du tonnelier qu'au fur et à mesure que l'occasion se présentera de parler de leur emploi dans les travaux expliqués au cours des chapitres qui vont suivre. Néanmoins, j'en établis en tête de cette partie une nomenclature en les classant par groupes d'après leurs fonctions.

1º Outils servant à soutenir ou à maintenir les pièces que l'ouvrier est appelé à travailler :

   1 chevalet.
   1 écorçoir.
   2 selles à rogner.
   3 chaput-volants ou billots.
   1 sergent ou clavier.
   1 établi.

2º Outils servant à débiter :

   2 scies à débiter.
   2 scies à chantourner.
   2 scies à main.

3º Outils servant à dresser :

   2 doloires.
   2 colombes.
   2 planes droites.

2 planes creuses.
1 plane à parer.
1 plane à queue.
1 varlope.
1 rabot droit.
3 rabots cintrés en dessous.
1 rabot rond.

4º Outils servant à creuser :
3 paroirs de tailles différentes.
1 assette.
3 jabloirs.
1 bouvet.
2 ciseaux.
3 gouges.
1 maillet.

5º Outils servant à percer :
3 vrilles.
3 bondonnières.
2 vilebrequins.
1 vrille à barrer.
1 appareil Massard à placer les bondes métalliques.
1 série de mèches de tous diamètres.
2 râpes à bois.
3 racloirs.
1 grattoir bordelais.

6º Outils servant à mesurer :
1 mèche.
1 jauge.
2 compas.
1 série calibres.
1 équerre.

7º Outils servant à assembler :
2 bâtissoires ou martinets.
4 châsses.
2 tiretoirs.
3 marteaux.
2 tire-fonds.
2 grippe-talus ou lèves.
4 ciseaux à froid ou burins.
1 série poinçons.
1 série matrices.
4 bouterolles.
2 chasse-rivets.
1 enclume.

1 meule.
1 tenaille.
2 stockolms.
1 pierre à morfiler.

L'énumération qui précède des diverses unités composant l'outillage du tonnelier est complète et vise l'installation parfaite d'un atelier; mais l'ouvrier qui fait seulement la réparation des futailles usagées et qui doit, pour exercer son métier se déplacer fréquemment d'un chantier à un autre, peut se contenter d'un matériel plus réduit se composant des pièces suivantes :

1 chevalet.
1 selle à rogner.
1 établi.
1 scie à chantourner.
1 colombe.
1 plane droite.
1 plane creuse.
1 plane à queue.
1 varlope.
1 rabot droit.
1 rabot cintré.
1 paroir.
1 jabloir avec plusieurs fers.
1 ciseau.
1 bigorne.
1 tenaille.
1 vilebrequin.
1 série de 3 mèches.
1 racloir.
1 mètre.
1 compas.
1 bâtissoire.
2 châsses.
1 tiretoir.
1 marteau.
1 tire-fonds.
1 lève.
1 burin.
3 poinçons.
1 matrice.
1 bouterolle.

§ II. — *Aménagement de l'atelier*. — Pour se livrer à l'exercice de sa profession, le tonnelier ne peut pas, comme le fendeur, travailler en plein air ; il doit disposer d'un atelier d'une grandeur suffisante à l'exécution de tous les travaux qu'il peut être appelé à faire.

Dans beaucoup de localités, son rôle se borne à réparer les cuves et les tonneaux avariés et à construire de petits vaisseaux tels que brocs, seaux, barils, comportes, fontaines, etc. Il s'appelle un barilleur, et dans ce cas, son atelier n'a pas besoin de posséder de grandes dimensions.

Dans d'autres endroits, sous le nom de foudrier, il est appelé à réparer et à construire des vaisseaux, cuves et foudres d'une grandeur telle que leur construction et leur montage nécessitent un certain emplacement.

Je donne ci-dessous quelques détails sur l'aménagement d'un atelier répondant à toutes fins et où l'ouvrier pourra construire des fûts ou des vaisseaux d'une capacité variant de 10 litres à 20.000 litres.

J'admets dans ma description, que le tonnelier travaille seul ou avec un apprenti. Il est évident que si son industrie prend un certain essor et s'il est appelé, pour satisfaire sa clientèle, à faire, avec l'aide d'autres compagnons, le montage de plusieurs grands vaisseaux, en même temps, il lui faudra un atelier proportionné aux exigences de ses travaux.

Quel qu'il soit, ce local doit être au rez-de-chaussée et accompagné d'une pièce attenante, servant de magasin, où seront rangés les tonneaux construits ou montés.

Au-dessus de l'atelier, sur un plancher, un grenier de séchage abritera les bois merrains.

L'atelier se composera, y compris ses dépendances, d'un bâtiment rectangulaire en maçonnerie de 16 mètres de long, sur 10 de large A BCD (fig. 136).

La partie AEFD de ce rectangle servira de magasin et sera séparée de l'atelier par un mur EF percé de deux ouvertures de communication assez larges pour laisser passer un fût de grosses dimensions — un demi-muid par exemple — que l'on aura à ranger au magasin pour une raison ou pour une autre.

Les murs composant ce bâtiment doivent être jusqu'au niveau du plafond, c'est-à-dire, sur une hauteur de 6 mètres, d'une certaine solidité ; car le plancher du grenier qu'ils soutiendront devra, quand il sera garni de merrain, supporter un certain poids. Il est prudent de soutenir ce plancher par six colonnes métalliques ou maçonnées, placées dans l'atelier de façon à ne pas gêner le travail du tonnelier, soit en G. H. I. J. K. L.

Le sol de l'atelier doit être cimenté pour présenter une surface plane, indispensable comme nous le verrons plus loin, dans le montage des fûts.

La façade A B du bâtiment sera munie d'une porte d'entrée de 5 à 6 mètres, à glissières, d'une grandeur suffisante pour laisser sortir de l'atelier un foudre ou une cuve montée d'une certaine capacité. Un bon éclairage étant de toute nécessité, la façade, de même que le mur B C, sera percée d'une baie vitrée.

Le magasin M sera éclairé par deux ou trois fenêtres munies de persiennes qui pourront s'ouvrir pour aérer et chasser l'humidité en hiver. Les persiennes seront closes en été pour éviter la grande chaleur. Il ne faut pas oublier que la sécheresse et l'humidité sont les deux ennemies du tonnelier.

Le grenier de séchage qui surmonte l'atelier doit être très aéré mais sans courant d'air.

Le munir d'un toit en tuiles, de murs en briques sur trois côtés et

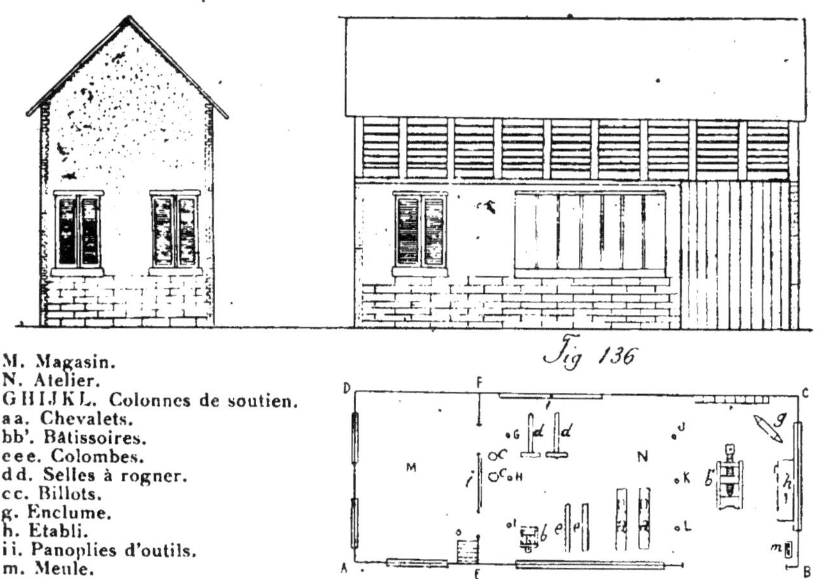

Atelier du tonnelier. — Élévation et plan

d'une série de persiennes du côté de la façade, si cette dernière n'est pas tournée à l'Ouest, semble être la meilleure façon, de le construire pour obtenir le meilleur mode de séchage.

Les outils du tonnelier ne doivent pas être semés pêle-mêle à travers l'atelier, mais occuper une place convenue pour que l'ouvrier au moment de les employer n'ait pas à perdre une minute pour les chercher. On établit le long des murs des râteliers ou panoplies ii, où les outils sont accrochés méthodiquement, d'après le groupe auquel ils appartiennent ; les outils à débiter d'un côté, les outils à creuser de l'autre, etc., en ayant soin que le tranchant de chaque outil soit protégé de tout choc extérieur qui pourrait nuire à l'affûtage.

Les appareils servant à soutenir les pièces à travailler doivent eux aussi avoir chacun leur place dans l'atelier ; être assez espacés les uns des autres pour ne pas gêner les gestes de l'ouvrier et pour que'ce dernier, dans son travail, n'ait pas à les déplacer — toute manutention de l'un deux étant une perte de temps qu'il faut éviter.

Ils doivent, eux aussi, être classés les uns à la suite des autres,.suivant l'enchaînement des travaux pour lesquels on les emploie.

Suivons pour mieux comprendre, les gestes du tonnelier qui va préparer le bois nécessaire à la construction d'une futaille.

Descendant les douves du grenier de séchage par l'escalier O, (fig. 136), il va le dégauchir sur les billots c c. Les douves ébauchées seront jetées au pied des chevalets a a, sur lequel elles vont être planées et taillées en roue, l'ouvrier en finira la préparation sur les colombes e e. Pour leur montage il se servira de la bâtissoire b et ensuite travaillera le fût sur les selles à rogner d d. Le cerclage se fera à côté de l'enclume g, à proximité du râtelier à feuillard p.

Pour exécuter cette succession de travaux le tonnelier n'aura pas eu à déplacer un seul outil.

S'il doit construire un gros vaisseau, après avoir préparé son bois sur l'établi h, il en fera le montage à l'emplacement r, à proximité de la porte et de façon à pouvoir se servir sans la déplacer de la bâtissoire b'. (Ordinairement les bâtissoires sont suspendues au plafond par des cordes et des moufles et ne sont descendues au niveau du fût à bâtir qu'au moment de leur emploi).

La meule m, se place de préférence devant une fenêtre, en pleine umière.

CHAPITRE II

Sciage des douves

§ I. — *Choix du merrain*. — C'est ordinairement en hiver que le tonnelier prépare son bois, c'est-à-dire donne à chaque douve et à chaque pièce de fond la façon convenable pour former une portion désignée d'une futaille ; il n'a plus, à la belle saison, qu'à assembler les pièces ainsi préparées.

Connaissant les dimensions de la futaille qu'il a à construire — il a appris dans la partie précédente la manière de les calculer — son premier travail consiste à aller dans son grenier de séchage, faire provision de merrain. Il choisit un certain nombre de douves et de pièces de fond dont les dimensions se rapprochent le plus de celles du vaisseau qu'il a à construire et les examine une par une attentivement.

Pour que le merrain soit d'un emploi avantageux il faut :

1° Qu'il ait atteint le degré de dessication voulu. S'il n'était pas suffisamment sec, le séchage continuerait une fois le tonneau monté et le serrage des cercles agissant dans un sens et la pression du liquide contenu dans le tonneau agissant en sens inverse, le bois se voilerait rapidement.

Si au contraire, le merrain a atteint le degré de dessication convenable, il se gonfle sans s'imbiber au contact du liquide, le tonneau se resserre, s'étanche et prend de lui-même son imperméabilité.

2° Que l'aubier ait complètement disparu. — Il arrive parfois que le fendeur laisse sur un côté de la douve achevée, une légère pellicule d'aubier. En séchant cette pellicule d'aubier devient du bois parfait ; si elle ne s'est pas transformée, l'ouvrier doit bien se garder de la comprendre dans le bois utilisable.

3° Qu'il ne soit pas vermoulu ou pertuisé. — Les bois vermoulus sont des bois qui au lieu de sécher se sont amollis et que les vers ont perforés. Ils sont reconnaissables, dans une pile, à des taches placées en bout, qui sont d'une teinte plus blanche que le bois ordinaire.

Les bois pertuisés sont faciles à reconnaître par les trous de vers dont ils sont parsemés.

4° Qu'il ne soit pas marbré. — Certains bois prennent parfois une couleur marbrée. Leur superficie présente des veines rougeâtres. C'est un signe de prompte pourriture.

5° Qu'il ne soit pas roulé. — La roulure peut très bien ne pas s'apercevoir au moment où le fendeur façonne les douves. Elle apparaît après séchage. Les couches concentriques du bois n'ont plus entre elles l'adhérence suffisante.

Lorsque le tonnelier a bien examiné le bois qu'il se propose de travailler et qu'il n'y a trouvé aucune des imperfections que je viens de signaler, il prend une douve à plat et la frappe fortement contre l'angle d'un mnr ou de la colombe pour l'éprouver ; si la cassure est nette et en travers, le bois ne vaut rien et se brisera au cintrage ; si la cassure se produit en suivant les fibres de bois et sans que les morceaux se séparent ou si le bois vole en éclats, le merrain est de bonne qualité.

Ces précautions prises pour s'assurer de la qualité de la matière première le tonnelier pose les douves en bottes à côté de son chevalet pour en débiter les extrémités à la scie.

Elles ont bien été confectionnées à une longueur donnée, mais en séchant les extrémités se sont fendillées ; de plus le fendeur ne dresse que l'extrémité de la douve qui est apparente dans sa pile, il est donc obligatoire pour le tonnelier de supprimer d'un coup de scie à chaque douve les quelques centimètres de bois défectueux existant aux extrémités. Cette opération qui prend peu de temps permet de donner à toutes les douves devant composer une futaille la même longueur et facilite le montage. Elle permet, de plus, au tonnelier de débiter les douves à la longueur déterminée par les dimensions à donner au tonneau qu'il construit.

Pour faire cette opération le tonnelier se sert de la scie à débiter comme outil et du chevalet comme support (fig. 137).

§ II. — *De la scie à débiter et du chevalet.* — La scie à débiter (fig. 138) se compose d'une lame A B fixée par deux goupilles dans les rainures de deux montants A D et BC d'une longueur d'environ 0m.50. Une traverse EF parallèle à la lame maintient l'écartement uniforme entre AD et BC dont les extrémités supérieures D et C sont réunies par une corde DC, doublée ou quadruplée, selon sa grosseur, qui sert à donner à la lame la tension nécessaire.

Pour obtenir cette tension on place une petite planchette G appelée garrot entre les brins de corde à égale distance de D et de C et on lui imprime un mouvement de torsion ; sous l'influence de ce mouvement la corde se rétrécit, et les montants A D et BC basculant aux extrémités E et F de la traverse tendent la lame ; quand la tension nécessaire est obtenue, on enfonce le garrot un peu plus

Fig. 137

Sciage des douves

profondément entre les brins de la corde de façon à ce qu'une de ses extrémités, butant en O le long de la traverse EF, il soit maintenu dans cette position.

L'humidité et la chaleur influant sur la tension de la corde, il est recommandé à l'ouvrier lorsqu'il ne se sert plus de la scie, ou le soir, lorsqu'il quitte l'atelier, de détendre la corde en faisant faire au garrot un ou deux tours en sens inverse de

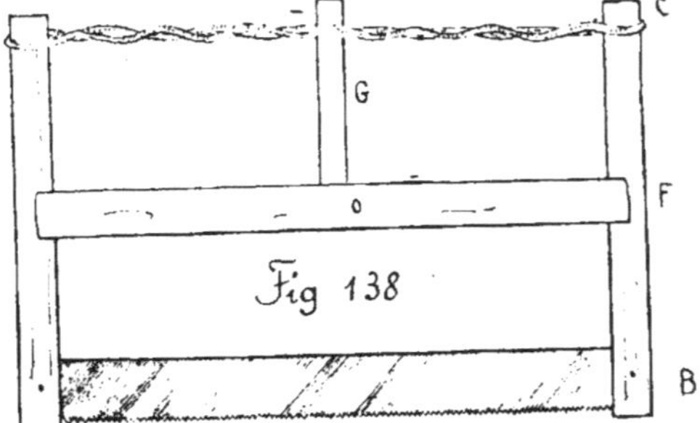

de la torsion ; sans cela, un excès de tension dû à l'humidité influant sur la longueur de la corde pourrait fausser et même briser la monture de l'outil.

La lame est garnie de dents sur toute sa longueur. La hauteur des dents est variable; elle doit être d'autant plus petite que le bois à travailler est plus dur.

Lorsque la lame est engagée de toute sa largeur dans le bois que l'on a à trancher, il se produit un frottement tel, qu'il est impossible de dégager la lame de l'évidement où elle s'est logée. Pour obvier à cet inconvénient on lui donne ce qu'on appelle de la « voie ».

Avec une pince, vendue spécialement (fig. 139), avec un outil appelé « tourne à gauche » ou au besoin avec la rainure d'une clef de serrure, on fait dévier alternativement vers la droite et vers la gauche les pointes des dents de la scie et on obtient le profil indiqué par la figure 140.

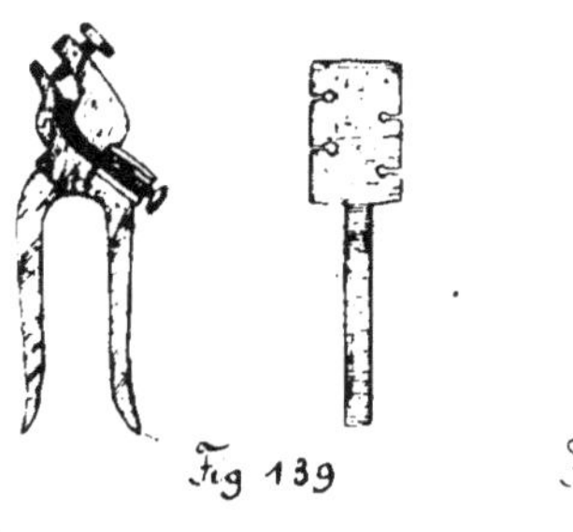

Fig 139   Fig 140

Le passage fait par les dents dans le bois, c'est-à-dire la voie produisant un évidement plus large que l'épaisseur de la lame, le frottement entre cette dernière et les parois du bois déjà scié redevient possible et par suite, l'effort de l'ouvrier presque nul, la lame devant toujours agir sous l'influence de son propre poids et non sous la poussée des bras de l'ouvrier.

La déviation totale à donner aux dents ne doit pas dépasser deux fois l'épaisseur de la lame; si par exemple cette épaisseur est de 2 m/m, la largeur de la voie à donner aux dents ne doit pas excéder 4 m/m. Il faut de plus que cette largeur soit la même dans toute la longueur de la lame, c'est-à-dire qu'elle soit constante, de même que la hauteur des dents.

Dans les scies à débiter, l'angle de coupe A (fig. 141) de la dent est de 45 degrés et comme la dent travaille dans un seul sens l'angle d'épaulement se détermine en considération de la force de la scie.

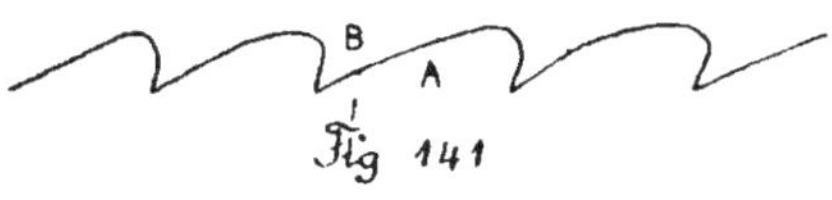

Fig 141

On affûte les dents de la scie avec un tiers-point en emprisonnant la lame dans un étau ou dans une rainure sciée dans une planche ; on promène le tiers-point (qui n'est autre chose qu'une lime triangulaire), sur chacune des dents, en ayant soin de ne limer que dans le sens de la poussée et de bien conserver, pour chaque dent l'angle existant. Les dents qui sont au bas de la scie à l'attaque du bois, doivent avoir moins de crochet que celles qui sont en haut ; pour que la scie attaque sans forcer, il faut qu'elle morde peu.

On commence à limer du côté du bas de la lame afin de rabattre le fil de l'extrémité de la dent du côté du crochet.

Le chevalet (fig. 142) tire son nom de la position même que prend l'ouvrier pour s'en servir, en se mettant à cheval dessus. Il s'appelle aussi dans différentes régions, selle à tailler ou marotte. C'est l'outil qu'emploie le plus fréquemment le tonnelier dans ses travaux.

Cet appareil se compose : d'une table A A' en chêne, en hêtre ou en tout autre bois qui a comme dimensions : en longueur de 1 m. 40 à 1 m. 60 ; en largeur de 0 m. 30 à 0 m. 40 et en épaisseur de 0 m 04 à 0 m. 05.

Vers son milieu la largeur est diminuée par deux échancrures servant à loger les cuisses de l'ouvrier.

Cette table est supportée et surélevée de 0 m. 40 à 0 m. 45 au-dessus du niveau du sol par quatre pieds B B', C C', mortaisés et chevillés. Ces pieds, dont les bases obliquent légèrement pour donner plus de stabilité à l'appareil, sont consolidés dans le sens de la largeur par deux traverses D D' et dans le sens de la longueur par quatre entretoises EE', FF'.

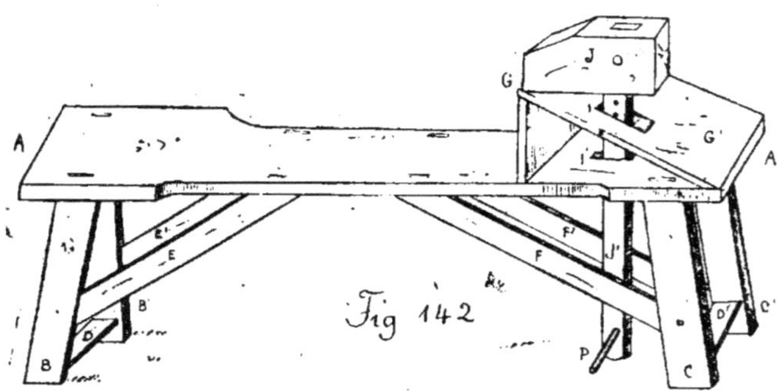

Partant de l'extrémité A' de la table et de même largeur qu'elle une planche G G' d'une longueur de 0ᵐ45 à 0ᵐ50 et d'une épaisseur de 0 m. 04 à 0 m. 05 est placée de façon à former avec A A' un angle aigu. Elle s'appelle le support. Son extrémité G' taillée en sifflet pour bien porter sur A A' est fixée par des vis à bois. Son autre extrémité G repose sur une planche verticale G H de 0 m. 15 à 0 m. 20 de hauteur, fixée en G et en H par le même moyen. Cette planche G G' est percée à environ 0 m. 15 de G d'une ouverture rectangulaire I, correspondant à une autre ouverture de même forme, mais plus allongée, percée dans A A' en I'. Ces deux ouvertures sont traversées verticalement par une pièce de bois J J' en forme de T, appelée bascule. Cette pièce de bois doit être faite en bois très dur, en frêne, en orme, en charme ou en cœur de chêne. Sur son sommet, elle reçoit, au moyen d'un assemblage très résistant, chevillé en fer, un bloc de bois J appelé tête, formant avec la première un angle droit. Cette pièce qui est carrée, doit avoir : en largeur quelques centimètres de moins que le support, en épaisseur de 0 m. 10 à 0 m. 15. Elle est taillée en biseau à l'avant et la face qui forme serrage sur le support est munie de clous ou d'une vieille lame de scie formant mâchoire, pour mieux maintenir les pièces à travailler.

La pièce J' à quelques centimètres au-dessous de la tête est percée de plusieurs trous superposés. Selon l'épaisseur de la pièce de bois à travailler, l'ouvrier enfonce dans l'un deux, une goupille qui traverse en même temps dans toute sa largeur le support GG' en I et qui sert pour la pièce JJ' en même temps de soutien et de pivot. A son extrémité intérieure, la pièce JJ' est traversée par un palonnier P.

Le fonctionnement du chevalet, après cette description est facile à comprendre. La pièce à travailler étant placée sur le support GG', les pieds de l'ouvrier appuyant sur le palonnier P obligent la tête J par le jeu de la bascule J' qui coulisse en I' et pivote en I à serrer fortement la pièce.

Dans certains chevalets la bascule en bois est remplacée par une pièce en fer répondant aux mêmes usages, que l'on vend chez les marchands d'outillage pour tonneliers sous le nom de marotte.

Le chevalet peut-être facilement construit par le tonnelier.

Tel que je viens de le décrire il sert à maintenir les douves et les pièces de fond chaque fois que le tonnelier est appelé à les travailler à la plane ou au grattoir.

Dans le chapitre qui nous occupe l'ouvrier s'en sert comme support, pour soutenir les douves pendant le sciage.

Voici comment il opère.

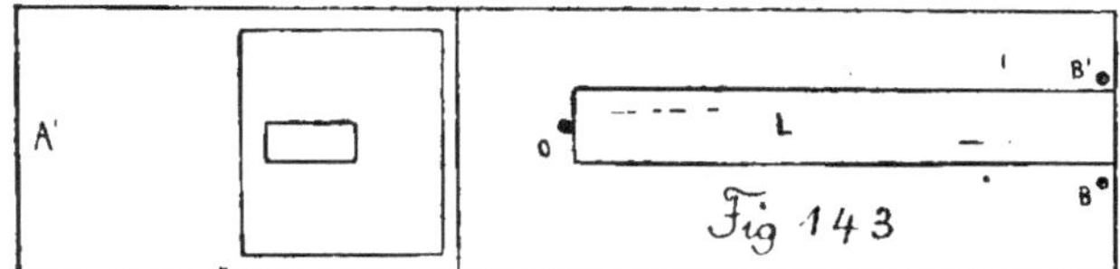

L'orsqu'il a déterminé la dimension à laquelle les douves doivent être débitées, soit par le calcul, soit en se reportant au tableau des dimensions ou à une fiche de construction déjà établie (DEUXIÈME PARTIE, SECTION III, CHAPITRE II) — nous prenons comme exemple de construction celle d'une demi-barrique de 110 litres — le tonnelier mesure avec le mètre sur la table AA' du chevalet du côté opposé au support et partant exactement du bord A de la table, une longueur correspondant à la longueur à laquelle la douve doit être débitée. Soit A O cette longueur (fig. 143) équivalente à 0 m. 78. Il place au point O une pointe d'une certaine grosseur, ou une cheville qui servira de butée à l'extrémité de la douve. Il garnit le bord A de la table de deux chevilles B et B' enfoncées librement dans deux trous pour qu'elles puissent être enlevées après l'exécution du travail ; ces chevilles empêchent la douve de glisser en dehors de la table sous la poussée de la scie.

L'ouvrier prend alors une douve L de la main gauche et la maintient à plat sur la table AA' (fig. 143) entre les chevilles BB' de façon à ce qu'elle dépasse un peu en longueur le bord du chevalet, il en rogne de quelques centimètres l'extrémité avec la scie à débiter qu'il tient de la main droite. Il faut que ce trait de scie soit exécuté bien d'équerre, c'est-à-dire qu'il soit perpendiculaire aux côtés de la douve.

Ceci fait sans quitter la scie de la main droite, il retourne avec a main gauche, la douve bout par bout et la replace à plat sur la table, en faisant porter cette fois l'extrémité qu'il vient de scier, sur la cheville O servant de butée ; la lame de la scie frôlant le bord de la table, il marque, en imprimant sur l'outil, une poussée brusque mais légère, l'endroit de la douve correspondant au niveau du bord A du chevalet ; il fait glisser son bois de quelques centimètres en dehors, pour pouvoir scier plus commodément, sans que la lame risque d'entamer le bord du chevalet et coupe l'extrémité de la douve à angle droit, comme il a fait pour l'autre côté (fig. 137).

Il agit de même pour toutes les douves de même mesure devant composer la même futaille et si l'opération est faite avec attention la longueur de toutes les pièces sera rigoureusement la même.

Il est bien recommandé à l'ouvrier de tenir la scie droite sans en incliner la monture, ni à droite, ni à gauche.

———

CHAPITRE III

———

Dolage des douves

Il est évident qu'au bout de longs mois de séchage les douves n'ont pas gardé la forme primitive que leur avait donnée le fendeur. Le bois a « travaillé » ; non seulement les pièces ont diminué d'épaisseur, mais encore, elles se sont gauchies. Elles ne présentent plus une surface absolument plate.

Il faut, pour pouvoir s'en servir que le tonnelier leur donne, dans le sens de leur longueur et sur leur plat une forme qui se rapproche de la ligne droite et ceci, en leur enlevant, sur certaines parties un peu de leur épaisseur. C'est le but du dolage, et c'est le travail qui exige de la part de l'ouvrier le plus d'habitude et d'adresse. Malgré la difficulté qu'il rencontrera et des essais malheureux qui seront loin de lui donner satisfaction, il ne faut pas que le débutant se décourage mais qu'il se dise bien qu'il y a toujours au râtelier d'outillage une plane et un rabot pour corriger les coups de doloire.

La perfection dans ce genre de travail ne viendra qu'avec une grande habitude. Je puis, comme consolation, affirmer aux débutants malheureux, que je connais des compagnons tonneliers qui pratiquent leur métier depuis trente ans et qui sont incapables de se servir d'une doloire. Cette ignorance vient de ce que, dans les ateliers modernes, l'opération du dolage se fait mécaniquement ; mais tout le monde ne peut pas espérer monter un atelier moderne, ni toutes les bourses ne peuvent pas s'offrir, moteur et dégauchisseuse.

Pour dégauchir le merrain le tonnelier se sert du billot comme support et de la doloire comme outil.

§ I. — *Du billot.* — Le billot porte, selon les régions, des noms différents ; il s'appelle bûchoir ou charpi dans certaines localités, chapus ou chapus-volant dans d'autres.

L'atelier du tonnelier doit en contenir plusieurs de hauteurs et de constructions différentes.

Pour refendre une douve ou la diminuer de largeur, pour couper une cheville ou un cercle en bois, il suffit, de posséder un billot simple, semblable à celui qui a été décrit dans la première partie de cet ouvrage à propos de la confection des douves par le fendeur.

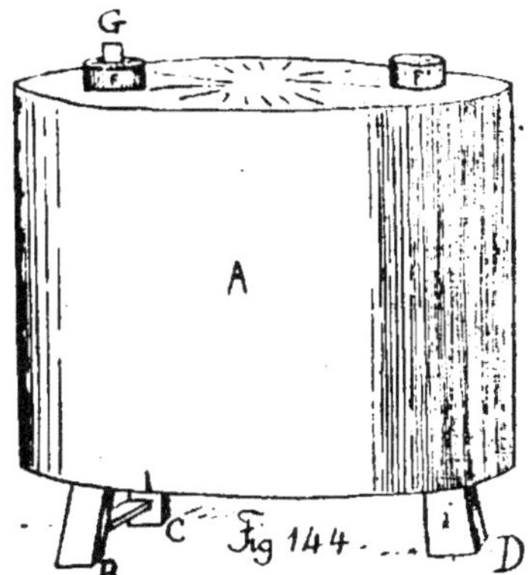

Pour doler il faut un billot un peu plus compliqué. Je donne ci-dessous la description de quelques types :

Le bûchoir (fig. 144) se compose d'une section de tronc d'arbre noueux A, supportée par trois pieds B C D réunis par des traverses et surmontée de deux saillies F et F' réservées dans la masse en sciant le billot ou rapportées.

On appelle ces saillies hausses bartavelles. Elles servent de butée aux douves que l'on veut bûcher. La hausse F est munie à son sommet d'un épaulement G qui sert, dans l'opération du dolage à empêcher la douve de reculer sous la poussée de la doloire.

Le charpi se compose d'une pièce de bois dur, chêne ou orme A B formant un cube rectangulaire de 1 m. 20 de longueur et de 0 m. 25 à 0 m. 30 de largeur et d'épaisseur. Ce bloc de bois est supporté par quatre pieds réunis par des traverses. La face supérieure est

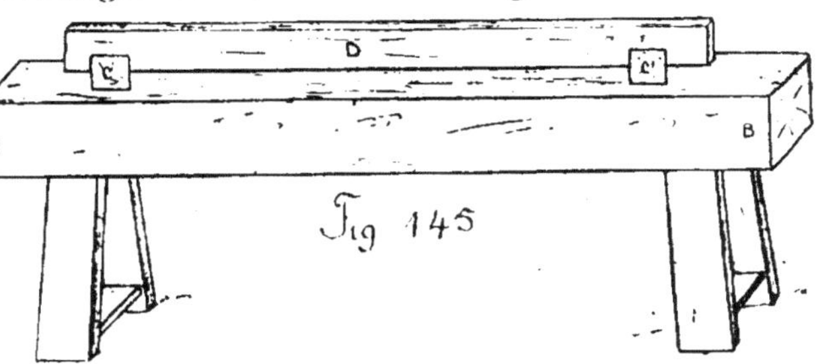

munie de deux hausses avec épaulement C C' qui reçoivent la douve à doler D.

Les hausses C C' s'appellent charpillons, la distance qui les sépare doit être d'environ 0 m. 55 centimètres (fig. 145).

Le chapus ou chapus-volant (fig. 146) se compose d'un madrier rectangulaire A B, supporté par trois pieds et légérement échancré d'un côté en C, pour permettre à l'ouvrier de loger sa jambe droite le long du billot. On fixe sur ce madrier à l'aide de tire-fonds, une bille de bois dur C, de 0 m. 30 à 0 m. 40 de diamètre. Elle est surmontée par trois chevilles D E F, mises à la suite l'une de l'autre, dans le sens de la longueur du billot et séparées par un intervalle de 0 m. 025 à 0 m. 03. Une pièce de bois rectangulaire G est fixée au madrier parallèlement à la bille C, à une distance d'environ 0 m. 55 de cette dernière et porte à son sommet une échancrure à angle droit, dont la base I est dans le même plan que la face supérieure de la bille C et dont la face verticale H est dans le même plan vertical et dans le prolongement de chevilles d, e, f, de façon à ce que la douve L posée de champ sur le chapus soit bien soutenue par l'échancrure de la pièce G et butée solidement par les chevilles.

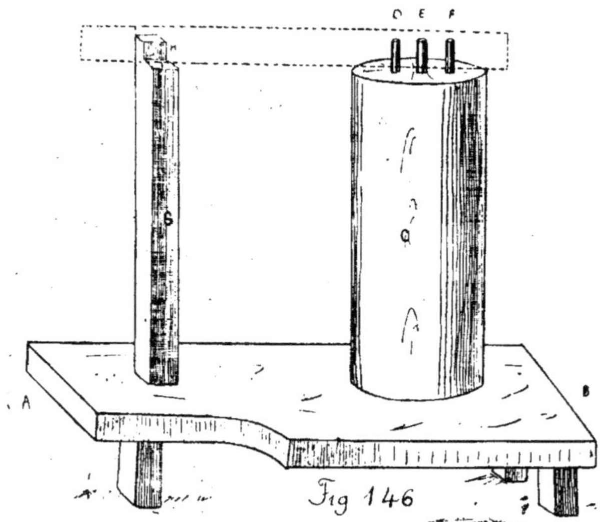

Fig 146

Dans les dimensions que j'ai données des différents types de billots je n'ai pas parlé — à dessein — de la hauteur. Cette mesure dépend essentiellement de la taille de l'ouvrier et de ses intentions de travailler assis ou debout.

Comme le tonnelier a l'habitude de fabriquer lui-même ses billots, chacun le construira à sa guise et selon ses besoins.

§ II. — *De la doloire*. — La doloire sert à dresser les douves. Il existe différents modèles de doloires : il y a la doloire d'Orléans, la doloire commune, la doloire bordelaise, etc..., on peut même dire que dans chaque région les tonneliers ont chacun leur genre de doloire, façonnée d'ordinaire par un taillandier de la localité. La fabrication de cet outil est d'une exécution difficile et exige le tour de main d'un ouvrier habile. Comme les types de doloires diffèrent peu je donnerai seulement la description de la doloire bordelaise.

Cette doloire (fig. 147) se compose de trois parties :

1° Le taillant A ;

2° La douille B ne formant qu'une seule pièce avec le taillant;
3° Le manche C.

Le taillant en acier trempé représente un rectangle a, b, c, d, plus large au milieu en d, f qu'aux extrémités, particularité qui donne à sa base a, b, munie extérieurement d'un bout à l'autre d'un biseau de 0 m.02 de large, une forme légèrement arrondie en f.

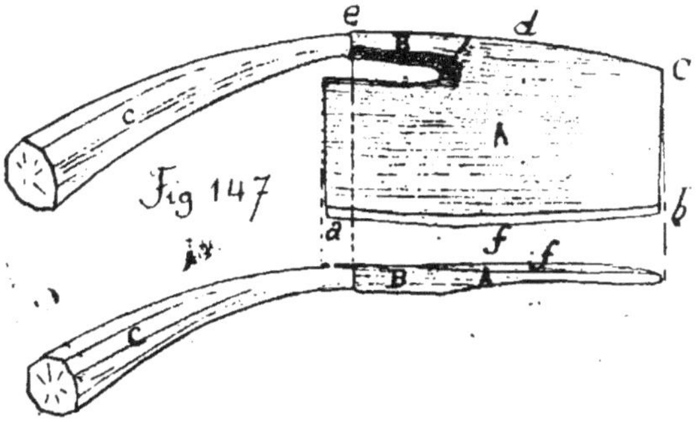

L'envers de l'outil au côté intérieur qui frotte contre le bois pendant le travail s'appelle planche. Cette planche à première vue, paraît plate, mais en réalité, vue de champ elle présente de b en f, un cintre imperceptible qui permet au taillant de mieux sortir du bois.

Fig 147

Le manche doit être tors, rejeté à l'extérieur en suivant et en exagérant le prolongement de la douille et très gros à son extrémité de façon à servir de contrepoids. Sa longueur est déterminée par la longueur de l'avant-bras de l'ouvrier. (Lorsque ce dernier tient l'outil en main, son pouce étant appuyé sur le bord de la douille et son bras ployé comme s'il voulait doler, l'extrémité du manche ne doit pas dépasser le coude).

Le poids de la doloire emmanchée varie de 4 à 5 k.500.

Le biseau s'affûte à la meule comme la plane ; le morfil s'enlève à la pierre à faulx.

Avant de commencer son travail, l'ouvrier a soin de placer à proximité du billot les douves qu'il a à dégauchir.

Pour doler (fig. 148) il prend la doloire de la main droite, en

Fig. 148

Tonnelier dolant une douve

tenant le manche de l'outil le plus près possible de la douille, le pouce étendu sur celle-ci, l'extrémité du manche appuyé sur la cuisse droite, le pied droit placé légèrement en avant le long du billot. De la main gauche, il prend une douve, la place de champ le long des hausses ou des charpillons et laisse tomber sa doloire, qui n'agit que par son propre poids, sur les parties qu'il veut supprimer, en coupant toujours le bois de travers et en donnant par une légère flexion de la cuisse, un mouvement de rotation à l'outil.

Vu la forme déterminée à donner à chaque douve ce travail nécessite beaucoup de précision.

Avant de détailler cette opération, il est de toute nécessité d'entrer dans quelques généralités sur la forme même des objets à construire.

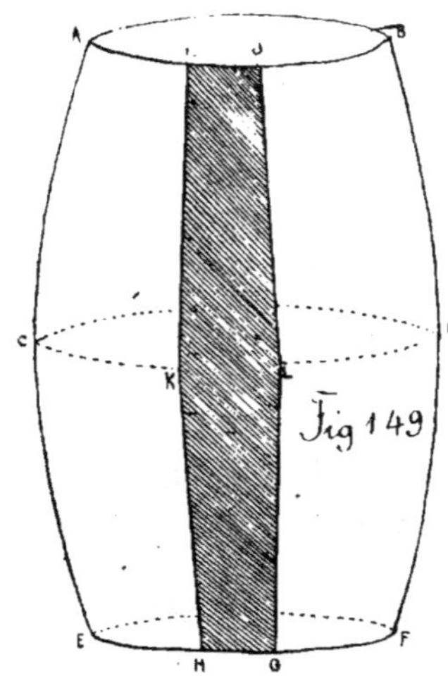

Fig 149

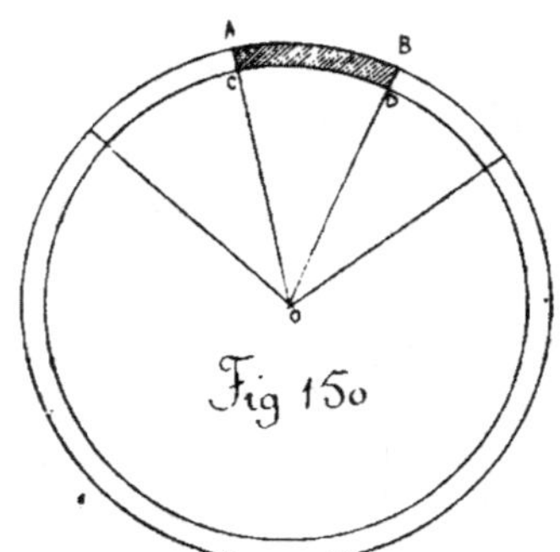

Fig 150

§ III. — *Remarques générales sur la forme des tonneaux.* - Les douves que le tonnelier est appelé à travailler devant former les parties d'un tout ayant une structure déterminée, il est évident que chacune d'elles doit être travaillée dans le but de présenter une forme convenable correspondant à la place qu'elle occupera dans le montage de la futaille.

Voici quelles sont les principales remarques à faire relativement à la forme d'un tonneau.

1° Par l'étude de la partie précédente de cet ouvrage, l'ouvrier sait que, géométriquement, un tonneau est fait de lignes insensiblement courbes qui lui donnent extérieurement la forme de deux troncs de cône assemblés par leur grande base.

Cette réunion des deux grandes bases des troncs de cône représente dans le tonneau la partie la plus renflée qu'on appelle communément le bouge. (CD, fig. 149). Il est évident, d'après cela, que pour former le bouge, la douve GHIJ, ainsi du reste que toutes celles qui constitueront la même futaille, doit avoir plus de largeur, en KL qu'en HG et en IJ.

Cette différence doit être la même pour toutes les douves composant le même vaisseau et être proportionnée à la différence existant entre la longueur du diamètre du bouge et la longueur du diamètre des fonds ou entre la différence de longueur des circonférences correspondant respectivement à chacun de ces diamètres.

(Deuxième partie, section ii, chapitre iv, § ii et section iii, chapitre ii).

2° Un tonneau se composant de douves placées circulairement à la suite les unes des autres comme le montre la figure 150, il faut que ces douves soient travaillées de façon à ce que leurs faces intérieures et extérieures épousent parfaitement la forme du tonneau.

Ainsi dans la figure 150 le côté C D de la douve A B C D est concave et le côté A B est convexe.

Pour que les douves prennent absolument la forme du tonneau et que celui-ci soit parfaitement étanche, il faut, théoriquement, considérer les côtés représentant l'épaisseur de la douve comme les prolongements des rayons d'une circonférence ayant comme centre le milieu O du tonneau.

Les côtés C A et D B (fig. 150) sont les prolongements des rayons O C et O D, et la surface interne C D de la douve doit être plus petite que la surface externe A B.

Nous verrons que pratiquement ce n'est pas absolument sur cette direction que se guide le tonnelier pour faire les joints, mais pour l'instant nous devons l'admettre.

Ces remarques générales faites sur la forme du tonneau reprenons la doloire.

§ IV. — *Du dolage.* — Le tonnelier dresse d'abord le côté qui doit représenter la face interne de la douve. Il dégauchit le merrain s'il est nécessaire, de façon à en ramener la face qu'il travaille le plus près possible d'une surface parfaitement plane.

Supposons la douve A B C D (fig. 151), nous voyons, qu'en séchant, le bois s'est gondolé et que l'extrémité B C n'est plus dans le même plan que A D. De quelques coups de doloire en suivant la ligne E F, l'ouvrier corrige ces défauts. Puis, en jetant la douve en l'air de la main gauche et en la rattrapant de la même main, pour ne pas perdre de temps, et ne pas poser l'outil, il la change de bout. Il la dégauchit ensuite de la même façon du côté de A D en suivant la ligne G H.

Vers le milieu de sa longueur et à l'endroit qui va constituer le bouge il la diminue légèrement d'épaisseur pour faciliter le cintrage au moment du montage du fût.

Voici le travail terminé pour la face interne de la douve. Théoriquement cette face devrait représenter une surface concave ; pratiquement, nous verrons au chapitre relatif au fonçage qu'il est d'usage en tonnellerie, de donner seulement une forme circulaire aux faces internes des douves à l'endroit où vient s'appliquer le fond du tonneau.

Dans les vaisseaux dont l'intérieur reste visible, tels que : brocs, seaux, cuviers, barattes, on donne à la face interne la forme concave correspondant à ses dimensions.

Il est d'usage aussi en tonnellerie, en dolant la face interne d'une douve de laisser intacts à chaque bout et à environ 0 m. 12 de chaque extrémité, deux endroits que l'outil n'a pas touchés. On appelle ces deux points les témoins. Ils sont visibles dans un fût que l'on démonte au bout de plusieurs années de service et n'ont, comme utilité, que la faculté de renseigner le tonnelier sur l'épaisseur du merrain employé à construire la futaille et sur la façon dont a été conduite l'opération du dolage. L'emploi d'un merrain très épais et qui n'a pas travaillé en séchant permet d'appliquer cette coutume, mais je ne conseille pas à l'ouvrier de lui sacrifier une douve dont le profil ne lui permettrait pas de s'y soumettre.

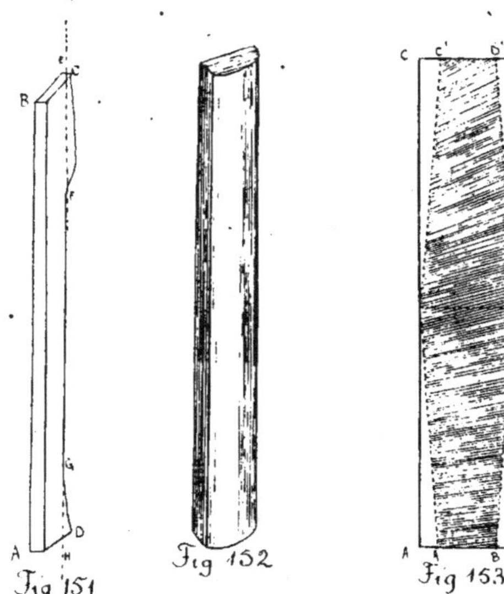

La face externe de la douve qui est destinée à former la partie extérieure du tonneau doit être convexe, c'est-à-dire présenter une surface circulaire.

Le tonnelier lui donne grossièrement cette forme avec la doloire en enlevant sur toute sa longueur une partie de son épaisseur près des bords et en lui laissant au contraire toute son épaisseur au milieu (fig. 152). On appelle cette opération tailler en roue ou en dos d'âne. Ensuite, pour donner à chaque douve plus de largeur en son milieu qu'en ses extrémités, l'ouvrier place cette douve presque verticalement sur son billot, en ayant soin de la buter contre une des hausses ou des chevilles pour qu'elle ne soit pas chassée par la poussée de l'outil.

En allant de son milieu vers ses extrémités, il lui enlève par de légers coups de doloire le bois suffisant pour que sa forme rectangulaire A B C D prenne l'aspect de deux trapèzes réunis par leur grande base A'B'C'D'.

Dans ce genre de travail, le tonnelier peut se servir de la doloire autrement qu'il a été indiqué ci-dessus ; n'en tenant plus le manche appuyé sur la cuisse comme pour doler quand la douve est placée de champ, il peut employer l'outil à la façon dont on emploie un couperet et se servir du manche non plus comme appui mais comme balancier.

La diminution de largeur que le tonnelier fait subir aux extrémités des douves ne doit pas être faite au hasard, ni même à vue d'œil par les débutants, mais découler des règles déjà indiquées (DEUXIÈME

PARTIE, SECTION III, CHAPITRE II) et d'après les mesures que le tonnelier s'est tracé par un calcul antérieur sur les dimensions à donner à la futaille qu'il construit.

En supposant que les douves qu'il est en train de doler soient destinées à la construction, qui nous sert d'exemple, d'une demi-barrique de 110 litres, correspondant aux dimensions qui ont été données au tableau (DEUXIÈME PARTIE, SECTION III, CHAPITRE II) et dans lesquelles le diamètre ou la circonférence des fonds doit avoir une différence de 20 0 0 avec le diamètre ou la circonférence du bouge, il devra établir la diminution à faire subir à chaque douve suivant la même proportion.

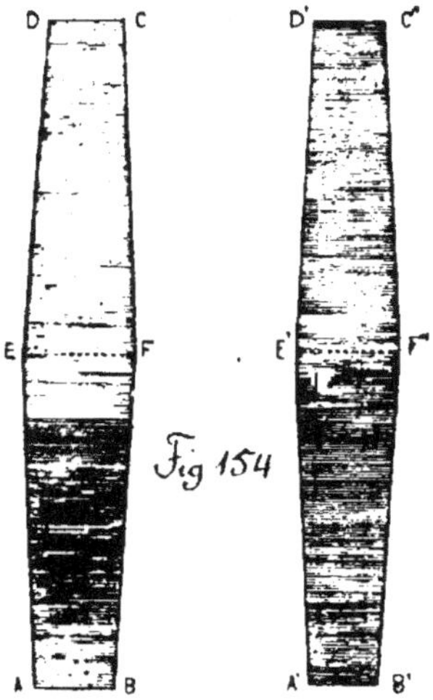

Ainsi, si la douve qu'il prépare a une largeur au bouge de 120 m m les extrémités devront mesurer pour répondre au but proposé et construire un fût de contenance exacte et de forme régulière (fig.154) :

$$120 - \left(\frac{120 \times 20}{100}\right) = 96. \text{ (DEUXIÈME}$$

PARTIE, SECTION I, CHAPITRE VII, § III).

Une deuxième douve qui aura sa place dans la même construction à côté de la première, mais qui n'aura pas la même largeur devra, néanmoins, pour la régularité du travail, présenter les mêmes proportions.

L'ouvrier les détermine comme il suit, d'après les principes enseignés dans la partie précédente.

Soit A B C D une première douve dans laquelle

$$EF = 120 \text{ m m}$$

et dont les extrémités A B et C D doivent avoir d'après le calcul ci-dessus une largeur de 96 m m, et A'B'C'D' une seconde douve dans laquelle

$$E'F' = 100 \text{ m m};$$

il s'agit de trouver la largeur de C'D' et de A'B', c'est-à-dire le terme inconnu d'une proportion qui peut s'établir ainsi :

$$\frac{96}{120} = \frac{x}{100}$$

$$\text{d'où : } x = \frac{96 \times 100}{120} = 80 \text{ m/m}.$$

(DEUXIÈME PARTIE, SECTION I, CHAPITRE VII, § I).

Une troisième douve dont la largeur sera de 85 m/m, devra avoir aux extrémités une largeur de :

$$\frac{96}{120} = \frac{x}{85} \quad \text{d'où : } x' = \frac{96 \times 85}{120} = 68 \text{ m/m}$$

et ainsi de suite.

Il est inutile de dire que le tonnelier pendant le dolage ne quitte pas son travail à chaque douve pour se livrer à ce calcul ; il emploie un moyen plus expéditif découlant de ce principe.

Sachant que la diminution à faire subir aux extrémités de la douve sur la largeur est de 20 0 0, il mesure avec son mètre la largeur de la première douve et fait mentalement l'opération :

$$\frac{120 \times 20}{100} = 24 \text{ m m.}$$

Il mesure aussi les extrémités qui font aussi 120 m/m si la douve est bien rectangulaire et il se pose mentalement la deuxième opération :

$$120 - 24 = 96 \text{ m/m.}$$

Il donne quelques coups de doloire et mesure de temps en temps jusqu'à ce qu'il ait obtenu une largeur un peu supérieure à la largeur convenue de 96 m m. D'après la forme donnée à cette première douve, il façonne approximativement les autres, car après quelques temps d'expérience l'œil de l'ouvrier s'habitue à ces proportions et ce travail se fait machinalement à un millimètre près, le tonnelier ne mesure plus la largeur des douves en les diminuant à la doloire, il se contente d'en vérifier quelques unes au moment du jointement.

Dans le dolage, un débutant ne doit pas chercher à façonner complètement une douve à la doloire. La doloire ne doit servir qu'à ébaucher le travail et à donner grossièrement à la douve la forme projetée. Il faut laisser sur chaque face quelques millimètres de bois pour pouvoir finir régulièrement le travail, à l'aide d'instruments plus précis : la plane, la colombe, le rabot.

Je recommande au débutant, avant d'en terminer avec le dolage d'avoir soin en diminuant sa douve de largeur de bien respecter l'égalité des côtés des trapèzes qu'il doit obtenir.

Soit (fig. 155) la douve A B C D dans laquelle E F = 120 m/m et où A B et C D doivent avoir chacune 96 m m de largeur.

L'ouvrier ne doit pas considérer son travail comme terminé en obtenant par exemple D C' = 96 m/m. La proportion est bien respectée mais le côté F C' du trapèze serait oblique et plus long que le côté E D. La futaille montée présenterait en F un renflement anormal. Pour corriger un tel défaut l'ouvrier doit recommencer son travail en diminuant le milieu E F de la douve de largeur, et rétablir les proportions et en même temps l'égalité des côtés.

Je conseille au débutant qui veut faire seul son apprentissage de tonnelier à l'aide de mon livre d'employer dans les commencements le procédé suivant ; il est un peu long, mais permet d'arriver à la perfection dès les premiers essais et l'apprenti ne doit pas avoir l'ambition de travailler vite mais d'acquérir l'intuition de la mesure par l'entraînement.

Soit la douve ABCD (fig. 156), il la partage en deux dans le sens de la longueur et dans le sens de la largeur par les lignes EF et GH.

Il calcule comme ci-dessus la diminution proportionnelle à leur faire subir.

En admettant que GH = 120 m/m et que A'B' et C'D' doivent avoir chacun 96 m/m, il prend la moitié de 96 m/m, soit 48 m/m. A 48 m/m de chaque côté de F et de E, il prend deux points qu'il joint par deux droites à G et à H, il a dessiné la forme de la douve à doler et a fait ainsi un tracé du travail qu'il a à exécuter. Il l'ébauche à la doloire en laissant bien apparentes les lignes qu'il vient de tracer. La plane et la colombe, comme je vais l'indiquer, feront le reste.

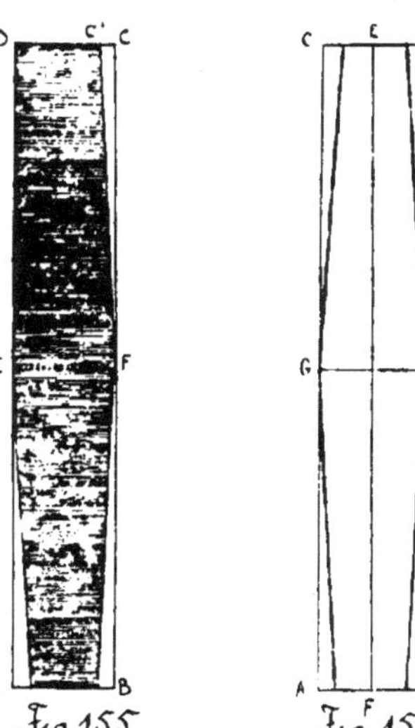

Fig 155

Fig 156

CHAPITRE IV

Travail des douves à la plane et au chevalet

Lorsque l'ouvrier a terminé le dolage des douves comme je viens de l'indiquer et qu'il a donné grossièrement à chacune la forme projetée, il corrige les imperfections de ce premier travail avec la plane en soutenant les pièces à travailler à l'aide du chevalet.

J'ai donné ci-dessus la description du chevalet.

§ I. — *De la plane*. — La plane est un outil tranchant à deux poignées qui, comme son nom l'indique sert à aplanir le bois. Suivant le travail à exécuter, le tonnelier se sert de cinq sortes de planes :

1° La plane droite ;

2° La plane creuse ou cintrée ;

3° La plane à genoux ;

4° La plane à parer ;

5° La plane à queue.

1° **Plane droite.** — La plane droite (fig. 157) se compose d'un tranchant en acier, d'une forme rectangulaire A B C D de 0 m. 25 à 0 m. 35 de long, de 0 m. 03 à 0 m. 05 de large et de 0 m. 006 à 0 m. 008 d'épaisseur, muni à ses extrémités de deux poignées en bois dur placées perpendiculairement au tranchant et dans le même plan.

La partie inférieure A D du rectangle est munie sur toute sa longueur d'un biseau d'environ 10 m m de large qui doit être parfaitement droit.

L'envers de l'outil appelé planche doit être absolument plat.

La plane droite pèse de 850 à 950 grammes. Elle sert au tonnelier à aplanir le bois et à donner à la douve, avec plus de précision que la doloire la forme projetée.

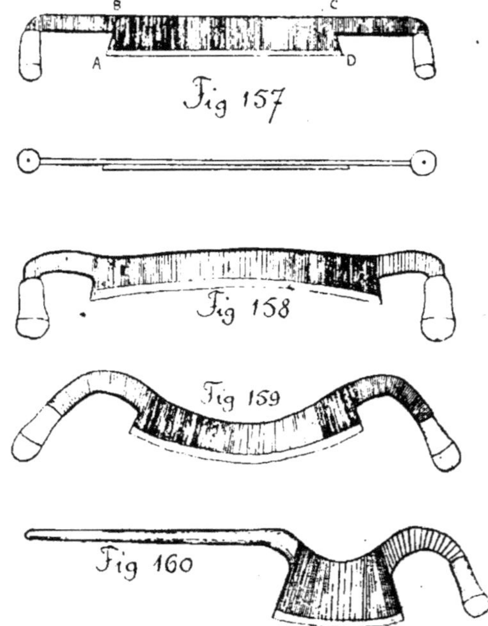

2° **Plane creuse.** — La plane creuse, d'une construction analogue à la plane droite en diffère par la forme du tranchant qui est cintré (fig. 158) pour pouvoir travailler les parties concaves. Le tonnelier doit en posséder plusieurs ayant des cintres différents, le cintre étant d'autant plus prononcé que le vaisseau à travailler a de plus petites dimensions.

La plane creuse s'appelle aussi couteau de taille et s'emploie quand l'épaisseur de bois à enlever à une douve a une certaine importance parce que sa forme lui permet de débiter vite et d'avancer ainsi la besogne.

3° **Plane a genoux** — La plane à genoux ou couteau tors est une plane creuse dont la courbure est très accentuée (fig. 159).

4° **Plane a parer.** — La plane à parer ou curette de rognage (fig. 160) est aussi un genre de plane creuse ; mais qui n'a qu'une poignée ; son autre extrémité est terminée par une partie droite destinée à pénétrer dans l'intérieur du vaisseau à travailler. L'ouvrier l'y maintient de la main gauche pendant que de la main droite il dirige, par l'unique poignée, le travail de l'outil.

Cette plane sert surtout dans la construction de petits vaisseaux, tels que brocs, seaux, barattes.

5° **PLANE A QUEUE**. — La plane à queue ou curette à gouge (fig. 161) sert à enlever du bois dans l'intérieur d'un tonneau sans en faire le démontage ou à égaliser les joints intérieurs d'un vaisseau monté.

Son manche est terminé par une douille qui permet, si besoin est, de l'allonger par un prolongement en bois.

Les planes s'affûtent à la meule du côté du biseau. On ôte le morfil avec la pierre à faulx.

Fig 161

§ II. — *Travail à la plane et au chevalet.* — L'ouvrier place d'abord les douves à travailler à proximité du chevalet de façon à ce qu'il puisse les saisir de sa main gauche sans quitter la plane de la main droite.

Puis, assis à califourchon sur la table du chevalet, il introduit la douve à travailler sous les mâchoires de la tête J (fig. 162) et appuie avec les pieds sur le palonnier pour donner à la tête J une force suffisante au maintien de la douve sur le support. Ce dernier étant incliné, la douve suit la même direction et son extrémité arrive au niveau de l'estomac de l'ouvrier.

Il prend alors sa plane par les poignées et coupe le bois en allant du milieu de la douve vers les extrémités de O en A (fig. 162) et en tirant à lui la plane CB, non pas dans la direction d'une ligne MN, parallèle à la douve L mais suivant un plan oblique DEFG sur lequel l'outil CB dans son mouvement occupera successivement les positions CB, C'B', C"B".

L'ouvrier, dans l'exécution de ce travail doit avoir le haut du corps garanti par un fort tablier de cuir ou de grosse toile au cas où la plane sortirait brutalement du bois, ou au cas où la douve serait arrachée de la mâchoire.

Ce dernier accident est peu fréquent, car les efforts brusques, fournis par l'ouvrier, dans le travail au chevalet sont compensés par la combinaison même de l'appareil.

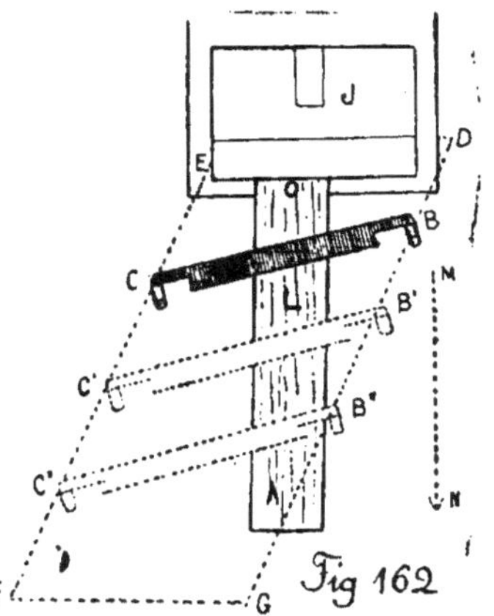

Fig 162

N'ayant pour les pieds d'autre point d'appui que le palonnier, plus il tire avec la plane sur la douve, maintenue entre le support et les dents de la mâchoire de la tête, plus les dents de la mâchoire pénètrent dans le bois et moins la douve risque d'être arrachée (fig. 163).

En se servant de la plane droite comme je viens de l'indiquer, le tonnelier s'efforce, tout en corrigeant les coups de doloire, à donner à l'une des faces de la douve la forme convexe ébauchée correspondant à la courbe extérieure du tonneau.

Pour exécuter ce travail avec précision il se sert d'un calibre (fig. 164) représentant une portion de circonférence équivalente à la courbe extérieure du tonneau à construire prise au-dessus du niveau du bouge.

Il présente sur ce calibre la face AB de la douve qu'il est en train de travailler et en corrige les imperfections, jusqu'à ce que cette face circulaire coïncide en tous ses points avec la portion de courbe du calibre.

J'indiquerai au chapitre suivant, consacré au jointement des douves, la façon de fabriquer des calibres correspondant aux dimensions et aux courbes des fûts à construire.

Le débutant qui éprouve de la difficulté à tailler les douves en roues avec la doloire, peut employer exclusivement la plane et le chevalet pour atteindre le même but.

Fig. 163

Travail des douves à la plane et au chevalet

Lorsque l'ouvrier a terminé le travail sur l'un des côtés de la douve, il enlève ses pieds du palonnier pour supprimer la pression de la mâchoire et en prenant la douve de la main gauche sans quitter la plane de la main droite, il la change de bout pour en travailler de la même façon, l'autre extrémité.

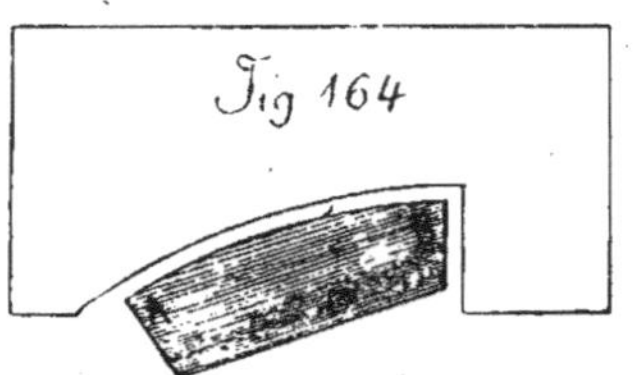

Ensuite il la retourne à plat en suivant les mêmes procédés, il corrige à la plane les imperfections de la face de la douve qui doit former l'intérieur du tonneau et à l'aide de la plane creuse en diminue de quelques millimètres l'épaisseur en EF à l'endroit qui constituera le bouge. Ceci pour en faciliter le cintrage ; cette dernière opération n'est pas obligatoire si le tonnelier dispose d'un bon matériel de montage, car cette diminution peut nuire à la solidité du fût.

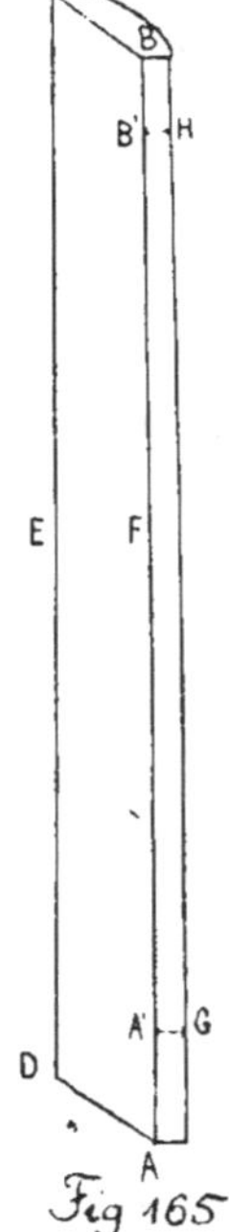

L'épaisseur du bois à quelques centimètres des extrémités, à l'endroit où viendront s'appliquer les fonds en B'H et A'G doit, autant que possible être la même sur toutes les douves (fig. 165) pour faciliter les travaux ultérieurs qui seront exécutés à ces endroits (parage, jablage, chanfreinage).

L'ouvrier termine le travail des douves à la plane et au chevalet par la rectification des côtés, s'il est nécessaire et si l'opération n'a pas été faite à la doloire avec assez de précision.

Pour pouvoir les placer de champ entre le support et la tête du chevalet, il remonte cette dernière en déplaçant d'un ou plusieurs trous la cheville, qui, traversant le support, lui sert de pivot.

Certains tonneliers ont l'habitude de terminer une douve avant d'en commencer une autre. C'est une pratique que je ne recommande pas. Il est facile de se rendre compte que l'ouvrier perd un certain temps à changer les dispositions du chevalet. Je lui conseille de préparer son bois en série, c'est-à-dire que, quand par exemple, il a commencé à tailler une douve en roue, il exécute sur toutes les douves qu'il a préparées la même opération.

CHAPITRE V

Travail des douves à la colombe

Exécuter le jointement des douves c'est donner aux quatre côtés formant l'épaisseur de chacune l'inclinaison convenable et l'aplanissement nécessaire leur permettant de se joindre assez parfaitem nt pour obtenir une fois montées un tonneau d'une forme absolument circulaire et d'une étanchéité absolue.

Je précise :

Soit par exemple les douves A B C D E F et A'B'C'D'E'F' (fig. 166), qui vont dans le montage du tonneau qui nous occupe être placées l'une à côté de l'autre.

Lorsqu'elles seront accôtées dans cette position (fig. 167) d'après l'opération qui a été faite précédemment, la taille en roue, la face extérieure E D qui est convexe devra former avec la face E'D' qui a la même forme une portion de surface circulaire E D D' (fig 167) équivalente à la courbe du tonneau à construire ; mais cette portion de courbe ne peut être parfaite qu'à la condition que la surface droite d DC c de la douve A B C D F coïncide parfaitement avec la surface droite E'F f'e' de la douve A'B'C'D'E'F' et que la ligne D A formant leur réunion, soit le prolongement du rayon O A (fig. 168) partant du centre du tonneau. Il en est de même pour les surfaces CB, b c et f'a', A'F' placées aux autres extrémités des douves qui viendront se joindre après le cintrage.

Il s'en suit que, pour obtenir que les douves se touchent sans laisser d'intervalle entre elles, il faut qu'elles forment dans le sens de leur épaisseur une sorte de biseau — appelé en tonnellerie le clan — et que leur surface interne soit plus petite que leur surface externe.

Théoriquement — je l'ai dit précédemment — ce biseau A D (fig. 168) ou ce clan devrait être taillé suivant le rayon O D. Pratiquement, il ne doit prendre la direction de ce rayon qu'après le serrage des douves. Au montage, les douves doivent se toucher seulement par les côtés de leur face interne. L'espace a b (fig. 168) laissé entre chaque douve sur la face externe s'appelle la serre, il est d'environ de 1 m/m entre chaque douve et est obtenu en donnant au clan une obliquité un peu moins prononcée que la direction du rayon.

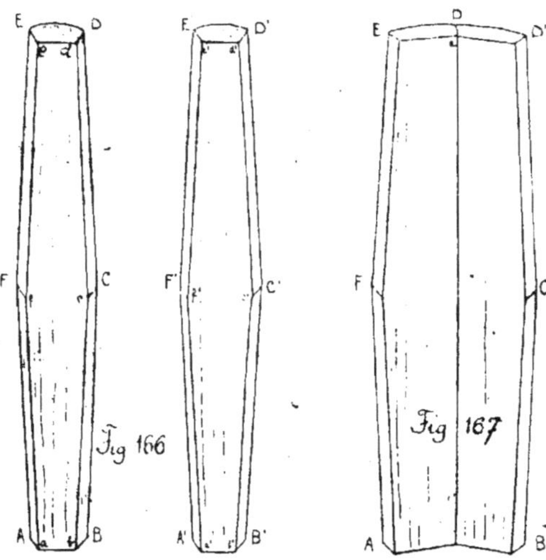

Cette précaution oblige le bois à se comprimer sous la pression des cercles, avant d'atteindrt la direction du rayon O D' et l'étanchéité du tonneau n'en n'est que plus parfaite lorsque les lignes a, c et b, c se confondent en une seule qui forme le prolongement de O C.

Avec la pratique, l'ouvrier arrive à obtenir, par un simple examen du clan, l'obliquité convenable correspondant au rayon du tonneau qu'il construit.

L'apprenti dont l'œil n'est pas suffisamment habitué à saisir la mesure exacte, se sert pour arriver de suite à la perfection dans ce travail des calibres dont il s'est servi pour tailler la douve en roue.

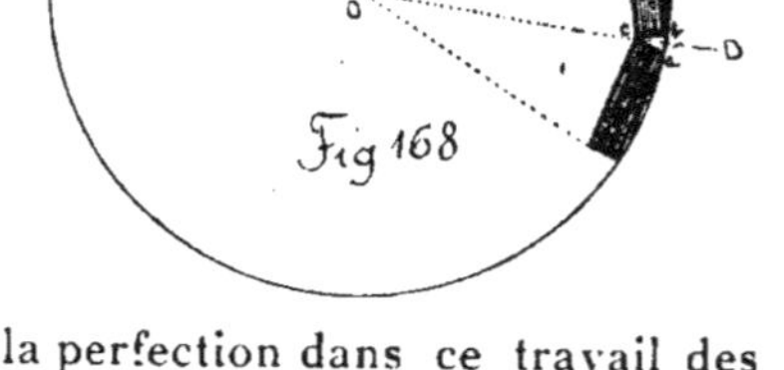

§ 1. — *Calibres ou crochets.* — Le tonnelier doit bien entendu posséder plusieurs crochets, chacun d'eux correspondant aux dimensions des futailles à construire et pour ne pas être obligé de chercher celui dont il a besoin au moment de s'en servir, je lui conseille de joindre chaque crochet à la fiche dont j'ai parlé précédemment (DEUXIÈME PARTIE, SECTION III, CHAPITRE II) sur laquelle sont inscrites les mesures se rapportant à la construction d'un tonneau d'une contenance donnée, c'est-à-dire de les suspendre aux cercles qui serviront au montage du même fût.

Pour construire un calibre ou crochet, le tonnelier emploie un morceau de planchette rectangulaire de 0 m.18 de long, 0 m.08 de large et de 0 m.005 d'épaisseur. Avec une ouverture de compas égale à la moitié du diamètre du bouge du tonneau qu'il veut construire et en choisissant

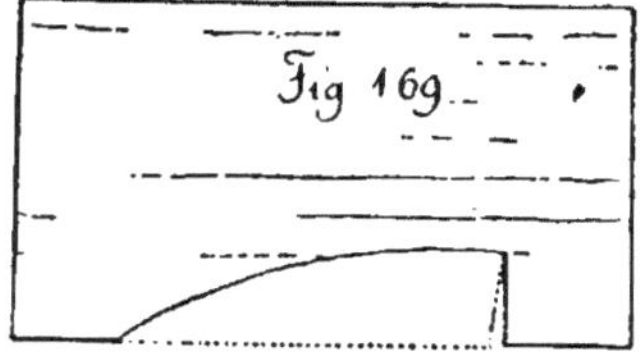

comme centre un point quelconque pris en dehors du rectangle, il trace sur la planchette une portion de courbe. Avec une règle il décrit, partant du centre choisi une ligne droite qui coupe (fig. 169) :

1° Un des côtés du rectangle formé par la planchette ;

2° La portion de courbe tracée.

Il trace alors une autre ligne qui, partant du deuxième point vient aboutir à un millimètre à droite du premier comme l'indique la ligne pointillée de la figure 169 ; puis avec une scie à chantourner, il découpe la planchette suivant la courbe et cette dernière ligne.

La distance que je fixe à un millimètre n'est pas une donnée immuable ; elle dépend beaucoup de la souplesse du bois ; la serre doit être plus considérable par exemple avec du châtaignier qu'avec du chêne, l'ouvrier reste juge ; plus il augmentera la distance G G' plus il obtiendra de serre. Il ne faut pas néanmoins aller d'un extrême à l'autre car si la distance laissée entre chaque douve était trop considérable les faces externes ne joindraient pas.

§ II. — *De la colombe.* — Pour faire le clan qui permettra d'obtenir au montage un jointement parfait des douves, le tonnelier se sert de la colombe.

La colombe (fig. 170) est une sorte de grand rabot renversé ; elle se compose d'une pièce de bois quadrangulaire A B

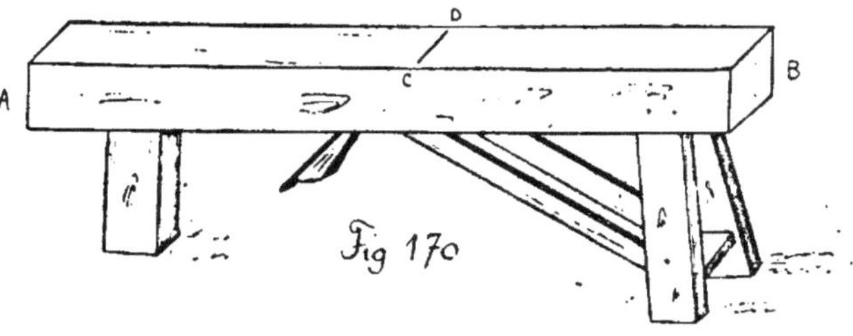

appelée fût, d'une longueur d'environ 1 m.20, d'une épaisseur de 0m.120 m/m et d'une largeur de 0 m.095 à 0 m.170 m m. La colombe est légèrement inclinée et supportée par trois pieds renforcés par des entretoises dont la hauteur du dessus du sol varie avec la taillle de l'ouvrier. Vers le milieu de sa longueur, le fût de la colombe est traversé de bas en haut par une ouverture CD rectangulaire dans le sens de la largeur et prismatique dans le sens de l'épaisseur appelée lumière qui forme avec la face supérieure de l'outil ou table une ligne oblique. La lumière sert à loger le fer maintenu par un coin en bois qui bute sur deux épaulements ; elle permet aux copeaux que le fer détache des douves, pendant le travail de glisser sur le sol.

Le fût de la colombe doit être fait d'un quartier de bois très dûr, pris dans le cœur de l'arbre, cormier, charme ou cœur de chêne et très sec pour qu'il ne travaille pas.

Fig. 171

Travail des douves à la colombe

Dès que la table par suite de l'usure du bois, n'est plus parfaitement plane, le tonnelier doit la faire rectifier.

Le fer de la colombe qui est représenté par un rectangle en acier fondu d'une longueur d'environ 0 m.30 sur 0 m.004 d'épaisseur, varie en largeur selon celle de la table de la colombe et la dimension des douves à travailler de 0 m.080 m m à 0 m.160 m m. Il est terminé par un biseau de 0 m.010 de large.

Ce fer s'affûte à la meule du côté du biseau, le morfil s'enlève avec une pierre à morfiler à grain fin. Si l'on veut obtenir des joints parfaits il faut toujours tenir le fer finement aiguisé.

Quand l'ouvrier le place dans la lumière de la colombe, la ligne du tranchant doit être exactement dans le même plan que la table. Pour dégager le fer il suffit de frapper avec un marteau sur l'extrémité A du fût de la colombe.

Pour faciliter le glissement du bois sur la table et en même temps pour entretenir le fût en bon état on graisse de temps en temps la colombe avec un morceau de lard frais.

§ III. — *Travail à la colombe.* — Pour se servir de la colombe, l'ouvrier se tient du côté B de l'outil (fig. 171), le pied droit placé en arrière et le pied gauche légèrement avancé le long de celui de la colombe.

Il saisit la douve de champ de façon à la placer entre le pouce de sa main droite et les autres doigts réunis et il place en sens inverse sa main gauche le plus près possible de l'autre main. Dans cette position la pièce de bois à travailler est maintenue à droite par le pouce de la main gauche et les doigts réunis de la main droite de l'ouvrier et à gauche par le pouce de sa main droite et les doigts réunis de sa main gauche.

Ainsi assujettie dans ses deux mains, il la passe de B en A sur la table et sur le fer de la colombe en la faisant glisser. Dans l'exécution de ce travail, l'ouvrier ne doit appuyer sur le bois que quand il veut faire mordre le fer davantage et avoir soin de laisser ses doigts appliqués le long du bois pour qu'ils ne frottent pas sur le fer de la colombe.

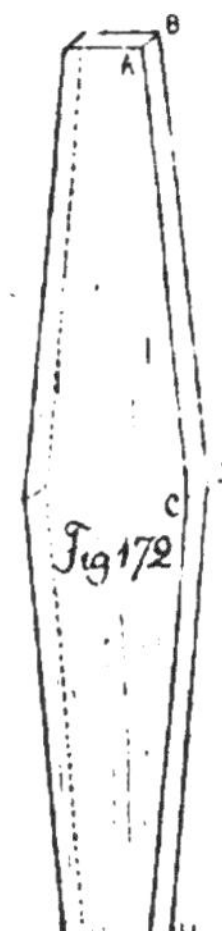

Il commence par rectifier la forme ébauchée par les travaux précédents à la doloire et à la plane et donner à la douve la forme parfaite de deux trapèzes à côtés égaux réunis par leur base.

Il fait d'abord mordre le fer dans le bois aux extrémités de la douve et va progressivement vers le milieu pour terminer par une glissade sur le fer enlevant un copeau d'un bout à l'autre du côté à jointer.

Il mesure de temps en temps avec son mètre comme je l'ai indiqué à propos du dolage, la largeur de la douve au milieu et aux extrémités pour voir si la diminution est bien proportionnée et après avoir obtenu un résultat satisfaisant, quant à la différence proportionnelle des largeurs il façonne le clan sur chaque côté de la douve.

Pour cela, toujours en commençant par faire mordre le fer aux extrémités des côtés, il incline légèrement la douve pour enlever davantage de bois du côté de la face interne et la promène sur le fer de la colombe jusqu'à ce qu'il ait obtenu une surface absolument régulière en ABCD (fig. 172) dont l'inclinaison corresponde à la ligne courbe du calibre déjà décrit sur lequel l'ouvrier la présente.

Il exécute la même manœuvre sur les trois autres côtés de la douve en ayant soin de bien terminer les joints en CD, c'est-à-dire bien au milieu de la douve. L'apprenti qui connaîtra le milieu exact de la pièce qu'il travaille par le tracé que je lui ai conseillé ci-dessus d'établir aura un point de repaire fixé.

Il est essentiel pour obtenir un montage régulier et des joints parfaitement étanches de ne pas négliger cette précaution. La réunion des joints ou des surfaces ABCD et GHCD forment en CD une légère proéminence que fera disparaître au serrage la compression du bois.

Quand il a pratiqué cette opération sur toutes les douves qu'il s'est proposé de travailler, le tonnelier les empile dans son magasin ou dans son grenier comme il a été indiqué pour les merrains et les laisse ainsi jusqu'au moment où il en aura besoin pour la construction d'un tonneau.

CHAPITRE VI

Préparation des fonçailles ou traversins

Le tonnelier prépare ensuite les fonçailles ou traversins nécessaires à la confection des fonds.

Il en dresse, à l'aide de la doloire, l'une des faces, celle qui doit constituer le côté apparent du fond de la futaille.

Il corrige les imperfections que la doloire a laissées sur le bois à l'aide de la plane, comme il a fait pour les douves, en maintenant chaque pièce sur le chevalet, puis il finit de rendre la face ébauchée absolument plane en rabotant le traversin placé sur l'établi à l'aide de la varlope.

§ I.— *La varlope.* — La varlope est une colombe de petite dimension non renversée qui se compose : d'un fût muni d'une poignée d'un fer, maintenu par un coin (fig. 173).

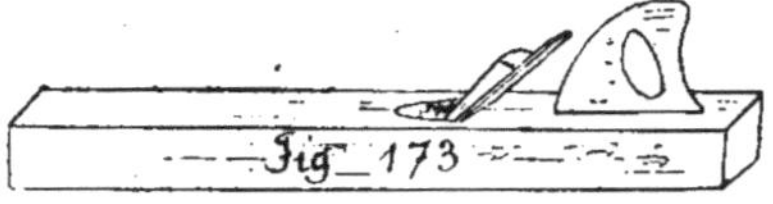

Le fût a la forme d'un parallélipipède rectangle et doit être construit en bois dur. Les dimensions les plus courantes sont : en longueur 0m.74, en largeur de 0m.070 à 0 m.080 et en hauteur de 0 m.10 à 0 m.11. A quelques centimètres dè son extrémité la varlope est munie d'une poignée mortaisée dans le fût et qui sert à pousser l'instrument à égale distance des extrémités. Le fût est traversé en son milieu par une ouverture appelée lumière, dans laquelle est placé le fer formant avec la base de l'outil un angle de 45 degrés et maintenu par un coin qui bute contre deux épaulements.

Cette ouverture est évasée du côté de la base supérieure pour permettre la sortie du copeau pendant le travail et diminue progressivement jusqu'à former seulement une fente transversale, la plus petite possible, parallèle au tranchant du fer quand elle atteint la base inférieure.

Le fer en acier fondu a une largeur d'environ 0 m.055 et une longueur variant de 0 m.19 à 0 m.20: Pour le sortir de la lumière on frappe avec un marteau l'extrémité de la varlope.

Le fer s'aiguise en passant le biseau sur la meule, comme pour les fers de colombe et en ôtant le morfil à l'aide d'une pierre à huile.

Pour replacer le fer on l'introduit dans la lumière, puis on le maintient avec le coin qu'on enfonce avec un marteau. Il faut que dans cette position le taillant du fer soit dans le même plan que la table ou base inférieure de la varlope.

Le coin doit être taillé et placé de manière à serrer le fer davantage en bas qu'en haut pour qu'il ne ballotte pas pendant le travail, car dans ce cas, au lieu de couper le bois il ressaute et n'enlève que des éclats, au lieu d'unir la surface comme il convient.

On appelle demi-varlope ou riflard un instrument un peu moins long que celui dont je viens de donner la description, mais de construction analogue.

Destiné seulement à ébaucher le travail que finit la varlope, sa lumière et son fer sont plus inclinés pour permettre à ce dernier de mordre davantage dans le bois et d'avancer ainsi la besogne.

§ II. — *L'établi.* — L'établi du tonnelier semblable à celui du menuisier, se compose d'un madrier de hêtre ou de chêne A B (fig. 174) d'une

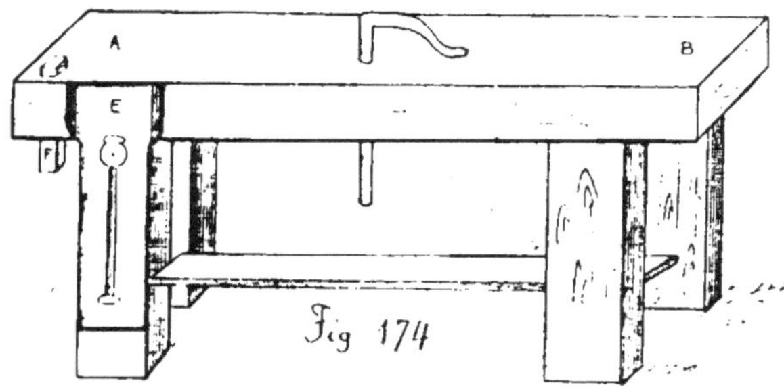

longueur d'environ 2 mètres, d'une largeur de 0 m.40 à 0 m.45 et d'une épaisseur de 0 m.20, supporté et surélevé au-dessus du niveau du sol par quatre pieds de la même épaisseur, mortaisés et consolidés par des traverses.

L'établi est muni parallèlement à l'un des pieds et vissée dans celui-ci d'une presse ou étau E qui sert à maintenir de champ une pièce à travailler. Au milieu du madrier, des trous sont percés en différents endroits pour loger une pièce de fer recourbée appelée valet, qui sert à maintenir à plat une douve ou une fonçaille à travailler.

Une pièce de bois F en forme de parallélipipède rectangle dont la partie supérieure est munie de griffes, coulisse verticalement à frottement dur à l'une des extrémités du madrier et sert à maintenir les fonçailles que le tonnelier est appelé à dresser à la varlope.

§ III. — *Préparation du traversin.* — Après avoir fixé son traversin sur l'établi, l'ouvrier saisit de la main droite la poignée de la varlope et la pousse sur le bois en la guidant avec la main gauche placée un peu en avant de la lumière.

Il promène son outil sur la face du bois à dresser jusqu'à ce que cette dernière soit absolument plane. Pour s'en assurer il regarde sa pièce en bornoyant, c'est-à-dire en l'élevant de champ à bout de bras, au niveau d'un de ses yeux et en fermant l'autre œil. Ou il place une règle bien droite à différents endroits de la surface plane et dans plusieurs sens; si, en tous ces points les bords de la règle couvrent parfaitement la surface, elle est suffisamment plane.

Il ne reste plus au tonnelier qu'à passer son traversin sur la colombe pour en dresser les côtés qui vont former l'épaisseur.

Il emploie le même procédé que pour faire le joint des douves avec cette différence qu'il tient la fonçaille de champ, perpendiculairement à la table de la colombe.

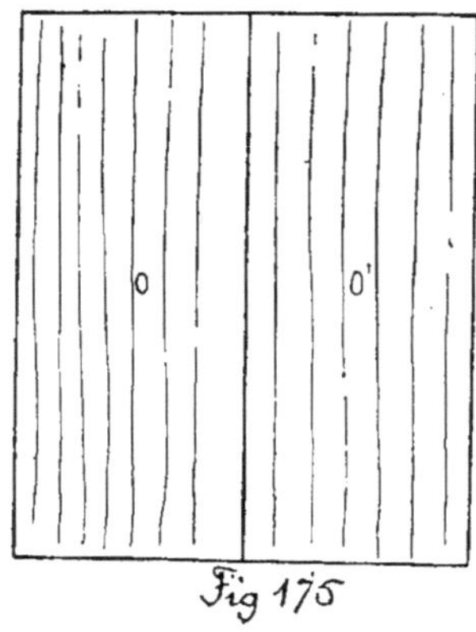

Fig 175

Pour se rendre compte si ce travail a été bien exécuté, l'ouvrier applique à côté d'une fonçaille déjà dressée O (fig. 175) qu'il tient de la main gauche, la fonçaille O' qu'il vient de terminer et qu'il tient de la main droite; il élève à bout de bras en pleine lumière ces deux pièces de traversin, bien appliquées l'une contre l'autre et regarde si à un endroit du joint la lumière filtre entre les deux ; si oui, il repère cet endroit et corrige la forme du joint; si non, il le considère comme parfait dans le sens de la longueur. Pour s'assurer de la perfection de son travail dans le sens de l'épaisseur il a deux moyens :

Je place les deux fonçailles à plat dans la position qu'elles occuperont le fût monté, en ayant soin de bien faire porter les joints l'un contre l'autre (fig. 176). Pour que le travail soit bien exécuté il faut que les lignes A B et B C soient dans le prolongement l'une de l'autre et forment une ligne absolument horizontale ; le tonnelier s'en rend compte en bornoyant ou en vérifiant avec une règle.

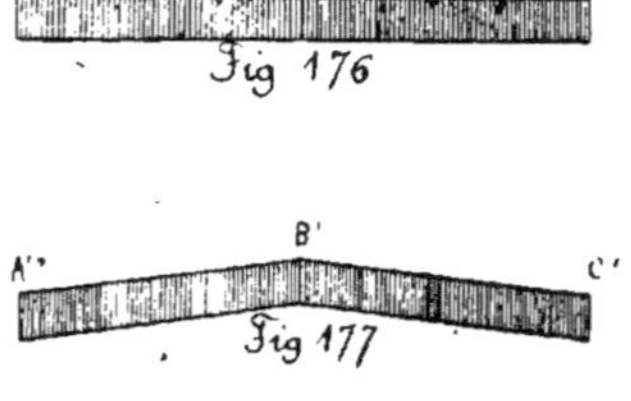

Fig 176

Fig 177

Les lignes A'B'C' et A"B"C" (fig. 177 et 178) qui ne sont pas dans leurs prolongements absolument horizontales doivent être rectifiées.

Un autre moyen pour s'assurer de l'exactitude des joints consiste à appliquer la grande branche A B de l'équerre

Fig 178

(fig. 179) le long de la face dressée du traversin. Le côté F D et la petite branche D E de l'équerre portant en tous leurs points sur la table de la colombe, la face dressée du traversin doit s'appliquer parfaitement sur A B, si le travail a été bien exécuté.

§ IV. — *Équerre.* — L'équerre est un outil qui sert à mener des perpendiculaires (fig. 180). Elle se compose d'un triangle rectangle en bois percé d'un trou pour pouvoir la suspendre, ou elle est faite de deux règles mortaisées, formant par leur réunion un angle absolument droit. J'ai indiqué (DEUXIÈME PARTIE, SECTION II, CHAPITRE I) la façon de vérifier une équerre.

Lorsque le traversin est bien uni sur une de ses faces et dressé sur les

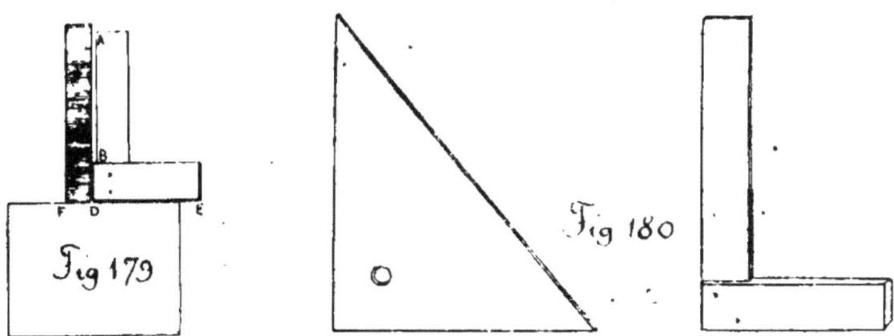

deux côtés formant son épaisseur, le tonnelier le met en piles comme il a été indiqué pour le merrain en attendant qu'il s'en serve pour monter des futailles.

SECTION II

MONTAGE DES TONNEAUX

Le montage des tonneaux consiste, pour le tonnelier à disposer les douves de façon à ce qu'en les serrant avec des cercles elles forment la partie circulaire qui constitue les parois latérales du fût.

C'est en général au printemps que le tonnelier exécute ce travail en employant les longailles qu'il a préparées pendant l'hiver.

Le montage d'un fût comprend quatre opérations distinctes :

1° La mise en place circulaire des douves ;

2° Leur serrage par deux cercles et la mise en place des joints du côté du fût qui vient d'être monté ;

3° Le cintrage des douves à chaud à l'aide de la bâtissoire ;

4° Le serrage des douves par deux autres cercles et la mise en place des joints du côté qui vient d'être cintré.

CHAPITRE PREMIER

Mise en place circulaire des douves

Le tonnelier choisit d'abord dans les piles de bois qu'il a préparées le nombre de longailles qui va lui être nécessaire pour former la partie circulaire du fût qu'il se propose de construire.

Ce nombre dépend, bien entendu de la largeur de chacune d'elles et des dimensions à donner à la futaille.

Pour l'établir, le tonnelier cherche d'abord la longueur du diamètre du tonneau au bouge.

Trois procédés s'offrent à lui pour trouver cette dimension :

1° En consultant le tableau des dimensions correspondant aux contenances des futailles les plus couramment usitées (DEUXIÈME PARTIE, SECTION III, CHAPITRE II).

2° En se reportant à la fiche qu'il a établie antérieurement s'il a déjà construit des futailles de même modèle.

3° En calculant lui-même les mesures nécessaires à la construction projetée. (DEUXIÈME PARTIE, SECTION III, CHAPITRE II).

Quand à l'aide de l'un ou de l'autre de ces trois procédés il a obtenu la longueur du diamètre au bouge, il cherche la longueur de la circonférence correspondante qui représentera la somme des largeurs médianes des douves nécessaires au montage.

Soit par exemple à trouver la quantité de longailles nécessaires au montage du tonneau A B C D (fig. 181). Connaissant le diamètre E F je sais que la longueur de la circonférence E A F G est de : $3,15 \times EF$, mais cette longueur de la circonférence est bien égale à la somme des longueurs : $EI + IJ + JK + KL + LE$, etc..., qui la composeront une fois le fût monté.

Le tonnelier n'a donc qu'à choisir un nombre de douves suffisant pour que la somme de leur largeur médiane soit égale à la longueur de la circonférence du bouge.

Pour atteindre pratiquement ce but, il installe par terre ou sur un établi les longailles à plat, les unes à côté des autres en ayant bien soin de les faire toucher par leur milieu (fig. 182) jusqu'à ce que la somme des largeurs : $AB + BC + CD$, etc..., soit égales à la longueur de la circonférence du tonneau au bouge.

Pour éviter une manutention inutile et de ce fait une perte de temps, l'ouvrier peut employer un autre procédé et se contenter de mesurer à l'aide de son mètre chaque douve en son milieu et d'additionner les quantités jusqu'à ce que le nombre obtenu soit égal à la longueur de la circonférence donnée.

Si la largeur médiane de la dernière longaille mesurée, additionnée aux autres largeurs, fournit un total plus élevé que la longueur de la circonférence, le tonnelier remplace cette douve par une autre plus étroite.

La largeur des douves diminuant au serrage, sous l'influence de la compression du bois, il est bon d'augmenter le total obtenu d'un millimètre par douve.

Dans la construction d'une demi-barrique d'une contenance de

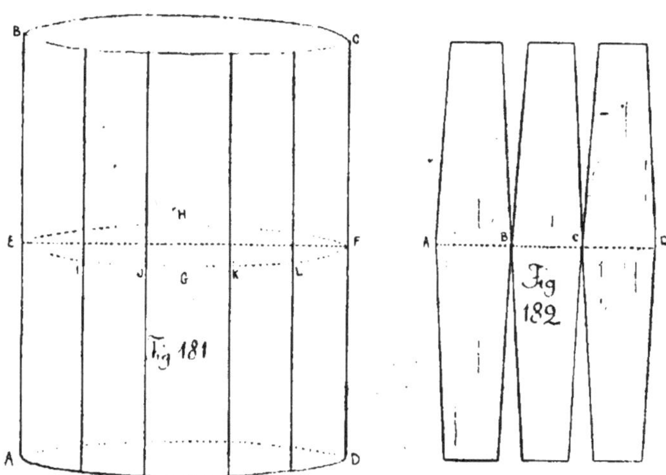

110 litres que nous avons prise pour exemple, le diamètre intérieur du bouge est de 0 m.52, addition faite de la double épaisseur des douves, le diamètre extérieur du bouge est de: 0 m.52 + 0 m.054 = 0 m.58.

La longueur de la circonférence est de :
$$0\,\text{m}.58 \times 3\,\text{m}.15 = 1\,\text{m}.82.$$

La partie circulaire formant les parois latérales d'un fût de cette dimension pourra se composer de :

2 douves ayant une largeur médiane de 0 m.12 = 0 m.24.
10   —   —   0 m.10 = 1 m.
6   —   —   0 m.08 = 0 m.48.
2   —   —   0 m.05 = 0 m.10.
                                       ————
au total: 20 douves dont la somme de largeurs médianes.   1 m.82.
égale la longueur de la circonférence.

En vertu de la remarque que nous avons faite sur la diminution de la largeur des douves au serrage, il sera bon de remplacer la dernière douve qui a une largeur médiane de 0 m.05 par une autre douve ayant une largeur médiane de 0 m.07, c'est-à-dire de 0 m.020 m/m de plus, soit 1 m m par douve.

Le tonnelier construit ensuite quatre cercles en suivant les principes que j'indique à propos du cerclage. (TROISIÈME PARTIE, SECTION IV, CHAPITRE II ET III).

Ces cercles que l'on appelle des calibres sont faits en feuillard ou en bois; je conseille au tonnelier de les faire fabriquer en fer forgé de 0m.030 m/m de large, sur 0m.008 m/m d'épaisseur par un forgeron.

Deux de ces cercles doivent avoir un diamètre correspondant au diamètre extérieur du tonneau à construire pris à environ 10 centimètres du bouge. La longueur de ce diamètre est approximativement égale à la longueur du diamètre intérieur augmenté de la double épaisseur des douves et diminué de 0 m.02.

Les deux autres cercles ou calibres qui sont destinés à être placés vers les extrémités du tonneau doivent avoir un diamètre égal au diamètre des fonds augmenté de deux fois l'épaisseur du bois.

Dans l'exemple qui nous intéresse, les calibres de bouge auront un diamètre de :
$$(0\,m.52 + 0\,m.054) - 0m.02 = 0m.55.$$
et les calibres de tête auront un diamètre de :
$$0\,m.42 + 0\,m.054 = 0\,m.474\ m\,m.$$

Ces dispositions prises, le tonnelier commence le montage du tonneau. Il appuie le long d'un mur à proximité de l'endroit qu'il a choisi pour exécuter son travail le nombre de longailles nécessaires à cette opération.

Il les place à plat les unes sur les autres en leur donnant assez d'inclinaison pour qu'elles se maintiennent debout.

Si, pour une raison quelconque, il ne peut se placer le long d'un mur, il appuie les douves contre une futaille, un chevalet ou un billot.

Puis, il prend un des cercles de tête, c'est-à-dire un des calibres qui doit régler la dimension du tonneau au niveau des fonds.

Si ce cercle est en bois, il fait prendre son tire-fonds à l'intérieur à un endroit quelconque de la circonférence pour servir de butée à la première douve.

Si, au contraire le calibre est en fer, le tonnelier a eu soin de confectionner avant le montage une petite planchette C D (fig. 183) munie d'une rainure E, correspondant à l'épaisseur du calibre M et qui placée à cheval sur ce dernier au niveau de la ligature, forme un appui pour retenir la première douve.

Le tonnelier choisit la douve la plus large et la place debout à l'intérieur du cercle O (fig. 184) dans la position A B. Il la maintient appuyée le long de la planchette C D avec sa main gauche, le pouce allongé le long de la face interne de la douve et les autres doigts enserrant le calibre. Pour que ce dernier reste à peu près immobile et dans un plan horizontal, l'ouvrier en appuie un côté le long de ses jambes pendant le temps qu'il place les premières douves. De la main droite il prend le long du mur une seconde longaille qu'il place à côté de la première dans la position B G ; il porte sa main gauche de B en G pour maintenir cette seconde douve assemblée à la première et ainsi de suite jusqu'à ce que toutes les longailles rangées circulairement à côté les unes des autres garnissent complètement le calibre choisi (fig. 185).

§ I. — *Tire-fonds.* — J'ai parlé dans ce chapitre du tire-fonds du tonnelier, j'en dois au lecteur la description.

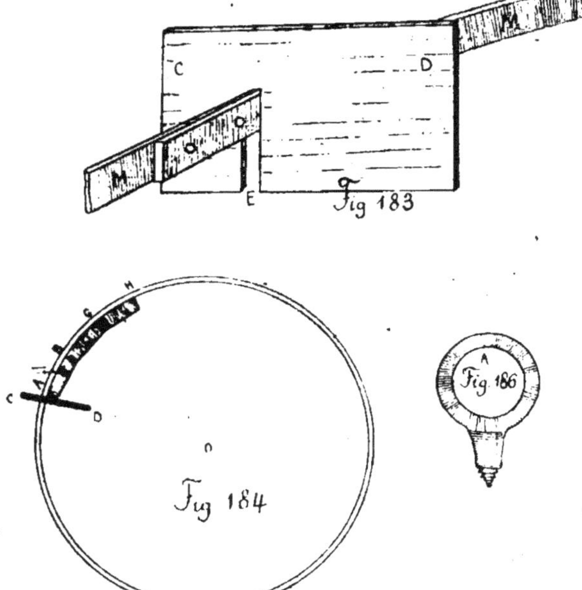

Cet outil (fig. 186) tire son nom de l'usage auquel il est le plus fréquemment employé, c'est-à-dire au montage des pièces de fonds, nous le verrons au chapitre du fonçage.

Il est façonné en acier trempé et se compose de deux parties :

1° Un anneau A qui sert de corps à l'outil et en même temps de poignée pour le saisir.

2° Une vis à pas double et conique dont les premières spirales sont munies de pointes finement aiguisées pour faciliter leur entrée dans le bois.

CHAPITRE II

Serrage des douves et mise en place des joints

Il est évident que, mises en place circulairement comme je viens de l'indiquer au chapitre précédent et maintenues dans leur position verticale par un seul calibre, les douves ont juste la solidité d'un château de cartes. En une seconde, le moindre choc peut les renverser ; aussi le tonnelier s'empresse-t-il d'en consolider l'assemblage en plaçant au-dessous du premier cercle, un des calibres de bouge qu'il a confectionnés et en pratiquant à l'aide de ce dernier un léger serrage sur les douves. Il se sert à cet effet d'une châsse et d'un marteau.

Fig. 185

Mise en place circulaire des douves

§ I. — *Châsse.* — La châsse ou chassoir est un outil qui sert au tonnelier à chasser les cercles, c'est-à-dire à les faire descendre vers le bouge du tonneau pour obtenir le serrage des douves et par suite l'étanchéité de la futaille.

Selon que le cercle à châsser est en bois ou en feuillard, l'ouvrier se sert d'une châsse en bois ou d'une châsse en acier.

La châsse en bois (fig.187) que le tonnelier peut fabriquer lui-même, se compose d'un morceau de douve inutilisable ayant environ comme dimention :

en longueur 0 m.16,
en largeur 0 m.08,
en épaisseur 0 m.03

et que l'on divise en trois parties :

1º La tête A arrondie et d'une résistance suffisante pour supp o ter les coups répétés du maillet sans s'écraser ;

2º Le manche B diminué d'épaisseur pour que la main de l'ouvrier puisse le saisir plus facilement ;

3º Le corps C dont une des faces est incurvée selon la forme circulaire du fût pour que, pendant le travail, tous les points de sa base portent parfaitement sur le cercle à châsser.

Les châsses en acier revêtent différentes formes.

Celle représentée par la figure 188 se compose :

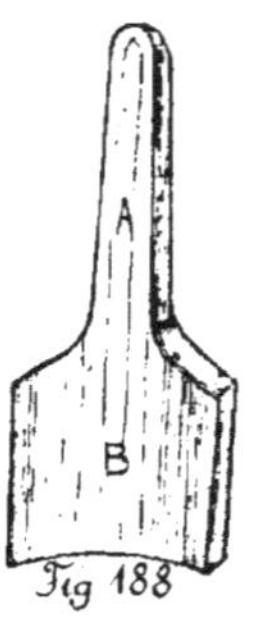

1º D'un manche A en acier forgé d'une longueur d'environ 0 m.12, d'un diamètre de 0 m.03, légèrement rejeté à l'extérieur comme l'indi que la figure 189 qui en représente le profil.

2° D'un corps B en forme de coin en acier trempé d'une longueur de 0 m.05 m m d'une largeur de 0 m.045 m/m et d'une épaisseur de 0 m.025 m/m.

La face qui doit, pendant le travail, porter sur la partie circulaire du fût doit être, comme pour la châsse en bois, légèrement incurvée. La surface formant la base est taillée en gorge dans le sens de sa largeur de façon à former sur son épaisseur deux vives arêtes.

L'outil représenté par la figure 190 est une châsse à manche.

Elle se compose :

1° D'une tête A en acier forgé ;

2° D'un œil B qui sert à fixer le manche ;

3° D'un corps C dont les deux surfaces latérales sont incurvées et la surface de base, taillée en gorge de façon à présenter une arête vive sur chacun de ses bords ;

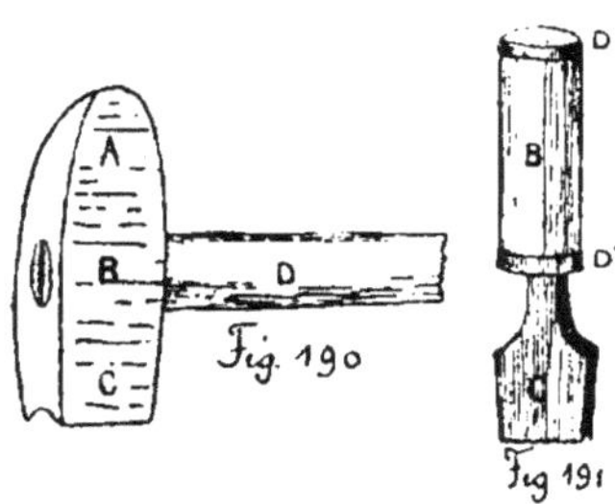

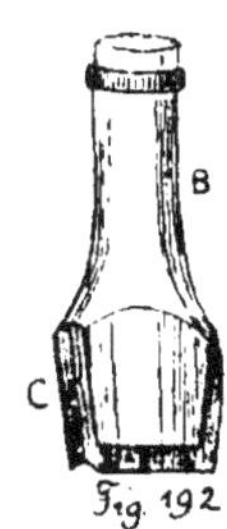

4° D'un manche D, en frêne, hêtre ou cornouiller.

Le tonnelier doit avoir dans son outillage plusieurs châsses de ce modèle de différentes dimensions, leur longueur variant de 0 m.12 à 0 m.30.

La châsse à manche de grandes dimensions sert à châsser les cercles destinés au montage des grands vaisseaux, un ouvrier la tient en place pendant qu'un autre frappe dessus avec un lourd marteau nécessitant pour son maniement l'emploi des deux mains.

La châsse à manche doit être bien équilibrée, c'est-à-dire que la partie C doit être plus lourde que la partie A, pour que l'outil reste vertical et que l'ouvrier n'ait pas à serrer le manche pour le maintenir en équilibre.

La figure 191 représente une châsse dont le corps C est en acier et dont le manche B est en bois, garni à ses extrémités de deux viroles en acier D D'; ses dimensions et ses caractéristiques sont les mêmes que celles de l'outil représenté par la figure 188.

La châsse barsacaise (fig. 192) spécialement employée par les tonneliers bordelais se compose :

1° D'un manche plat B, en bois dur surmonté d'une virole d'acier en forme d'ellipse, de 0 m.12 de long.

2° D'une armature C en acier trempé dans lequel le manche est encastré. Les deux surfaces latérales de l'outil sont incurvées et la surface de base est taillée en gorge et présente deux arêtes vives.

Dans une châsse, quelque soit son modèle, le corps de l'outil seul doit être trempé, le manche ou la tête ne doit pas l'être, pour éviter que le métal sous les coups du marteau ne se détache en éclats et blesse l'ouvrier.

§ II. — *Marteau*. — L'outillage du tonnelier doit comprendre des marteaux de différentes dimensions selon les besoins de l'atelier et les travaux qu'on y éxécute.

On peut classer les marteaux en trois catégories :

1° Les marteaux dits de menuisier en acier forgé se composant : d'une tête ou masse A, percée d'un œil central O qui sert à l'introduction du manche et allongée d'une panne P. La surface F qui est la face de travail de l'outil est plate.

Le manche en hêtre doit avoir 0 m.25 de longueur et un diamètre suffisant pour que l'ouvrier l'ait bien en main.

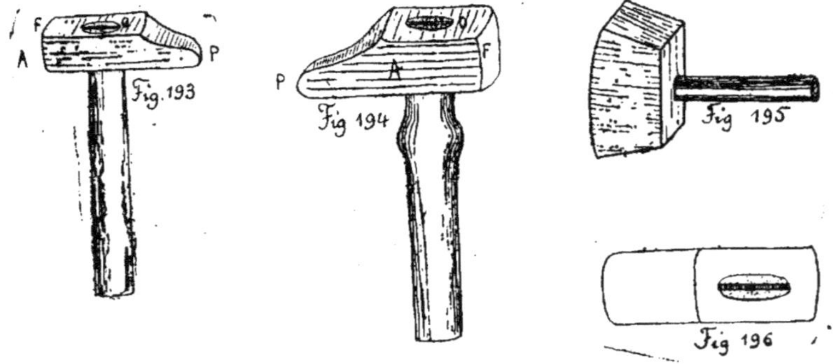

La longueur de la tête varie selon les modèles. Le poids est de 250 à 550 grammes (fig. 193).

Les outils de ce modèle servent à enfoncer les clous, les chevilles et, au besoin, à frapper sur les bédanes, ciseaux, etc...

2° Les marteaux «dits de forge» en acier fondu ont les mêmes caractéristiques que les précédents avec cette différence que la face de travail F est bombée (fig.194) et que leur poids, selon l'usage auquel ils sont destinés varie de 500 grammes à 2 kil.500.

Ils servent à frapper sur les châsses pour faire descendre les cercles, à marteler le feuillard, à aplatir les rivets, etc..

3° Il existe, pour frapper sur les châsses, un marteau spécial appelé « masse du tonnelier » (fig. 195). Sa tête en acier fondu est de forme carrée et les deux faces de travail plates ne forment pas comme la face de travail du marteau un plan parallèle à l'axe du manche, mais un angle assez prononcé.

Le poids de cette masse varie de 900 à 1.200 grammes.

Le tonnelier étant appelé à emmancher lui-même ses marteaux, je me permets de lui donner un conseil à ce sujet.

Pour les marteaux légers le manche peut être en bois de hêtre, pour les marteaux lourds on doit lui préférer le cornouiller ou le frêne.

Pour emmancher l'outil on procède comme il suit :

On polit le morceau de bois choisi sur une longueur de 0 m.28 à 0 m.30 en ayant soin de lui donner une forme légèrement elliptique, correspondant au logement qu'il va occuper. Il doit être aminci en son milieu, renflé sous la tête et assez gros à son extrémité pour bien remplir la main de l'ouvrier. On présente l'extrémité qui doit garnir l'œil du côté de la plus petite ouverture de ce dernier ; on ajuste à la lime de façon à ce que la grosseur de l'extrémité du manche reste légèrement supérieure à la grandeur de l'œil du marteau. On enfonce à force, on supprime d'un coup de scie les quelques centimètres de bois qui dépassent la tête du marteau et qui sont devenus inutiles et on complète l'emmanchement en enfonçant dans l'extrémité du manche une goupille en forme de coin O (fig. 196) qui, en pénétrant dans le bois fait serrage et rend tout recul du manche impossible.

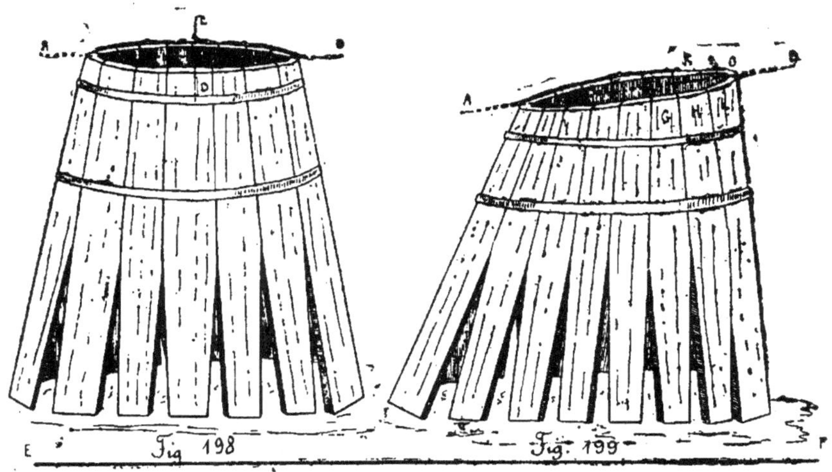

§ III. — *Serrage des deux premiers cercles à l'aide de la châsse et du marteau.* — Pour châsser un cercle, l'ouvrier place la châsse qu'il tient de la main gauche sur une des parties du cercle en ayant soin de faire porter légèrement le long des douves la partie incurvée de l'outil. Il frappe sur la tête avec le marteau qu'il tient de la main droite. Un seul coup suffit. Il déplace ensuite la châsse et recommence la même opération sur un autre point du cercle à environ 10 centimètres du premier et ainsi de suite jusqu'à ce que le serrage soit suffisant.

Pour arriver à ce résultat le tonnelier doit faire parfois quatre ou cinq fois le tour du tonneau en avancant dans le sens opposé au mouvement des aiguilles d'une montre.

Il ne faut jamais châsser un cercle en faisant le tour du tonneau à reculons ; une besogne ainsi faite est trop lente et la châsse se pose mal.

L'ouvrier doit avoir soin aussi de toujours placer la châsse bien verticalement sur le cercle, car si la tête de l'outil penche tant soit peu en dehors, les arêtes vives de la base entament le bois et si au contraire la tête est inclinée du côté des douves l'outil glisse des mains de l'ouvrier sous la poussée du marteau et risque de le blesser.

Dans la phase du montage qui nous occupe lorsque le tonnelier a

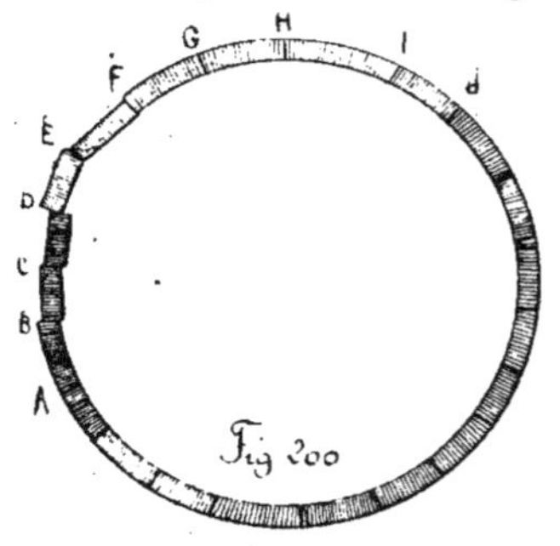

placé au-dessous du premier, un second calibre dont le diamètre correspond au diamètre du tonneau un peu au-dessus du niveau du bouge, il ne pratique sur ces deux cercles qu'un serrage provisoire, juste suffisant pour maintenir l'assemblage et la stabilité de cette frêle construction.

Assemblées circulairement et ainsi maintenues par deux cercles les douves prennent l'aspect d'un cône tronqué comme le montre la figure 198

Le tonnelier place la construction ainsi ébauchée sur une surface absolument plane, terre-plein, sol battu ou cimenté — et se plaçant à quelques mètres il en vérifie l'aplomb.

Pour que la construction soit régulière, il faut qu'une règle posée à plat sur les bords du tonneau suivant la position AB (fig. 198) ou suivant la position CD, soit dans un plan absolument horizontal

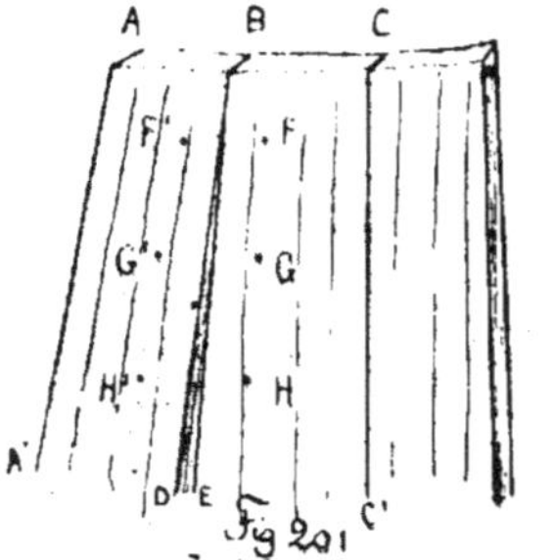

et parallèle au plan EF représentant le sol.

Un niveau à bulle d'air posé sur cette règle peut indiquer si la construction est d'aplomb ; mais, en général, le tonnelier ne prend pas tant de précautions et un coup d'œil lui suffit pour s'assurer que son fût est « bien de niveau ».

Si, en le bâtissant l'ouvrier l'a penché plus dans un sens que dans un autre, il peut arriver que le tonneau ébauché se présente sous l'aspect indiqué par la figure 199 où nous remarquons que la ligne AB n'est plus dans un plan parallèle à EF.

Quelques coups de marteau assénés de haut en bas sur les extrémités des douves GHIJKL et au fur et à mesure un serrage progressif sur les deux cercles qui les maintiennent remédient à cette imperfection.

Le tonnelier s'occupe ensuite de mettre les joints en place. Par suite d'un défaut dans l'exécution du joint ou d'un caprice du bois, il peut se faire que la surface circulaire composant les parois latérales du tonneau et formée par la face externe des douves qui viennent d'être mises en place, contienne des irrégularités.

La ligne courbe ABCDEF (fig. 200) formée des portions de courbes représentant chaque face convexe des douves $AB+BC+CD+DE+DF$ ne forme pas une circonférence parfaite.

La douve BC par exemple est en retrait sur la douves AB, la douve CD est en retrait sur la douve BC, la douve DE au contraire sort par rapport à ses deux voisines CD et EF.

Fig. 202

Mise en place des joints
du côté qui vient d'être monté

Il s'agit de corriger ces défauts et d'obtenir une ligne courbe parfaite en faisant coïncider les joints entre chaque douve comme en GHIJ.

Pour arriver à ce résultat, le tonnelier passe sa main droite munie d'un marteau à l'intérieur du tonneau (fig. 202) et frappe légèrement tout le long du joint sur la face interne de la douve qu'il veut faire ressortir, en ayant soin d'appuyer fortement, à l'extérieur, sur la douve vosine, la tête de la châsse qu'il tient de la main gauche.

Dans le cas représenté par la figure 201 par exemple, la douve BC est en retrait sur la douve AB et le joint BD de AB est visible à l'extérieur du tonneau de la moitié de l'épaisseur de la douve. Pour le ramener à la position normale qu'il doit occuper, le tonnelier va successivement frapper la douve BC sur sa face interne aux points F, G et H.

Quand il frappera en F il tiendra sa châsse fortement appuyée au point F' de la douve AB; quand il frappera en G la châsse devra être en G' etc... ceci jusqu'à ce que la ligne BE se confonde avec la ligne BD. A ce moment là le joint est à sa place et les faces convexes des deux douves forment une courbe parfaite.

En tournant autour du tonneau dans le sens opposé à celui dans lequel il avance pour châsser les cercles, c'est-à-dire, en marchant dans le même sens que les aiguilles d'une montre, le tonnelier exécute le même travail sur toutes les douves.

Il fait coïncider, en plaçant les joints, les surfaces externes de chacune d'elles, jusqu'à ce qu'il ait obtenu du côté du tonneau qu'il a monté un tronc de cône régulier dont la petite base corresponde au cercle du tonneau au niveau des fonds et la grande base à la circonférence du fût au niveau du bouge.

Il serre fortement les deux cercles pour immobiliser complètement l'assemblage et s'apprête à le cintrer.

CHAPITRE III

Cintrage des douves à chaud à l'aide de la bâtissoire

Pour terminer le montage, le tonnelier n'a plus qu'à faire joindre de l'autre côté du tonneau les douves qui tendent à s'écarter. C'est le but du cintrage.

Pour mener à bien cette opération il doit disposer, en plus des calibres, marteau et châsses que nous connaissons des instruments dont la description suit :

§ I. — *Bâtissoire.* — La bâtissoire, qui s'appelle aussi dans d'autres contrées, presse, martinet, ou étreignoir est un appareil qui sert à faire courber les douves d'un tonneau pour les rapprocher les unes des autres.

Quoique appelées à remplir toutes les mêmes fonctions, les bâtissoires n'ont pas toujours la même forme. On peut en décrire trois types.

L'appareil représenté par la figure 203 est une bâtissoire d'un fort modèle servant surtout au montage des fûts de grande contenance.

Elle est construite en chêne et se compose de deux montants A A' qui ont comme dimension :

en longueur 0 m.75,
en largeur 0 m.10,
en épaisseur 0 m.06,

ils sont mortaisés et chevillés dans deux traverses B B' qui ont comme dimensions :

en longueur 0 m.80,
en largeur 0 m.10,
en épaisseur 0 m.15.

La traverse B est percée en son milieu d'un trou rond dans lequel tourne librement un mandrin M servant de tête à une vis en bois d'un diamètre de 0 m.10 dont la pointe P bute sur une plaque de fer encastrée au milieu de la traverse B'.

Une traverse mobile T plus épaisse que les deux autres et perforée par une ouverture cylindrique taraudée du pas correspondant aux filets de la vis coulisse entre les montants A et A' dans deux échancrures taillées à ses extrémités.

Chaque fois qu'un mouvement rotatif est imprimé au mandrin M, à l'aide du levier mobile L la traverse T se met en mouvement dans un sens ou dans un autre.

Une pièce rapportée S, dont l'une des surfaces est plate pour s'appliquer le long de la traverse B' et dont l'autre surface est taillée circulairement selon la courbe extérieure du tonneau à construire est maintenue le long de l'appareil par deux chevilles u, u' de façon à pouvoir être enlevée rapidement et remplacée par une autre, de courbe différente, chaque fois que les dimensions du fût à cintrer changent.

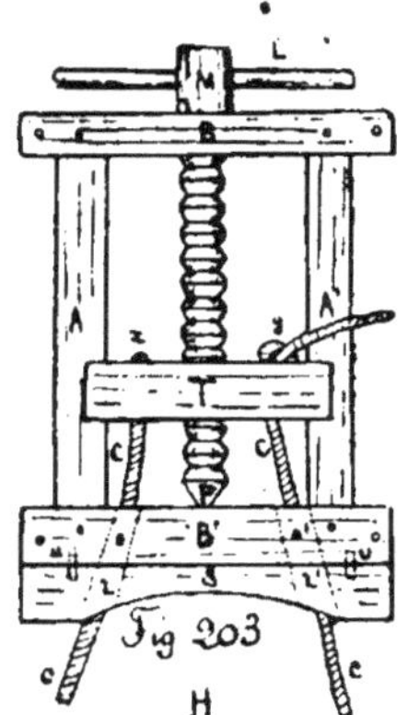

L'appareil se complète d'une forte corde en chanvre dont la longueur varie avec le diamètre du fût à cintrer.

Maintenue en x à la pièce T par un nœud, cette corde traverse librement par deux ouvertures O et R faites dans le prolongement l'une de l'autre et très évasées les épaisseurs B' et S ; elle enserre ensuite les extrémités des douves du fût à bâtir H et en traversant en sens inverse S et B' en r' et en o', revient au travers de la pièce mobile T se fixer en Y par un nœud fait à la volonté de l'ouvrier.

Le fonctionnement de l'appareil est le suivant :

Quand, à l'aide du levier L, le tonnelier imprime dans le sens du serrage un mouvement de rotation à la vis V, la pièce mobile T coulisse le long des montants A et A' et tente à s'éloigner de la traverse B' pour se rapprocher de la traverse B. La corde c main-tenue en x et en Y se tend, le cercle qu'elle forme autour du tonneau H se resserre, diminue au fur et à mesure du serrage et oblige les extrémités des douves à suivre le même mouvement, jusqu'à complet rapprochement.

Cette bâtissoire par ses formes et ses dimensions représente un certain encombrement et il est d'usage dans les ateliers de la suspendre au plafond à l'aide d'un moufle et de la descendre seu-

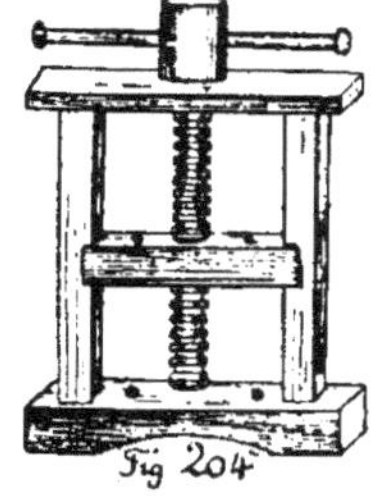

lement au moment de son emploi. Quatre trous percés à ses quatre coins permettent de la suspendre à plat par quatre cordelettes que l'on réunit en leur milieu par un anneau où l'on passe le crochet du moufle.

Ce dispositif permet de descendre en quelques secondes l'appareil au niveau du fût à bâtir et de le remonter instantanément dès le travail fait.

La figure 204 représente une bâtissoire de même forme mais de dimensions plus réduites, la vis est en acier au lieu d'être en bois. Si le tonnelier construit lui-même cet appareil, il peut se servir comme vis d'une vis de presse d'établi ordinaire. Elle sert au montage des petits fûts ou dans les réparations où une seule douve est à cintrer.

L'outil représenté par la figure 205 se compose d'un châssis rectangulaire ABCD dont le côté CD est courbé dans les mêmes proportions

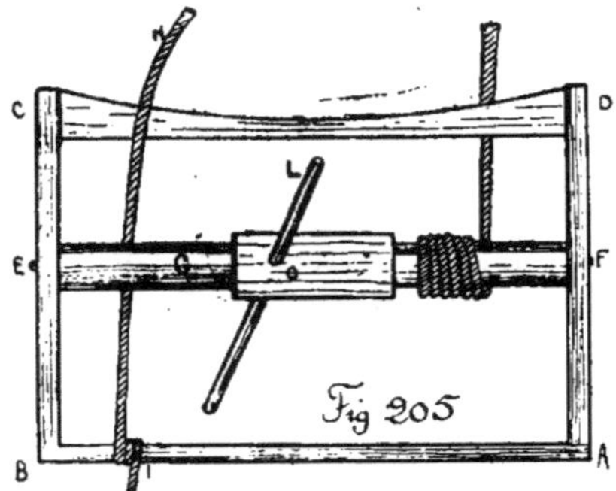

que la surface circulaire du tonneau à construire. Au milieu de ce châssis maintenu entre les montants BC et AD pivote librement en E et en F un treuil G autour duquel s'enroule une corde H dont l'extrémité est fixée en I.

Pour se servir de cette bâtissoire, il s'uffit d'imprimer au treuil G à l'aide du levier L un mouvement de rotation; la corde H qui enserre les extrémités des douves, s'enroule autour du treuil et le cercle qu'elle forme diminue petit à petit, obligeant les douves à se joindre.

Quand ce jointement lui paraît suffisant et que le cercle formé par les extrémités des douves est assez diminué pour lui permettre de

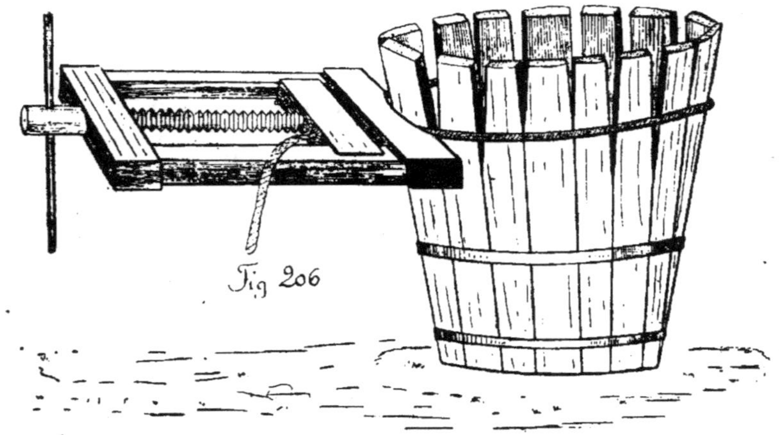

Cintrage des douves à la bâtissoire. Commencement de l'opération

passer un calibre, l'ouvrier arrête le mouvement rotatif du treuil en appuyant sur l'un ou l'autre des montants du châssis un des bouts du levier qui coulisse librement dans l'œil o.

§ II. — *Brasero ou tôle à brûler les fûts.* = Pour chauffer la face interne des douves qu'il veut courber, le tonnelier allume à l'intérieur du fût, une ou deux brasées de copeaux; mais pour que ces derniers en brûlant, n'endommagent pas les douves, il les place dans un brasero, ou tôle à brûler les fûts.

C'est un récipient rond en tô'e (fig. 207) percé de trous et monté sur trois ou quatre pieds, son diamètre doit être inférieur de quelques centimètres au diamètre du tonneau au niveau des fonds et sa hauteur ne doit pas atteindre tout à fait la hauteur du tonneau au niveau du bouge,

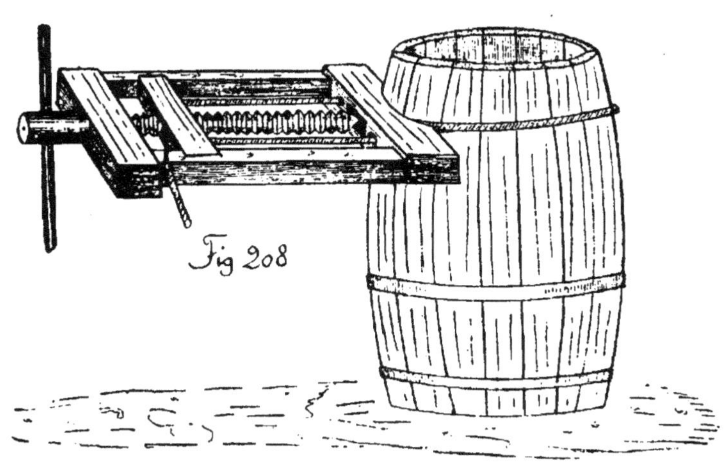

de façon à ce que les flammes en sortant chauffent surtout les douves sur leur milieu

Le tonnelier pour construire un brasero, peut se procurer chez le premier droguiste venu, un bidon vide de carbure de calcium. De quatre morceaux de feuillard un peu rigide, rivés à sa partie inférieure, il forme quatre pieds et de quelques coups de poinçon il le perfore de quelques trous pour que l'entrée de l'air active la combustion des copeaux.

Pour opérer le cintrage du tonneau qu'il construit, le tonnelier commence par le retourner et en placer sur le sol le côté qui vient d'être monté.

Cintrage des douves à la bâtissoire. Fin de l'opération

Il installe la bâtissoire à la hauteur convenable — c'est-à-dire à environ 10 centimètres au-dessous du niveau du fond — il enserre avec la corde les extrémités des douves qui s'écartent et arrête solidement cette dernière par un nœud fait à l'arrière de la traverse mobile (fig. 206). — Je conseille à l'ouvrier d'intercaler dans ce nœud un petit coin en bois pour en faciliter le desserrage.

Il place à l'intérieur du tonneau un brasero rempli de copeaux et y met le feu. Il laisse chauffer les douves quelques instants, jusqu'à ce que la chaleur soit perceptible à l'extérieur du bois, il s'assure de ce fait, en plaçant sa main à plat sur la face extérieure du tonneau ; quand la tiédeur se fait sentir, il peut commencer le serrage en faisant tendre la corde.

Cette opération du cintrage doit être faite avec application et avec patience et il faut absolument que l'ouvrier attende que la chaleur soit suffisante pour que le bois soit attendri, sans quoi, au lieu de se cintrer, les douves se cassent au niveau du bouge.

Si la brassée de copeaux que le tonnelier a placée dans le brasero est consommée, il en met une seconde et une troisième au besoin. Au fur et à mesure que la chaleur pénètre le bois, il fait tourner, à l'aide du levier L, la vis de la bâtissoire, la corde se tend et se raccourcit peu à peu, le cercle qu'elle forme autour des douves se resserre et diminue de plus en plus, jusqu'à ce que les longailles arrivent presque à se toucher, ou tout au moins jusqu'à ce que le tonnelier puisse les envelopper au-dessus de la corde vers leurs extrémités avec le calibre qui est destiné à se placer sur ce côté du tonneau, au niveau du bouge (fig. 208).

CHAPITRE IV

Serrage des douves par deux autres cercles et mise en place des joints du côté qui vient d'être cintré

Dès que le cercle ou calibre qu'il vient de placer maintient les douves, le tonnelier, sans déplacer le fût, remonte la bâtissoire à l'aide du moufle. Puis avec la châsse et le marteau, il fait descendre le calibre à la place qu'il doit normalement occuper un peu au-dessus du niveau du bouge. Ce serrage fait joindre les douves à cet endroit. Il place ensuite au-dessus du premier un calibre plus petit dont le diamètre correspond au diamètre du tonneau au niveau du fond et le chasse légèrement.

Il a soin pendant la pose de ces deux calibres de mettre chaque joint bien en place entre chaque douve, comme il a fait pour le côté du tonneau qu'il a monté auparavant, en frappant avec son marteau sur la face interne d'une douve qui rentre pendant qu'il tient sa châsse fortement appuyée, à l'extérieur, sur la douve voisine qui ressort.

A l'endroit du bouge, l'ouvrier doit être prudent, un coup de marteau mal placé dans le cintre pouvant briser la douve en deux.

Les joints mis en place, l'ouvrier termine le serrage des deux calibres, puis retournant son fût il serre à nouveau les cercles qu'il a placés de l'autre côté du tonneau au commencement du montage et que la chaleur a pu faire desserrer.

Cette dernière précaution est absolument obligatoire pour consolider l'assemblage des douves, rendre définitive la forme donnée au tonneau et faciliter les opérations du fonçage qui vont suivre.

SECTION III

FONÇAGE DU TONNEAU

Avant de commencer le fonçage du fût qu'il est en train de construire, le tonnelier doit, s'il tient à fabriquer un tonneau d'une contenance déterminée en contrôler les dimensions.

Il consulte les chiffres qui figurent sur sa fiche de construction et mesure le diamètre du bouge et le diamètre des fonds.

S'il n'a pas commis d'erreur et s'il a suivi à la lettre les recommandations qui lui ont été faites précédemment, les mesures qu'il prend doivent coïncider avec les chiffres donnés; il n'a plus qu'à s'inquiéter de la longueur intérieure correspondante pour déterminer exactement l'emplacement où doivent se trouver les fonds et la hauteur de l'extrémité des douves qui constituera la partie extérieure circulaire du fût en dehors des fonds appelé communément le chanfrein.

Si au contraire, il a commis une erreur et si les dimensions obtenues ne correspondent pas au mesures données, il peut, après un rapide calcul, rectifier le volume du tonneau, en diminuant ou en augmentant, selon l'erreur commise, la longueur intérieure du fût entre les fonds.

Dans l'exemple que nous avons pris de la construction d'un fût de 110 litres, le diamètre du bouge étant de 0m.52 et le diamètre des fonds de 0 m.42, la longueur intérieure devra être de 0m. 64.

L'ouvrier ayant fait ce contrôle marque à chaque bout du fût l'endroit où doit se trouver le fond et peut ensuite procéder au fonçage.

On peut diviser en deux groupes la série des travaux qui permettent de mener à bien cette opération.

1° Ceux que le tonnelier a à faire subir aux extrémités des douves du tonneau déjà monté, pour permettre la mise en place du fond sans risques de fuites et qui sont : le parage, le chanfreinage, le rognage et le jablage.

2° Ceux qu'il a à exécuter sur le traversin, c'est-à-dire sur le bois destiné à constituer les fonds pour en obtenir des surfaces rondes, parfaites, d'une étanchéité absolue et qui comprennent : le goujonnage, le tracé au compas, le chantournage, la taille, le rabotage et la mise en place du fond.

CHAPITRE PREMIER

Parage

Après le montage, la partie formée par l'extrémité des douves, constituant la portion du tonneau qui va rester visible a extérieurement l'aspect d'une circonférence et intérieurement la forme d'un polygone (fig 209). Le but du parage est de transformer, à l'endroit où vont se placer les fonds, cette forme polygonale des douves en une gorge circulaire.

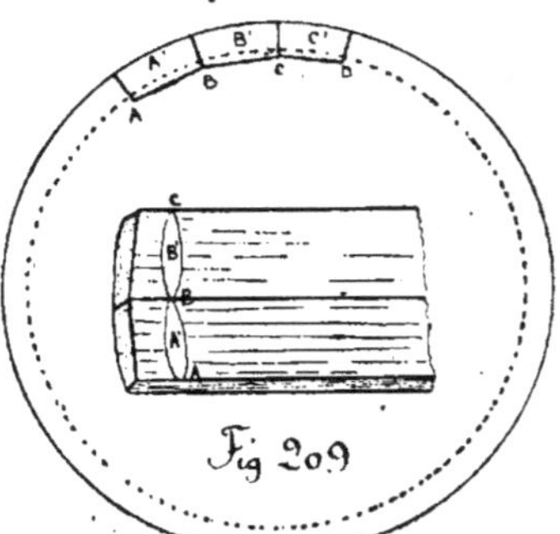

Fig 209

Dans l'exécution de ce travail, l'ouvrier se sert des appareils et outils dont la description suit :

§ I. — *Chevalet de rognage.* — Le chevalet de rognage, qui s'appelle aussi dans d'autres régions selle à rogner, est un appareil qui sert à soutenir les tonneaux pendant les opérations du parage, du chanfreinage, du rognage et du jablage.

Dans certains ateliers, on constitue un chevalet de rognage à l'aide d'une fourche A fixée solidement en terre (fig. 210). Entre ses deux branches B et C on place le tonneau à travailler. A 30 centimètres derrière cette fourche on plante deux montants D et E réunis un peu au-dessous du niveau de la naissance de la fourche par une traverse qui sert à soutenir le bouge du tonneau. Trente centimètres au-delà et au milieu de l'appareil on fixe en terre une pièce de

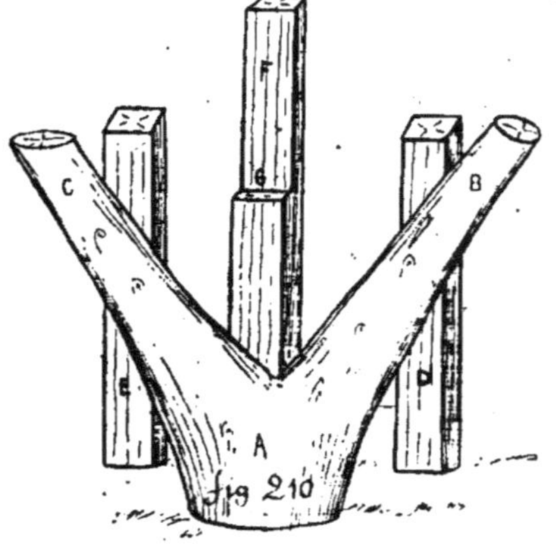

Fig 210

bois verticale F munie d'une encoche G où vient s'appuyer le bout du fût à rogner.

On entoure ce dernier d'une chaîne dont l'une des extrémités est attachée à l'appareil et dont l'autre est fixée à une pédale sur laquelle l'ouvrier appuie son pied pour maintenir le serrage.

Un autre type de selle à rogner, portatif, plus couramment employé se compose (fig. 211) d'une pièce de bois A B de 0 m. 85 de long, de 0 m. 30 de large et de 0 m. 12 d'épaisseur, dont la partie supérieure est échancrée en forme de croissant.

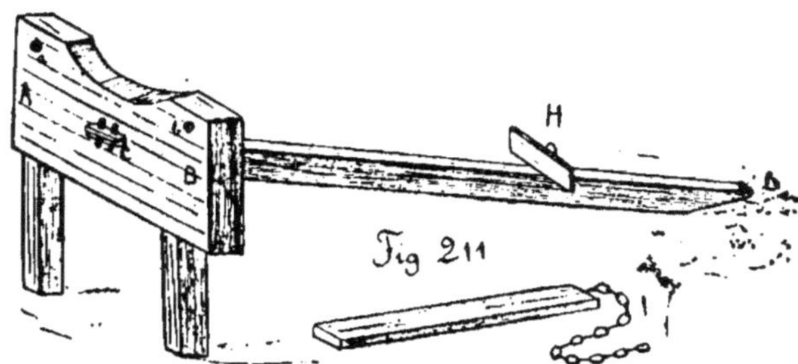

Elle est maintenue dans une position presque verticale par deux pieds mortaisés et chevillés d'une longueur d'environ 0 m. 30 et par une barre C D dont l'extrémité est mortaisée au milieu de A B et dont l'autre D taillée en sifflet porte sur le sol.

Pour travailler le tonneau, l'ouvrier en place le bouge sur la barre C D, l'extrémité des douves, portant d'un côté dans l'échancrure du croissant qui épouse leur forme et de l'autre butant contre une cale H, qui se fixe par un piton dans un trou fait à la barre C D à un endroit quelconque correspondant à la longueur du tonneau.

Une chaîne I, maintenue par une de ses extrémités à l'un des anneaux a et b placés de chaque côté de A B entoure le fût et se termine par une

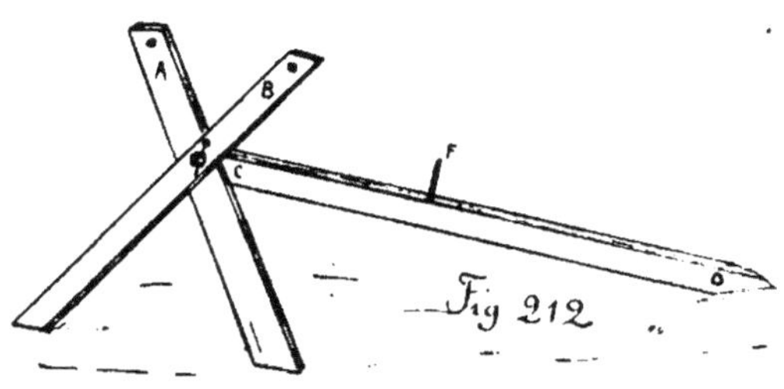

planchette sur laquelle l'ouvrier appuie le pied, pour établir le serrage et immobiliser le fût.

Le tonnelier qui se déplace d'un chantier à un autre et qui ne veut pas transporter son matériel, se contente souvent, comme chevalet de rognage (fig 212) de deux planches A et B, clouées en forme de x et traversées à l'endroit de leur croisement par un chevron C D que l'on maintient en place par une cheville de fer ou de bois. A distance voulue un morceau de bois enfoncé dans un trou sert de butée au fût à rogner.

§ II. — *Paroir ou asse de rognage.* — Pour entamer le bois et former à l'intérieur du tonneau la gorge concave qui va se substituer à la figure polygonale des douves ainsi que pour former, par la suite le chanfrein qui termine leurs extrémités à l'extérieur, le tonnelier se sert d'un paroir ou asse à rogner (fig. 213). C'est un outil absolument spécial à la profession du tonnelier.

Façonné en acier trempé il se compose :

1º D'une tête A en forme de prisme octogonal, traversé par nn œil O où vient se fixer le manche et d'un fer tranchant B, recourbé en dessous, arrrondi et concave, en forme de coquille. Un biseau d'un centimètre de large, incurvé comme le fer lui-même constitue la partie tranchante de l'outil, il s'affûte à la meule ronde et le morfil s'enlève à la pierre à faulx.

La longueur du manche ne doit pas dépasser 0 m. 15. Les dimensions

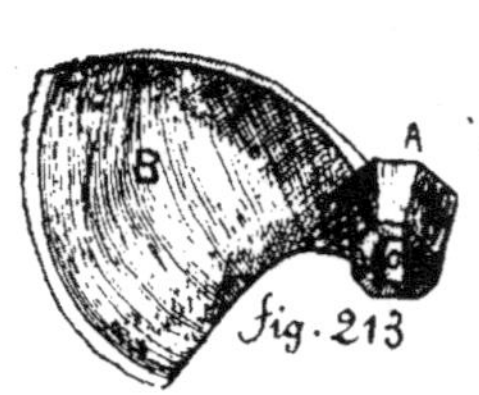

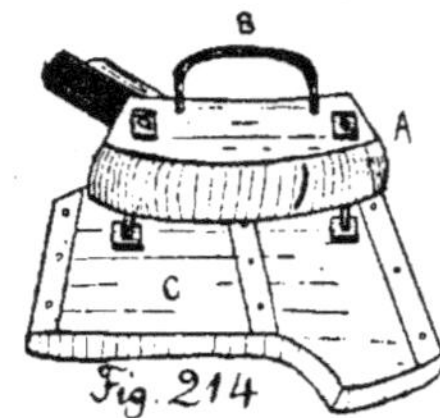

du paroir et son poids varient suivant son usage ; pour faire le parage d'un fût de 40 litres on se sert d'un paroir plus petit que celui qu'on emploie pour parer un demi-muid.

Dans son atelier, le tonnelier doit en posséder au moins quatre de tailles différentes et correspondant aux travaux à effectuer.

§ III. — *Stockolm*. — On peut remplacer l'asse de rognage par un autre outil appelé stockolm (fig. 214). Le stockolm se compose d'un rabot rond et cintré en dessous A, muni d'une poignée B et fixé à une planchette C par deux glissières qui permettent de le rapprocher ou de l'éloigner à volonté de cette dernière. Cette planchette sert de poignée et en même temps de guide, en frottant, pendant l'exécution du parage, contre les extrémités des douves, d'où la nécessité de la garnir d'armatures en fer, noyées dans le bois, pour en atténuer l'usure.

Le tonnelier doit avoir un stockolm par type de futailles à construire, un pour les barriques, un pour les petits fûts, etc.

Pour en exécuter le parage, le tonnelier commence par placer le tonneau sur le chevalet de rognage, puis il l'entoure avec la chaîne, en ayant soin d'attacher l'extrémité de cette dernière du côté du chevalet opposé au côté du tonneau qu'il va travailler.

Il se place en face du tonneau, le corps un peu effacé de façon à n'avoir devant lui que la partie des douves où il doit commencer le parage ; il engage son bras droit à l'intérieur du fût, sa main tenant le paroir par le haut du manche, le pouce étendu sur la tête de l'outil ; il pose son pied droit en arrière et appuie son pied gauche sur la planchette pour faire tendre la chaîne et maintenir le fût absolument immobile ; (quand il aura terminé le parage à un endroit, la main gauche lui servira à le faire tourner pour travailler une autre partie).

À l'intérieur du tonneau à l'endroit où, d'après les mesures prises, il a décidé de placer les fonds, à environ 0 m.12 ou 0 m.15 du bord, il enlève, à l'aide du paroir, un peu de l'épaisseur de chaque douve au milieu de sa largeur (en A'B'C' (fig. 209) de façon à former une gorge concave circulaire qui transforme les côtés ABCD, etc, du polygone en une circonférence intérieure A'B'C', etc.

Pendant ce travail, l'ouvrier prend garde qu'en entamant la douve le tranchant du paroir ne se trouve pas dans un plan AB absolument parallèle aux fibres du bois ; il doit, en portant légèrement le manche de l'outil à l'intérieur vers le bouge et en lui donnant en même temps un mouvement presque imperceptible de rotation, l'obliger à entrer dans le bois un peu en biais, en suivant la ligne CD (fig. 215) pour que les fibres soient coupées et non arrachées.

Le tonnelier doit veiller aussi à ce que la gorge circulaire qu'il creuse et qui servira plus tard à loger la rainure où s'encastre le fond, soit d'une profondeur uniforme tout autour du fût. Si deux douves A et A' sont plus profondément creusées que d'autres douves B et C, la forme de la gorge à cet endroit n'épousera plus le contour circulaire du fond et ce défaut pourra occasionner une fuite en O et O' (fig. 216).

Quand l'ouvrier a terminé le parage de plusieurs douves (fig. 217), il enlève son pied de sur la planchette pour supprimer le serrage de la chaîne et fait tourner le tonneau de gauche à droite pour pouvoir continuer le parage sur une autre portion et ainsi de suite jusqu'à ce que l'opération soit terminée.

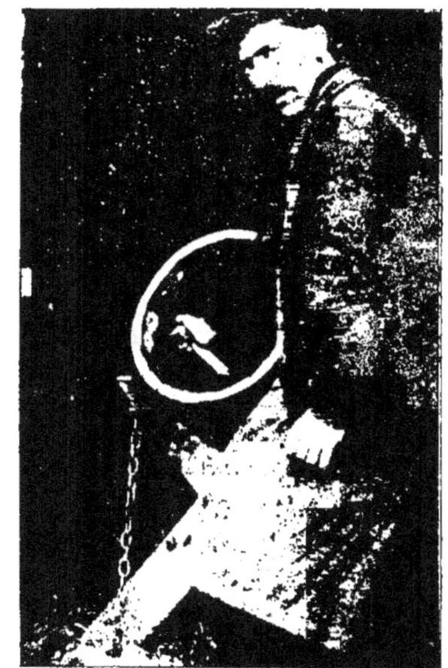

Fig. 217

Ouvrier faisant le parage

Si le travail doit être fait au stockolm, il se fait en sens inverse, la chaîne est attachée de l'autre côté de la selle à rogner et la planche retournée de bout en bout ; l'ouvrier passe son bras gauche à l'intérieur du tonneau pour saisir la poignée de l'outil ; il place son pied gauche légèrement en arrière et son pied droit sur la pédale; la main droite saisit le stockolm par la base de la planchette qui frotte le long des extrémités des douves. En attirant l'outil à lui à l'aide des deux mains, l'ouvrier oblige le fer du rabot à entamer les douves à l'endroit où il y a trop de bois, c'est-à-dire au milieu de leur largeur et l'opération continue comme avec le paroir.

Le stockolm fournit un travail plus soigné que le paroir, mais pour que le travail qu'il exécute soit parfait, il faut ne l'exécuter qu'après le chanfreinage et le rognage, car après ces deux opérations les douves ont toutes exactement la même longueur et la planchette qui guide le stockolm fait le tour du tonneau sans rencontrer d'inégalités et de ce fait n'en transmet pas à l'outil.

CHAPITRE II

Chanfreinage

Le chanfreinage est l'opération qui consiste à former à l'intérieur de la circonférence formée par les extrémités des douves le biseau ou chanfrein appelé « pas d'asse » que l'on peut remarquer sur chaque tonneau terminé. Sans avoir une utilité absolue, cette opération ne peut pas être considérée comme secondaire. Non seulement elle donne au tonneau un aspect de « fini » irréprochable mais encore elle facilite le rognage de l'extrémité des douves. S'il s'agit d'enlever au rabot les parties superflues existant au bout de la douve représentée par la figure 218, par exemple, l'outil aura un travail plus facile à exécuter en agissant seulement sur la surface AB, A'B' qu'en corroyant toute l'épaisseur du bois, si la partie BDC, B'D'C' de la douve n'était pas enlevée au chanfreinage.

De plus, les douves taillées en biseau sont moins sujettes à se soulever par éclats et si le fût posé sur un de ses fonds est abandonné dehors à la pluie et aux intempéries, l'eau ne pénétrera pas dans le bois en suivant les fibres, mais s'écoulera sur le biseau.

Pour former le pas d'asse, l'ouvrier laisse le tonneau dans la selle à rogner tel qu'il l'y a placé pour en faire le parage.

Il appuie son pied gauche sur la planchette pour obliger la chaîne en la serrant à l'y tenir immobile ; puis, avec le paroir, il enlève tout autour du fût une partie des extrémités des douves (fig. 219).

Ce travail étant plus pénible à exécuter que le parage, l'ouvrier tient le paroir à deux mains, la main gauche en étreignant fortement le manche à son extrémité et la main droite en tenant la tête avec le pouce recourbé sur cette dernière.

Placé presque en face du tonneau, il taille le bois en biais en tenant le tranchant de l'outil parallèlement à la ligne A B suivant la flèche C D(fig. 220) et en tirant à soi le paroir et en lui imprimant un léger mouvement de rotation.

Selon l'inclinaison qu'il veut donner au pas-d'asse, il penche plus ou moins l'extrémité du manche.

Pour corriger les défauts qui peuvent exister sur le biseau après cette opération, le tonnelier rectifie le pas-d'asse en y passant un rabot, cintré en dessous, possédant une courbe convenable appropriée aux dimensions du fût.

Rabots. — Le rabot est un outil qui sert à unir le bois. C'est une varlope de petite dimension dont la longueur varie de 0 m.12 à 0 m.25 (fig. 221).

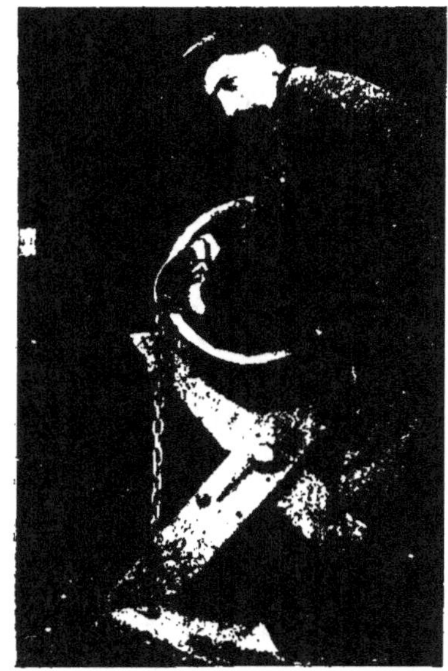

Fig. 219

Tonnelier façonnant le « passe d'asse »

Il se compose comme la varlope d'un fût A'B en bois dur — en cormier de préférence — percé d'une lumière CD dans laquelle est logé un fer F maintenu par un coin G. Tout ce qui a été dit précédemment de la varlope peut s'appliquer au rabot (caractéristiques de la lumière et du fer, mise en fût de ce dernier, etc.).

Le tonnelier emploie différentes sortes de rabot :

1o Le rabot plat (fig. 221) dont la surface de travail est plate. Il sert uniquement à corroyer les surfaces planes. Le tonnelier l'emploie à unir les fonds, à aplanir le bois et à rogner les extrémités des douves.

2o Le rabot cintré en dessous (fig. 222) dont la surface de travail est convexe et qui sert à travailler des surfaces courbes que l'on veut rendre concaves. Le tonnelier l'emploie pour rectifier le parage et le chanfreinage.

3o Le rabot cintré en dessous (fig. 223) dont la surface est concave et qui sert à travailler des surfaces courbes que l'on veut rendre convexes.

Le tonnelier s'en sert pour unir les parties latérales du tonneau quand il ne peut se servir du grattoir.

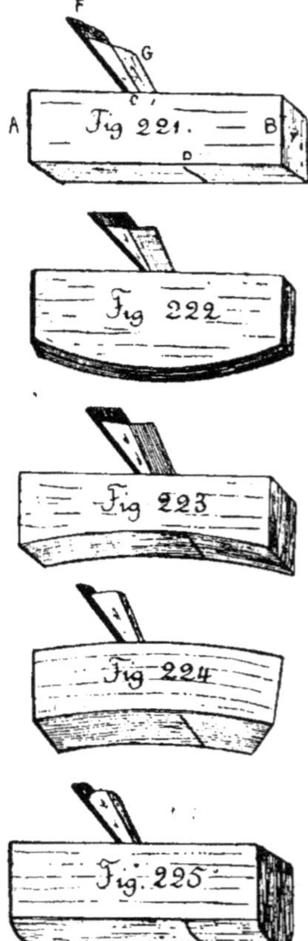

4° Le rabot cintré sur le côté (fig. 224) dont la surface de travail est plate, mais dont le fût est cintré sur le côté. Il sert au tonnelier pour rectifier le biseau du fond après l'avoir taillé à la plane.

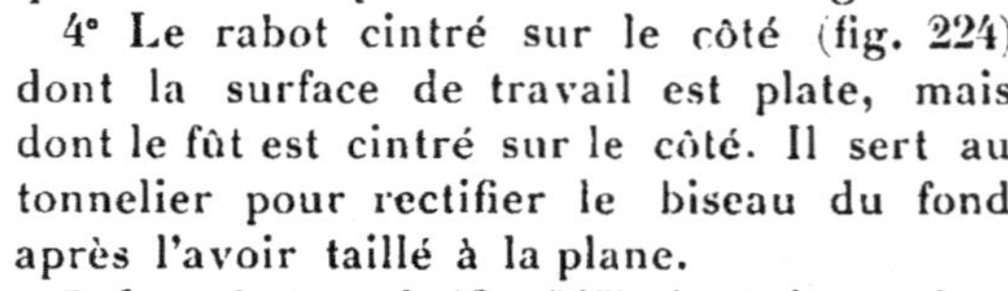

5° Le rabot rond (fig. 225) dont la surface de travail est convexe dans le sens de la largeur et le tranchant du fer arrondi.

Il sert au tonnelier à creuser les douves, à leur donner, dans le sens de leur longueur une forme concave, il l'emploie dans la construction du vaisseau dont l'intérieur reste visible, seaux, cuves, barattes, etc.).

Chaque rabot, cintré ou rond, ne pouvant exécuter que la courbure qui correspond au degré de concavité ou de convexité de sa surface de travail, le tonnelier doit en posséder un assortiment, selon les travaux à exécuter.

Il existe une foule d'autres rabots que le tonnelier peut emprunter à l'atelier du menuisier, s'il en a besoin pour une construction particulière ; tel est par exemple le cas du rabot à moulures ou du rabot mouchette pour faire les bordures d'un couvercle de baratte. Comme ils ne sont pas d'un usage courant en tonnellerie, je n'ai pas en donner la description.

CHAPITRE III

Rognage

L'opération du rognage consiste à promener circulairement le rabot plat sur l'extrémité des douves où vient d'être fait le « pas-d'asse » pour enlever les aspérités qui pourraient y subsister et obtenir une circonférence bien régulière sur laquelle il n'existe aucun ressaut.

Supposons, au contraire qu'il y ait sur le pourtour du passe d'asse C E D (fig. 227) une excroissance en E.

Fig. 226

Tonnelier exécutant le rognage

Dans l'opération du jablage, le guide de l'outil qui suivra le pas d'asse fera décrire au fer une ligne parallèle à celle qu'il suit. L'irrégularité qui existe en E se répétera en F sur la rainure A F B et la mise en place du fond sera défectueuse. C'est un défaut qu'il faut éviter en faisant attentivement le rognage.

Pour exécuter ce travail (fig. 226), l'ouvrier se place à côté du tonneau, non plus en face mais le long de la selle à rogner, pour pouvoir bornoyer l'extrémité des douves.

Il promène circulairement le rabot plat qu'il tient de la main droite (ou le rabot cintré sur le côté) sur les parties à rectifier ; s'il y a trop de bois à enlever et qu'une seule main ne suffise pas pour pousser l'outil, il s'aide de la main gauche.

CHAPITRE IV

Jablage

Il ne reste plus au tonnelier, pour que le tonneau monté soit prêt à recevoir les fonds, qu'à pratiquer à chaque extrémité des douves, à l'endroit où vient d'être exécuté le parage, les rainures ou jables qui doivent les maintenir.

Cette opération qui s'appelle le jablage est faite à l'aide du jabloir.

§ I. — *Jabloir.* — Le jabloir qu'on nomme aussi ruelle ou verdondaine sert uniquement au tonnelier à faire le jable du tonneau.

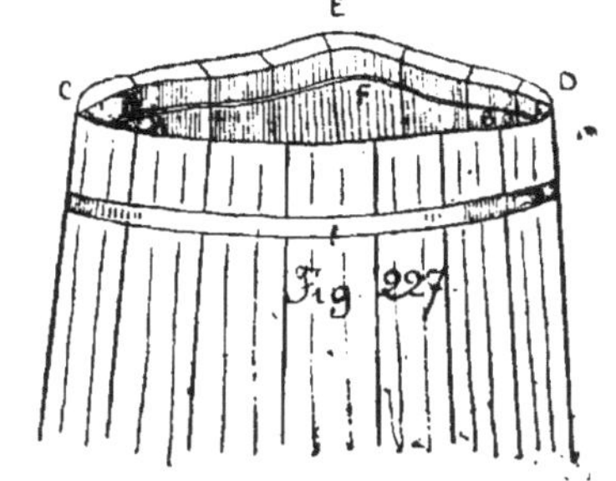

Il revêt différentes formes selon les dimensions des rainures qu'il a à creuser et selon les localités où on l'emploie.

Le jabloir le plus usité (fig. 228) se compose d'une pièce de bois A en forme de cintre, ayant en longueur de 0 m.25 à 0 m.30, en largeur de 0 m.15 à 0 m.18 et en épaisseur de 0 m.035 à 0 m.040 qui sert de guide à l'outil en frottant le long des extrémités des douves.

Sa base est échancrée et présente dans toute sa longueur un évidement C terminé par un bourrelet B qui forme poignée et sert au maniement de l'outil.

Aux trois-quarts de sa hauteur, elle est percée d'une mortaise

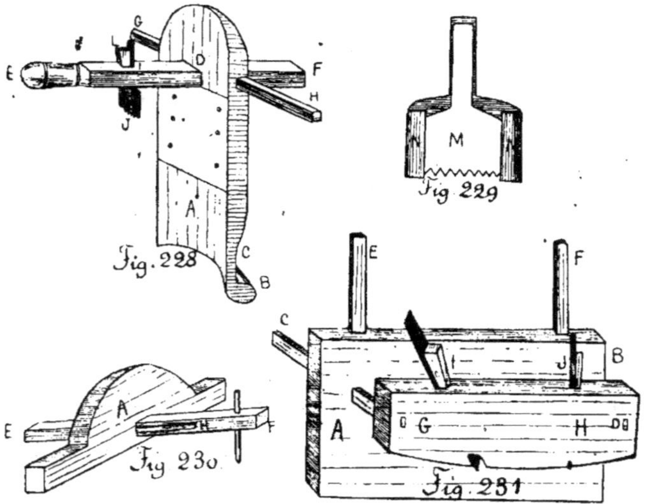

carrée D dans laquelle coulisse, à frottement dur, une pièce de bois en forme de parallélipipède rectangle EF que l'on fixe à écartement convenable en enfonçant le coin GII.

Cette pièce EF terminée en E par une poignée ronde, est percée en I d'une ouverture où vient se loger le fer J, maintenu en place par le coin L.

Le fer J (fig. 229) se compose d'une palette en acier M dont la base est armée de dents comme une scie. Il est doublé d'une autre pièce d'acier de même forme dont les rebords N et N' se referment sur lui et entre lesquels il coulisse à frottement dur. Ce genre de montage permet de régler la profondeur à laquelle les dents doivent creuser la rainure.

Il y a des fers de différentes dimensions, assortis à la largeur de la rainure à pratiquer.

Dans la verdondaine (fig. 230) le principe de construction est le même, mais la pièce A a la forme d'un chapeau de gendarme et la pièce

EF est maintenue par un coin GH placé non plus transversalement, mais dans le même sens qu'elle.

Pour faire la rainure qui doit maintenir les fonds des gros vaisseaux, tels que les cuves ou les foudres on se sert du bouvet-jabloir (fig. 231). Cet appareil, presque semblable au bouvet du menuisier se compose:

1° D'une pièce de bois A B servant de guide et percée de deux mortaises dans lesquelles coulissent deux tringles C D qui fixées par les coins EF, maintiennent le bouvet à écartement convenable.

2° Du bouvet proprement dit G H dont la base est arrondie et qui est muni de deux fers ; l'un vertical J entame le bois et l'autre I termine la rainure.

Pour procéder au jablage, le tonneau se trouvant toujours dans la selle à rogner, l'ouvrier commence par placer la chaîne de maintien et la pédale dans la position voulue, c'est-à-dire comme il a été indiqué à propos du parage fait au stockolm.

Il règle ensuite le jabloir.

D'après les dimensions qu'il veut donner à la rainure qui va constituer le jable, il fait dépasser les dents du fer au delà du rebord de son logement, de la quantité strictement nécessaire, pour ne pas entamer le bois, au delà de la profondeur déterminée.

Cette profondeur, suivant le diamètre du fond et l'épaisseur des douves peut être de 0 m 005 m/m à 0 m .015 m. m.

Fig. 232

Confection du jable

Pour que le tonneau conserve à ses extrémités une solidité convenable, la profondeur du jable doit être au maximum du tiers de l'épaisseur des douves.

Connaissant, d'après le calcul fait antérieurement ou d'après les mesures prises l'endroit exact du tonneau, où doit se trouver le jable, il fait glisser la pièce EF du jabloir (fig. 228) au travers de la mortaise D dans le sens voulu, jusqu'à ce que l'intervalle entre la pièce A et le fer J coïncide avec la distance qui doit exister entre la rainure et les extrémités des douves ; puis il maintient cette pièce immobile en frappant un léger coup de marteau sur le coin H G.

Pour faire le jable (fig. 232), l'ouvrier prend la même position que pour faire le parage au stockolm ; il se place en biais devant la selle à rogner de façon à avoir l'ouverture du tonneau à sa gauche et ne voir devant lui que la portion du fût qu'il va travailler, il pose son pied droit sur la pédale pour obtenir le serrage de la chaîne et son pied gauche légèrement en arrière pour se maintenir dans un aplomb convenable. Il saisit de la main droite le bourrelet B de la pièce A du jabloir, le pouce allongé dans l'évidement C, il passe son bras gauche à l'intérieur du tonneau et de sa main gauche étreint la poignée E.

En faisant frotter la pièce A du jabloir le long de l'extrémité des douves, il attire avec ses deux mains l'outil à lui, le fer du jabloir entame d'abord légèrement le bois, puis l'outil étant ramené à sa position primitive et le geste renouvelé plusieurs fois, il finit par faire une rainure sur une certaine étendue. L'ouvrier tourne alors le fût dans la selle à rogner pour exécuter un peu plus loin la même opération et ainsi de suite, jusqu'à ce que la rainure fasse tout le tour du tonneau.

Si le rognage a été bien fait, le jablage est facile à exécuter ; la seule précaution à prendre est de bien surveiller chaque partie à travailler avant de terminer la rainure.

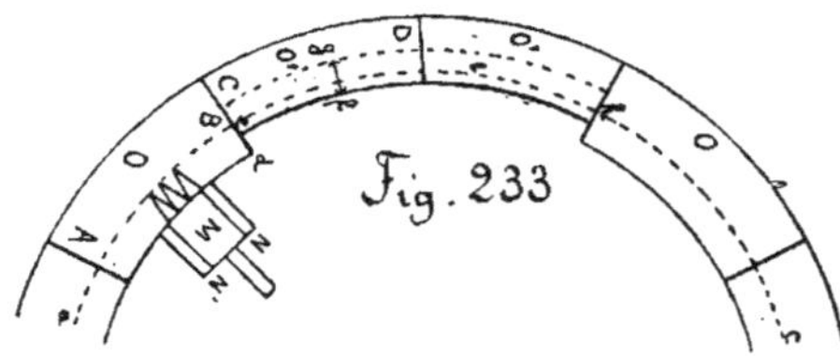

Certaines douves, en effet, à la suite d'un défaut de bois ou d'une malfaçon dans l'exécution du parage, peuvent être d'une épaisseur moindre que leurs voisines. Pour que le jable ait sur tout le pourtour du tonneau une profondeur uniforme, il faut, sans se fier au réglage du fer, les entamer moins profondément.

Supposons que dans l'exécution de la rainure a, b, c (fig. 233) deux douves A B et C D ne se trouvent pas au niveau de leurs voisins, les dents du fer M qui sont réglées de manière à pénétrer dans le bois jusqu'à ce que les rebords N, N' de la palette les retienne, creuseront, dans la douve A B, une rainure qui aura une profondeur d, e. Si l'ouvrier n'y prend garde elles creuseront dans C D et dans l'autre douve en retrait une rainure de même profondeur f, g, qui produira un grave défaut ; maintenu en o, o, le biseau du fond en o', o' n'arrivera pas au fond de la rainure, d'où manque d'étanchéité.

Il faut, en exécutant un parage parfait éviter cet écueil, mais, si pour une cause ou pour une autre, on est appelé à corriger ce défaut, il suffit, en faisant la rainure d'entamer le bois moins profondément aux endroits faibles, en suivant la ligne e, h, par exemple.

Le biseau du fond, à cet endroit, sera un peu moins recouvert par les parois de la rainure du jable, mais le vaisseau gardera son étanchéité. Extérieurement, il n'y paraîtra pas et pour peu que l'on puisse placer ces douves faibles en haut du tonneau, en choisissant C D comme pièce de bonde, la correction ainsi faite ne nuira en rien à la solidité du tonneau.

CHAPITRE V

Assemblage des pièces de fond

Lorsque le tonneau monté est prêt à recevoir les fonds, le tonnelier les confectionne avec les pièces de traversin qu'il a préparées à cet effet (TROISIÈME PARTIE, SECTION I, CHAPITRE III) et qu'il a empilées dans son grenier ou dans un coin de son atelier.

Le fond d'un tonneau peut se composer d'un nombre indéterminé de fonçailles ; cette quantité varie suivant la largeur de chacune d'elles et suivant le diamètre à donner au fond.

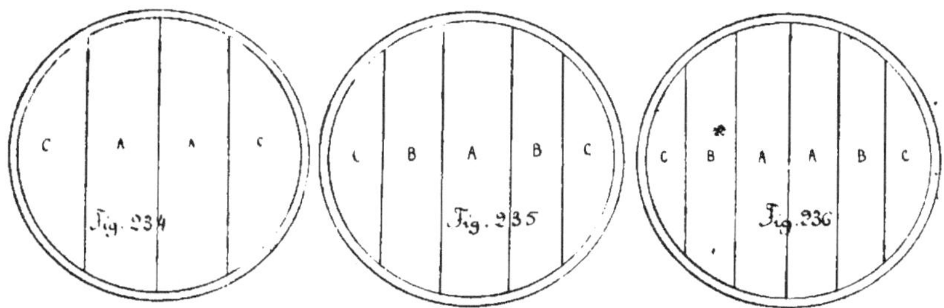

Si le traversin est de bonne largeur, quatre pièces peuvent suffire (fig. 234). Selon la place qu'elles occupent dans le montage du fond elles portent des noms différents.

Les pièces A A s'appellent maîtresses pièces, les pièces C C s'appellent chanteaux.

Si le traversin est de moyenne largeur, cinq fonçailles sont nécessaires (fig. 235). A s'appelle la maîtresse-pièce, B B s'appellent les aisselières, C C s'appellent les chanteaux.

Si le traversin est de petite largeur, six pièces sont employées (fig. 236). A A sont les maîtresses-pièces, B B sont les aisselières, C C sont les chanteaux.

Placées à côtés les unes des autres, sur un établi ou sur tout autre surface plane, ces fonçailles se touchant doivent former un carré dont le côté est au moins égal au diamètre du fond.

Pour pouvoir tracer au compas le trait que devra suivre la scie pour transformer ce carré en un cercle de dimensions correspondant à la grandeur du logement du fond aux extrémités du tonneau monté, l'ouvrier est obligé d'assembler ces pièces pour les maintenir immobiles.

Il a, pour ce faire, recours à trois procédés :

1° Il retient les fonçailles assemblées à l'aide d'un serre-joint ;

2° Il se sert d'une machine à tailler les fonds ;

3° Il goujonne entre elles les pièces de fond à l'aide de goujons en bois ou de clous métalliques à deux pointes.

C'est ce troisième procédé qui est le plus couramment employé, non pas qu'il soit le plus expéditif mais parce que c'est celui avec lequel on obtient le plus de solidité dans la construction d'un fond.

§ I. — *Serre-joint. Assemblage des pièces de fond avec l'aide d'un serre-joint.* — On appelle serre-joint, sergent ou davier, un appareil qui sert à réunir et à maintenir assemblées à plat les unes contre les autres plusieurs pièces de bois sur lesquelles on veut faire un tracé.

Cet outil est emprunté par le tonnelier à l'outillage du menuisier à qui il sert pour réunir les planches qu'il veut coller sur tranche et pour les serrer pendant que la colle sèche.

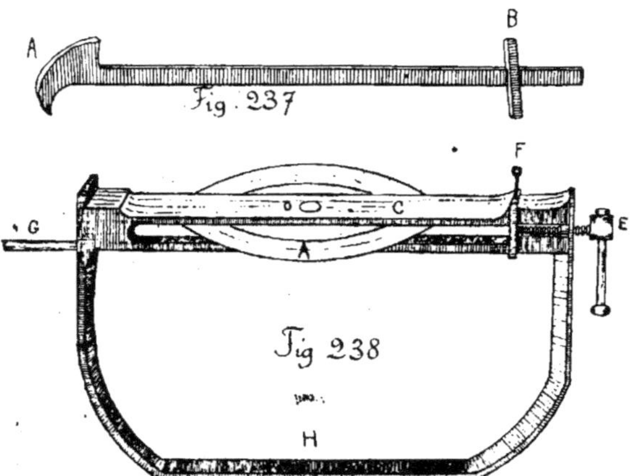

Le serre-joint (fig. 237) se compose d'une tige de fer carrée, d'une longueur variant entre 0 m. 60 et 2 m 50, terminée à une de ses extrémités par une courbe formant crochet A ; une pièce mobile B coulisse librement le long de cette tige à l'aide d'une mortaise taillée de façon à se coincer au moment où on l'oblige à faire pression sur le bois.

Pour employer cet instrument, le tonnelier place les fonçailles à plat les unes contre les autres entre le crochet A et la pièce mobile B. Un léger coup de marteau appliqué sur cette dernière l'oblige à faire serrage sur le bois et à le maintenir pendant que l'ouvrier fait le tracé du fond et le chantourne comme il est indiqué aux chapitres qui suivent.

§ II. — *Machine à tailler les fonds.* — Cette machine permet, non seulement au tonnelier de faire le tracé du fond, mais encore de le chantourner, de le tailler et de le placer sans en détruire l'assemblage (fig. 238).

Pour l'utiliser, on place sur le plateau circulaire A les fonçailles nécessaires à la construction du fond en ouvrant la lame C ; on les maintient, en serrant la vis E ; on rabat la lame C que l'on fixe au moyen de la clavette F. Cette lame est percée en O d'une ouverture où l'on place une des pointes du compas. Le tonnelier n'a plus qu'à faire le tracé du fond. Il pourra ensuite, sans bouger les fonçailles, le chantourner et le tailler circulairement sur une face ; puis en faisant tourner la machine autour de l'axe G le tailler circulairement sur l'autre face. Plus tard en se servant du bâti H comme poignée, en ouvrant la lame C et en enlevant l'axe G il pourra mettre le fond en place.

§ III. — *Assemblage des pièces de fond à l'aide de goujons.* — Ce troisième procédé consiste à maintenir les fonçailles accolées sur tranche les unes à côté des autres à l'aide de goujons métalliques ou de goujons de bois.

Les goujons de bois (fig. 239) sont fabriqués par le tonnelier à l'aide d'un appareil spécial appelé goujonnoir (fig. 240).

Le goujonnoir semblable à un emporte-pièce de cordonnier renversé se compose d'une douille A en acier rétréci à son sommet dont le rebord circulaire B est finement aiguisé.

Cette douille est brasée sur une plaque carrée C, percée de deux trous E E', permettant le passage de vis qui servent à fixer le goujonnoir sur un coin de l'établi, vis-à-vis d'une ouverture.

Le tonnelier doit posséder plusieurs goujonnoirs pour pouvoir fabriquer des goujons de différents diamètres, selon l'épaisseur des pièces de traversin à assembler.

Pour fabriquer les goujons, l'ouvrier taille grossièrement à la plane et légèrement en pointe des morceaux de bois de fil, il en introduit l'extrémité la plus fine entre les rebords B du goujonnoir et en frappant sur l'autre extrémité à coups de marteau il fait pénétrer de force le bois dans la douille de l'appareil un deuxième morceau de bois chasse le premier et ainsi de suite. Les goujons confectionnés tombent au fur et à mesure sous l'établi.

Pour assembler les fonçailles à l'aide de goujons de bois, l'ouvrier s'y prend de la façon suivante :

Dès qu'il a confectionné le nombre de goujons nécessaires, il choisit une mèche du même diamètre qu'eux de façon à ce qu'ils remplissent sans forcer le trou que fera cette dernière.

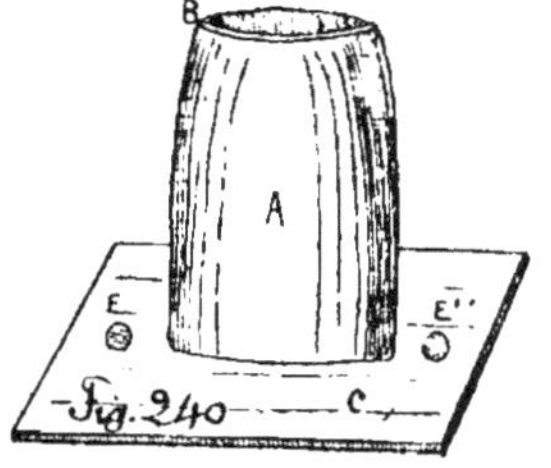

Il perce à l'aide ce cette mèche sur le champ d'un des chanteaux C (fig. 241) et à environ 12 centimètres du bord, un trou A d'une profondeur égale à la moitié de la longueur du goujon A'. Il opère de même de l'autre côté du chanteau en B et enfonce à l'aide du marteau les goujons A' et B'. (Le diamètre de ces goujons ne doit pas être supérieur à la moitié de l'épaisseur du bois, car ils feraient fendre le traversin). Posant ensuite à plat le traversin sur l'établi ou sur une surface plane quelconque, il juxtapose au chanteau C l'aisselière D qui doit devenir sa voisine dans le montage du fond ; en frappant cette pièce D contre les extrémités des goujons A' et B', il obtient deux empreintes sur sa tranche, suffisantes pour lui indiquer les deux endroits correspondant à l'emplacement où devront se loger les goujons. Avec la même mèche et de la même profondeur que précédemment, il creuse les logements A" et B" dans lesquels il fait pénétrer de force les goujons A' et B' jusqu'à ce que les deux fonçailles se touchent sans laisser filtrer de lumière entre elles et donnent un assemblage parfait.

Il opère de la même façon pour les autres fonçailles, jusqu'à ce que toutes les pièces devant constituer le fond soient goujonnées. L'ouvrier doit, dans cette opération, s'attacher à percer le logement des goujons suivant une ligne absolument parallèle à la face dressée du traversin ; sans cette précaution, il obtiendrait un montage défectueux (fig. 242) et probablement une rupture des goujons au moment de la mise en place du fond.

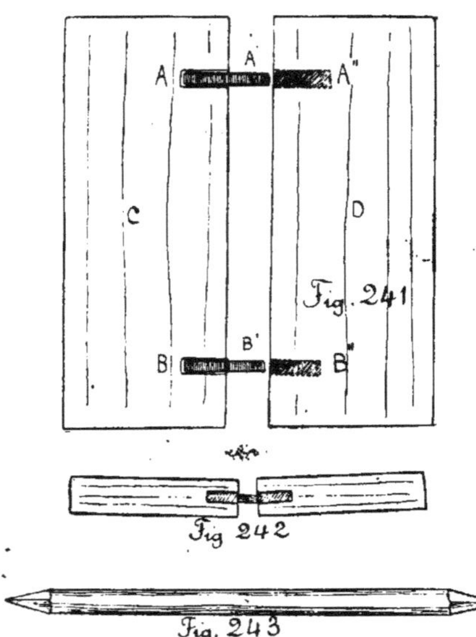

Les goujons métalliques sont des clous à deux pointes (fig. 243) dont le diamètre et la longueur varient selon les dimensions des pièces à assembler.

On trouve dans le commerce des goujons de toutes grandeurs, mais les dimensions les plus couramment employées sont comprises entre les deux catégories suivantes :

1° Plus petite taille : longueur 25 m/m ; diamètre $\frac{11}{10}$ m/m.

2° Plus grande taille : longueur 100 m/m ; diamètre $\frac{23}{10}$ m/m.

L'assemblage des fonçailles à l'aide de goujons métalliques est plus expéditif que l'assemblage à l'aide de goujons de bois parce que l'ouvrier n'a pas à fabriquer les goujons, ni à percer de trous, ni à prendre l'empreinte pour creuser des logements correspondant aux goujons dans la pièce voisine.

Après avoir choisi les pointes qu'il est convenable d'employer, assorties à l'épaisseur du bois devant constituer le fond, le tonnelier place de champ sur son établi ou mieux entre les chevilles de son chapuis, le chanteau C (fig. 244 et 245) il place un goujon à environ 0 m. 12 centimètres du bord en D (fig. 245) en l'enfonçant de la moitié de sa

longueur à l'aide du marteau, il en place un autre en E à même distance du bord opposé puis un troisième en F à égale distance des deux autres. Il pose sur ces trois pointes la pièce de traversin B qui doit constituer l'aisselière voisine du premier chanteau, en ayant soin de bien faire coïncider les deux parties dressées, qui sont appelées à constituer la face externe du fond, de façon à ce que H I soit bien dans le prolongement de L M, puis en la frappant avec un maillet de bois, il l'oblige à se joindre parfaitement à l'autre fonçaille.

Il agit de même pour les autres pièces devant former le fond.

Pour obtenir des joints d'une étanchéité absolue, le tonnelier peut intercaler entre chacun d'eux un morceau de jonc appelé « jonc des tonneliers », tige spongieuse

Fig. 244

Assemblage des fonçailles
à l'aide de goujons métalliques

d'une plante herbacée qui pousse au bord des étangs.

Dans ce travail d'assemblage, l'ouvrier doit veiller à ce que les gou-

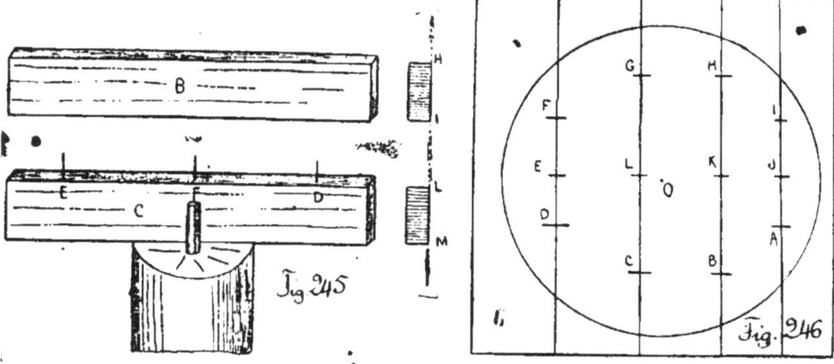

jons, en bois ou en fer soient placés assez loin du bord pour que la lame de la scie, dans l'opération du chantournage qui va suivre, ne les rencontre pas.

Pour agir plus sûrement avant de placer les goujons, l'ouvrier, connaissant le diamètre du fond, ouvre son compas d'une longueur approximativement égale au rayon correspondant à sa circonférence et en place une des branches à l'endroit qu'il choisit comme centre en O. Il imprime à l'instrument un mouvement circulaire comme s'il voulait faire le tracé de la circonférence limitant le fond avant l'assemblage et marque avec un morceau de craie à 0 m. 12 centimètres de la pointe du compas et en dedans du cercle, successivement en A, B, C, D, E, F, G, H, I, J, K, L (fig. 246) un petit trait à cheval sur deux fonçailles indiquant l'emplacement de chaque goujon.

CHAPITRE VI

Chantournage du fond

L'opération du chantournage du fond consiste à transformer le carré obtenu par l'assemblage des pièces de traversin en un cercle de grandeur équivalente aux dimensions du logement du fond préparé aux extrémités du tonneau.

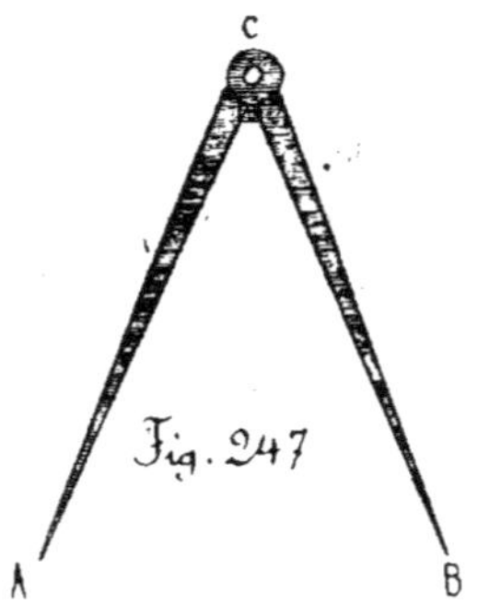

Préalablement à ce travail, l'ouvrier doit se préoccuper de deux choses :

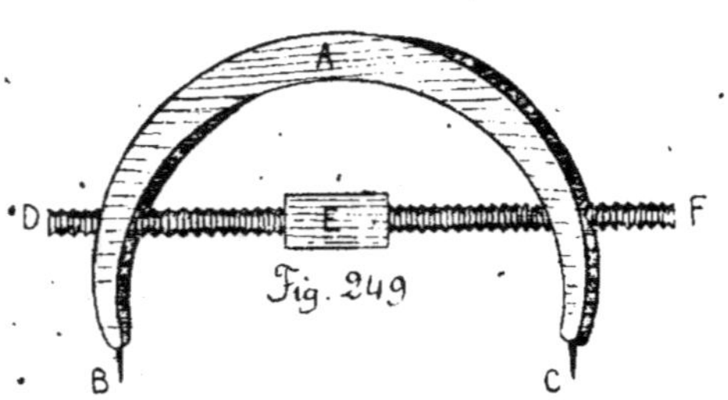

1° Rechercher la longueur du rayon correspondant à la circonférence de ce cercle ;

2° Tracer d'après ce rayon la circonférence le limitant.

Pour faire cette recherche et accomplir ce tracé, l'ouvrier emploie le compas.

Fig. 247

Fig. 248

Fig. 249

§ I. — *Compas*. — Le compas dont se sert le tonnelier diffère peu en principe du compas du dessinateur dont la description a été donnée précédemment.

Il se compose (fig. 247) de deux tiges métalliques d'égale longueur A et B finement appointées, réunies en C par une charnière qui permet de les écarter ou de les rapprocher à volonté, selon la grandeur du rayon des circonférences à tracer.

Dans son outillage, le tonnelier doit posséder diverses sortes de compas :

1° Le compas droit à quart de cercle (fig. 248) qui se compose de deux branches d'acier A et B finement appointées dont la longueur varie de 0 m. 22 à 0 m. 40 . Ces branches qui pivotent autour de la charnière C sont maintenues immobiles à l'écartement choisi par une vis O, coulis-

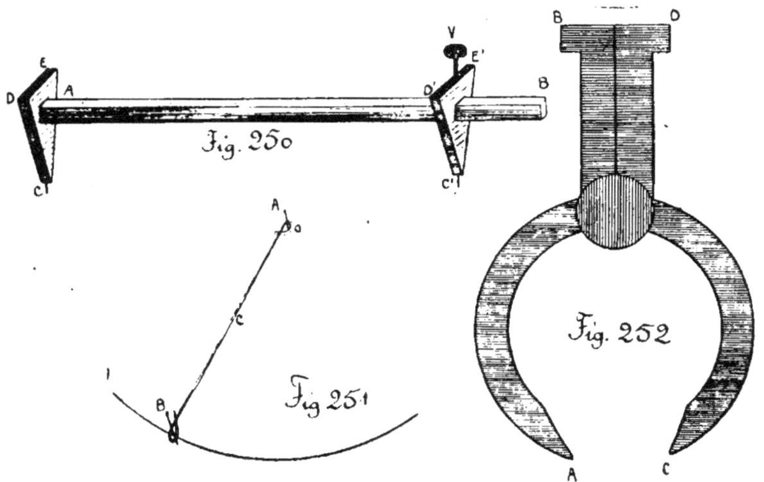

sant entre les bords d'une pièce métallique DE en forme d'arc de cercle ;

2° Le compas du tonnelier (fig. 249) qui se compose d'une pièce de bois flexible A recourbée en arc de cercle dont les deux extrémités B et C sont munies de pointes métalliques. Une vis DEF filetée à gauche à l'une de ses extrémités et à droite à l'autre, règle l'écartement des branches et permet selon le sens de rotation qu'on lui imprime de les rapprocher ou de les éloigner l'une de l'autre ;

3° Le compas à verge ou grand trusquin (fig. 250) qui est constitué d'une pièce de bois AB en forme de parallélipipède rectangle ayant 0 m. 030 de largeur et d'épaisseur et une longueur de 2 à 4 mètres. Son extrémité A est maintenue à l'aide d'une mortaise et de deux chevilles dans un triangle de bois CDE de 0 m. 15 de hauteur, dont le sommet C est muni d'une pointe perpendiculaire à AB. Un autre triangle C'D'E semblable au premier et de mêmes dimensions, coulisse librement le long de AB dans une mortaise carrée. Son immobilité s'obtient par le serrage d'une vis V au moment où l'écartement convenable entre C et C' est obtenu.

Ce compas sert à tracer les circonférences de grandes dimensions limitant les fonds des cuves et des foudres.

Si le tonnelier n'a pas à faire du grand trusquin un usage courant, il peut s'en passer et employer pour tracer des circonférences à grand rayon le procédé suivant :

Il prend une corde C (fig. 251) et fait une boucle à chacune de ses extrémités, de façon à ce qu'une fois tendue, elle ait exactement la longueur du rayon choisi.

Il plante au centre O du cercle à tracer une pointe A qu'il passe dans une des boucles de la corde, puis il introduit dans la boucle opposée une pointe B avec laquelle il exécute le tracé projeté en ayant soin de tenir la corde bien tendue ;

4° Le compas à calibrer (fig. 252) qui sert au tonnelier à vérifier — intérieurement ou extérieurement — l'écartement de deux surfaces ; (par exemple à mesurer l'épaisseur d'une fonçaille ou à connaître l'intervalle à garnir entre deux longailles qui doivent se joindre).

Il se compose de deux branche A B et B C qui pivotent en se croisant autour d'une charnière O.

D'un côté en B et en D elles sont droites, avec les extrémités tournées en dehors ; c'est le côté qui sert à prendre les dimensions intérieures. De l'autre elles sont courbes en forme de croissant, et servent à mesurer extérieurement les épaisseurs.

Pour que cet instrument soit juste il faut que l'intervalle A C soit égal à la longueur BD.

§ II. — *Recherche de la longueur du rayon correspondant à la circonférence du fond.* — Il a été dit précédemment (DEUXIÈME PARTIE, SECTION II, CHAPITRE VI, § II) que la longueur d'une circonférence ayant un mètre de diamètre est de 3 m. 1416, le rayon qui est la moitié du diamètre peut donc être considéré comme contenu approximativement 6 fois dans la longueur de la circonférence.

Le fond que le tonnelier s'apprête à chantourner, doit, pour que l'étanchéité du vaisseau soit

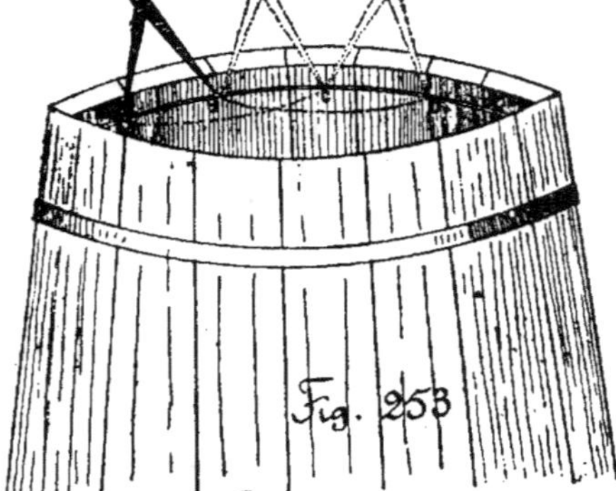

parfaite s'appliquer en tous ses points au fond de la rainure formée par le jable préparé aux extrémités du tonneau.

Il sera donc limité par une circonférence d'une longueur égale à la longueur de la ligne circulaire constituant le fond de la rainure du jable et son rayon sera représenté par le sixième de cette même longueur.

Pour déterminer ce sixième, l'ouvrier ouvre son compas de façon à obtenir entre les pointes un écartement se rapprochant approximativement de la longueur du rayon cherché. Il place une des pointes de l'outil sur un point quelconque A du jable qu'il marque d'un repère en appuyant sur la branche; il pose l'autre pointe en B (fig. 253) à un autre endroit de la rainure. Faisant pivoter le compas autour de la branche fixée en B, il porte au point C la pointe qui était en A, puis en exécutant le même mouvement autour de C comme pivot, il obtient une nouvelle division C D qui est égale à A B et à B C et ainsi de suite, jusqu'à ce qu'il ait obtenu six déplacements successifs de son compas.

Si l'écartement entre les pointes correspond exactement à la sixième partie de la longueur circulaire du jable et par conséquent au rayon cherché, la pointe du compas au sixième déplacement vient porter au point A.

Fig. 254

Recherche du rayon de la circonférence
limitant le fond

Si l'écartement choisi arbitrairement est plus grand que le rayon cherché, la pointe du compas, au sixième déplacement vient porter en un point quelconque du jable entre A et B.

Si, au contraire, l'écartement choisi est plus petit que le rayon cherché, la pointe du compas au sixième déplacement vient porter en un point quelconque entre E et A.

Dans l'un ou l'autre de ces derniers cas, l'ouvrier rectifie la position des branches du compas et mesure à nouveau jusqu'à ce qu'il ait obtenu un écartement entre les pointes qui soit contenu exactement six fois dans la longueur circulaire du jable (fig. 254).

Cette grandeur représente le rayon cherché. L'ouvrier en serrant la vis de butée du quart de cercle du compas, rend cette grandeur immuable et n'a plus qu'à tracer la circonférence qui limite le fond.

§ III. — *Tracé de la circonférence limitant le fond.* — Le tonnelier pose le fond sur un établi ou sur un tonneau (fig. 255).

Il place la pointe d'une des branches du compas à l'endroit qu'il juge correspondre, à peu près, au centre du fond et fait pivoter autour de ce point l'autre branche de l'instrument dont la pointe trace sur le bois la circonférence demandée.

§ IV. — *Chantournage du fond.* — Le chantournage consiste à scier le fond en suivant le trait circulaire qui vient d'être tracé (fig. 256) et en ayant bien soin de diriger la lame de la scie, de façon à laisser à l'intérieur du cercle ce trait apparent sur tout le pourtour et en tenant la scie bien perpendiculairement à la surface du fond.

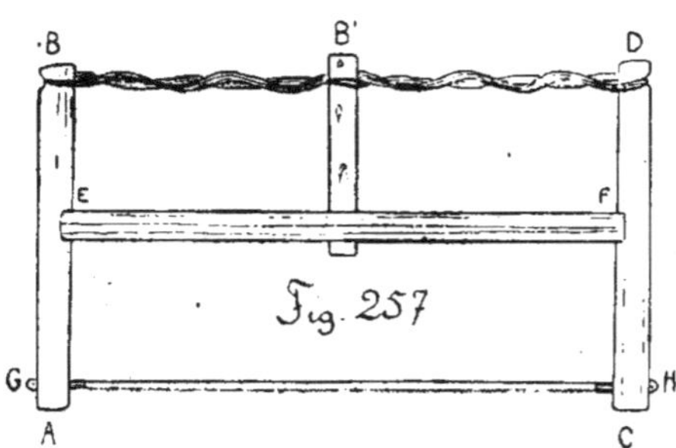

Pour maintenir le fond pendant cette opération, l'ouvrier le pose à plat sur un petit tonneau hors d'usage ou sur un établi.

Pour le scier il se sert de la scie à chantourner.

SCIE A CHANTOURNER. — La scie à chantourner ou feuillet (fig. 257) diffère peu en principe de la scie à débiter dont la description a été donnée précédemment. Elle se compose de deux montants A B et CD que. maintient à écartement convenable une traverse EF. La lame GH qui est très étroite et à denture fine est fixée, non plus comme dans la scie à débiter dans une rainure pratiquée aux extré-

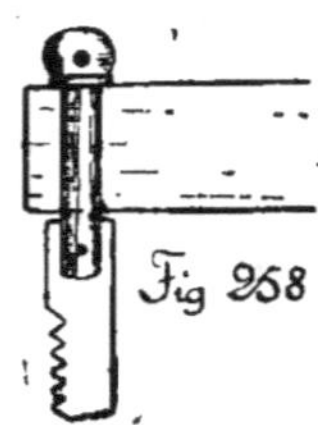

mités inférieures des montants mais dans des tourillons cylindriques (fig. 258) qui pivotent aux extrémités des montants et per-

Fig. 255

Tracé de la circonférence limitant le fond

mettent à l'ouvrier de modifier la position de la lame par rapport au plan vertical de la monture lorsque cette dernière peut. gêner le sciage.

La lame est tendue par une corde BD que tord un garrot B'. Lorsque le fond a été chantourné le tonnelier l'élève à plat au niveau de sa vue et vérifie si la face qui doit en constituer la partie externe représente un plan parfaitement horizontal.

Si cet examen lui révèle des imperfections, il place le fond sur l'établi et à l'aide de la varlope ou du rabot plat, il corrige les défauts qu'il a remarqués.

§ V. — *Taille du fond en biseau.* — Pour que le fond puisse pénétrer exactement dans la rainure du jable préparé pour le recevoir à chaque extrémité du tonneau il faut que l'ouvrier pratique un biseau sur tout son pourtour.

D'après un usage consacré en tonnellerie on donne à ce biseau une largeur égale à la hauteur du chanfrein préparé aux extrémités du tonneau $AB = CD$ (fig. 259) et sa plus petite épaisseur, c'est-à-dire le bord extérieur

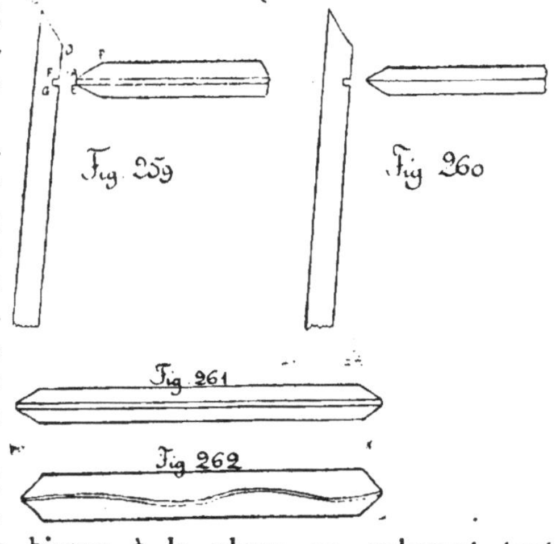

Fig. 256

Chantournage du fond

destiné à pénétrer dans le jable ne doit pas être taillée en arête comme le montre la figure 260, mais garder une épaisseur AE égale à la largeur EG formant le fond de la rainure du jable (fig. 259).

Pour pratiquer exactement ce biseau, le tonnelier en détermine la largeur à l'aide du compas en décrivant autour du centre déjà choisi une circonférence concentrique placée en dedans du cercle à une distance du bord égale à la hauteur du chanfrein.

Maintenant ensuite le fond entre les mâchoires du chevalet, l'ouvrier façonne le biseau à la plane en enlevant tout autour du traversin l'épaisseur de bois nécessaire et en suivant

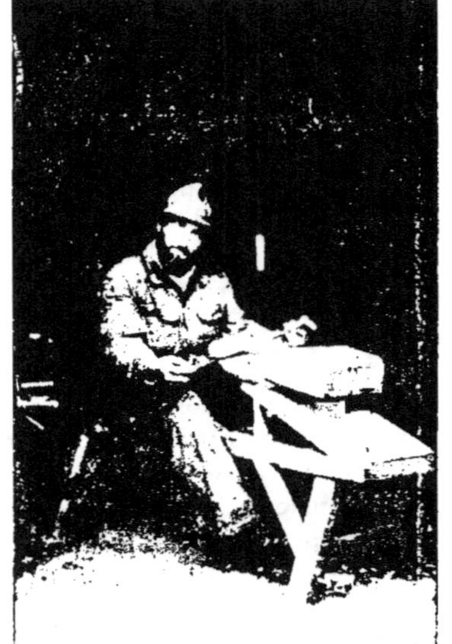
Le tonnelier assis sur le chevalet
taillant un fond

scrupuleusement le tracé qu'il vient d'établir.

Il opère d'abord sur la partie devant former la face externe du fond et ensuite sur la face devant en constituer l'intérieur.

Il a soin, en bornoyant de temps en temps la pièce qu'il travaille de s'assurer que le biseau qu'il pratique se trouve dans un plan absolument horizontal comme l'indique la figure 261.

Un fond taillé avec les irrégularités que présente la figure 262 ne donnerait pas une construction étanche ; la partie A descendant plus bas que le jable et la partie B au contraire se trouvant après montage à l'extérieur du tonneau, au-dessus du jable.

CHAPITRE VII

Mise en place d'un fond

Il y a, dans la mise en place du fond deux cas à envisager. Ou le fond se compose de pièces qui ont été chantournées en étant maintenues à l'aide du sergent et ne sont pas assemblées, ou le fond est constitué de fonçailles goujonnées entre elles.

§ I. — *Mise en place d'un fond dont les pièces ne sont pas assemblées.* — Le tonnelier enlève le calibre de tête, c'est-à-dire le cercle qui maintient les douves vers leurs extrémités, puis de quelques coups de châsse, il desserre en le faisant remonter, le cercle ou calibre du bouge. Ceci, pour que les extrémités des douves tendent à s'écarter et laissent pénétrer le fond presque librement.

Il choisit comme douve de bonde la douve la plus large et place un chanteau et une aisselière dans le jable de façon à ce que les joints soient perpendiculaires à cette douve.

Il place de l'autre côté de la circonférence l'autre chanteau et l'autre aisselière en les frappant sur le champ avec le dos de son marteau pour les faire pénétrer dans le jable.

Reste à poser la maîtresse-pièce en admettant que le fond ne soit composé que de cinq morceaux.

Le tonnelier la saisit avec le tire-fond, la passe obliquement à l'intérieur du tonneau et en la retirant tout doucement l'oblige à prendre sa place entre les deux aisselières.

Si le montage ne se fait pas librement, il frappe avec son marteau ou un maillet le long des douves, au-dessous du niveau du fond pour bien faire pénétrer le biseau dans la rainure du jable.

Il remet en place le cercle de tête et le chasse comme il a été indiqué au chapitre du montage. Il a soin de frapper en même temps avec son marteau la surface externe de chaque douve au niveau du fond pour obliger ce dernier à bien prendre sa place.

§ II. — *Mise en place d'un fond goujonné.* — Pour mettre un fond goujonné en place, l'ouvrier se sert d'un outil spécial appelé lève.

Fig. 263

Mise en place d'un fond goujonné

Lève.— Cet instrument en acier, se compose : d'une poignée ronde A semblable à celle du tire-fond, d'un corps hoizontal BC (fig. 264) et d'une partie verticale CD qui, en s'amincissant se termine par une partie plate, légèrement recourbée D.

Comme précédemment, l'ouvrier enlève le cercle de tête et choisit la douve de bonde. Il desserre le calibre de bouge jusqu'à ce que les extrémités des douves s'écartant, permettent le passage du fond.

Il tient la lève de la main droite et en le saisissant de la main gauche passe le fond à l'intérieur du tonneau et en place les joints perpendiculairement à la douve de bonde. Une partie de la circonférence du biseau au niveau de la maîtresse-pièce, portant dans la rainure du jable du côté opposé à la douve de bonde, il saisit avec l'extrémité D de la lève, le bord placé vis-à-vis et en tirant légèrement sur l'outil (fig. 263), il oblige le milieu du fond à monter jusqu'au jable.

Les autres pièces goujonnées suivent le mouvement de la maîtresse-pièce. Si l'une reste en retard, le tonnelier glisse entre elle et la douve qui la retient le crochet de la lève et opère une légère traction sur l'outil qui l'oblige à remonter ; si son effort est insuffisant, il frappe sur la face externe de la douve en cause, au-dessous du niveau où est arrêté le fond, jusqu'à ce que ce dernier atteigne le jable.

Il remet en place le calibre de tête en le chassant comme précédemment et en martelant le côté externe de chaque douve, vis-à-vis du niveau du fond, pour que le biseau pénètre bien dans la rainure et resserre le calibre de bouge.

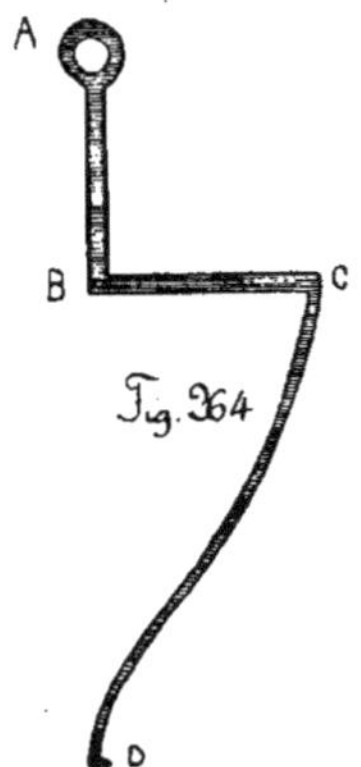

Il examine alors la façon dont le fond mis en place se comporte :

Si le travail a été exécuté soigneusement, si les mesures ont été bien prises, si le rayon choisi correspond bien au sixième de la longueur de la circonférence du jable, si en chantournant le fond le trait limitant sa circonférence a été respecté et laissé apparent, si dans la même opération, la lame de la scie a été conduite bien perpendiculairement au plan horizontal formé par la surface du fond, si le biseau a été taillé correctement, le fond remplit exactement le logement qui lui est destiné et le tonnelier n'a qu'à entamer le chapitre suivant en se félicitant de sa réussite.

Mais — je m'excuse auprès du lecteur d'insister sur ce point — si la lame de la scie, par suite d'une seconde d'inattention ou d'un faux mouvement a quitté trop souvent le trait tracé pour s'en éloigner en dehors comme le montre la figure 265 en A ou pour l'entamer en B comme le montre la même figure, si la scie tenue obliquement a chantourné le traversin en suivant une pente AC (fig. 266) qui donne au fond, au milieu de son épaisseur, un diamètre DE plus grand que le diamètre du tracé CB, si en façonnant le biseau, la plane a été mal dirigée et a formé des creux comme l'indique en A et en B la figure 267, le fond peut être trop grand ou trop petit.

Si les extrémités des longailles ne se joignent pas après la mise en place du fond et le serrage du cercle de tête, le tonneau a trop de fond.

Si au contraire le biseau du fond ne remplit pas la rainure du jable en tous ses points, le tonneau n'a pas assez de fond.

Plusieurs moyens s'offrent au tonnelier pour remédier à ces sortes d'imperfections :

1° Si le fond se compose de pièces non asssemblées.

a) TROP DE FOND. — Le tonnelier desserre les cercles, enlève la maîtresse pièce et en la passant sur la colombe, la diminue de largeur ; il rectifie le biseau, la remet en place et resserre les cercles.

b) Pas assez de fond.— Il remplace la maîtresse-pièce ou une autre pièce du fond par une plus grande.

2° Si le fond est goujonné.

a) Trop de fond. — Le tonnelier, si l'épaisseur des douves le permet, augmente la profondeur du jable, ou, replaçant le fond entre les mâchoires du chevalet en diminue le diamètre, en rectifiant le biseau à la plane.

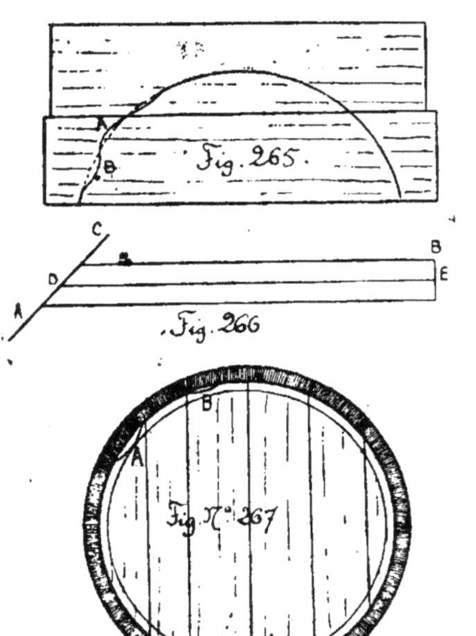

Si le défaut est peu prononcé, il se contente de glisser entre les douves qui ne se joignent pas, des bandes formées de brins de jonc dont la mœlle a été préalablement enlevée avec la lame d'un couteau.

b) Pas assez de fond. — Le tonnelier dans ce cas recherche le rayon de la circonférence limitant le fond et en remplaçant une des fonçailles par une autre plus grande, lui donne une dimension supérieure à celle qu'il avait, fait un nouveau tracé, le chantourne, le taille et le remet en place.

Si ce défaut porte seulement sur un endroit du jable, le tonnelier desserre le cercle de tête et fait glisser entre le bord du fond et le jable quelques brins de jonc pliés en deux.

Pour donner plus d'étanchéité au tonneau, certains tonneliers, avant le montage du fond, garnissent de pâte la rainure du jable.

Cette pâte est faite de farine de seigle délayée dans de l'eau et tenue très épaisse, de façon à former une boule compacte.

Le tonnelier prend cette boule dans la main droite et appuie contre elle la pointe d'une lame de couteau qu'il tient de la même main, il promène cette boule tout le long de la rainure et la pointe de la lame du couteau qui la suit, oblige la farine à pénétrer dans le jable.

SECTION IV

CERCLAGE D'UN TONNEAU

Le cerclage du tonneau consiste à remplacer les calibres qui maintiennent provisoirement les douves assemblées par des cercles en bois et des cercles en feuillard.

Suivant les régions, le mode de cerclage et le nombre des cercles mis à chaque tonneau varient ; aussi, me contenterai-je d'indiquer au lecteur la façon de placer un cercle en bois et un cercle en feuillard, le cerclage complet quelque soit son genre n'étant que la répétition de ces deux travaux.

CHAPITRE PREMIER

Polissage du tonneau

Avant de placer les cercles, le tonnelier a une préparation à faire

Fig. 268

Polissage du tonneau

subir au tonneau, celle du polissage.

Pour que les cercles portent uniformément en tous leurs points sur le pourtour du fût, il faut que la surface externe, convexe des douves soit complètement polie et unie circulairement. Si bien qu'ait été exécuté l'opération de la mise en place des joints au moment du montage, la face latérale du fût présente toujours des irrégularités.

Posant le tonneau sur la selle à rogner, comme le montre la figure 268 et à l'aide du rabot, du grattoir ou du racloir, l'ouvrier, en suivant chaque douve et chaque joint, du bouge aux extrémités enlève aux endroits où il juge à propos les excroissances de bois, jusqu'à ce que le tonneau présente une surface polie parfaite et un arrondi irréprochable. Pour faire ce travail, il a soin d'ôter l'un après l'autre les calibres quile gênent.

Je lui conseille de polir son fût en même temps qu'il en fait le cerclage, c'est-à-dire d'enlever le calibre de bouge, de gratter le pourtour du tonneau sur toute la surface comprise entre le bouge et le calibre de tête ; puis de poser les cercles qui doivent être mis en cet endroit. Il pourra ensuite sans risquer de faire tomber le fond dans l'intérieur du tonneau, enlever le calibre de tête pour achever le polissage vers les extrémités du fût, avant d'y placer les derniers cercles.

Ici, une parenthèse s'impose pour donner une description succinte des outils inconnus du lecteur dont nous venons de citer les noms — le grattoir et le racloir.

§ I. — *Grattoir bordelais*. — Le grattoir bordelais (fig. 269) se compose :

1° D'un triangle A B C en acier de 0 m. 010 d'épaisseur, dont les angles sont curvilignes — les côtés A B, B C et C A qui constituent les tranchants sont des lignes courbes.

2° D'un manche en fer M de 0 m. 40 de longueur, boulonné au centre du triangle ;

3° D'une poignée P.

Les côtés tranchants forment un biseau de 0 m. 015 à 0 m. 020 de large qui s'affûte à la meule sur la face opposée au manche ; le fil qui doit être très fin s'enlève à la pierre à faulx.

Pour se servir de l'outil, l'ouvrier le saisit de la main droite à la poignée P et de la main gauche à l'extrémité N du manche près du tranchant.

Il le promène le long des douves et des joints dans le sens du fil du bois en le faisant couper seulement quand il le tire à lui et en inclinant plus ou moins la poignée P près de la douve, selon l'épaisseur du bois qu'il veut enlever.

§ II. — *Racloir*. — Le racloir (fig. 270) se compose :

1° D'une lame en acier trempé A de peu d'épaisseur, 0 m. 001 à 0 m. 003 millimètres en forme de trapèze et légèrement incurvée dont la grande base B C forme un tranchant d'une largeur de 0 m. 002 à 0 m. 003 ;

2° D'une poignée en bois D E, munie d'une rainure où pénètre à force la petite base de la lame ; elle y est maintenue par deux goupilles H et I.

Le tranchant du racloir s'affûte à la meule et le morfil s'enlève à la pierre à faulx, ensuite le tonnelier à l'aide de l'arête vive du dos d'un autre outil, d'un ciseau, par exemple, retonrne le fil dans lé sens opposé au biseau du tranchant.

Il existe plusieurs sortes de racloirs qui ont la même forme que celui qui vient d'être décrit mais dont les dimensions varient.

1º Le racloir de peigne mesure :

en longueur D B = 0.11
en largeur B C = 0.07

son usage sera indiqué au chapitre des réparations ;

2º Le racloir de tête a comme dimensions :

en longueur D B = 0 11
en largeur B C = 0.14

il sert à polir les fonçailles et les extrémités des douves ;

3º Le racloir de bouge mesure :

en longueur D B = 0.13 à 0.14
en largeur B C = 0 27

il sert à polir la surface du tonneau au niveau du bouge et sur les plus grandes largeurs.

CHAPITRE II

Mise en place d'un cercle en bois

§ I. — *Des outils employés dans la mise en place d'un cercle en bois.* — Je dois au lecteur la description des outils qui vont être employés pour cette opération.

MAILLET. — Le maillet (fig. 271) se compose d'une masse de bois dur en forme de trapèze A B percée dans toute sa longueur et perpendiculairement à sa largeur d'un trou rond où s'enfonce un manche M, en frêne de préférence, de 0 m.25 de longueur.

Pour emmancher le maillet, le tonnelier choisit un manche qui a 0 m.10 de plus que la longueur normale, dont le diamètre au petit bout est égal au diamètre du trou et dont le diamètre au milieu est un peu supérieur de façon à ne pénétrer qu'à force. Il fait dépasser au-delà du maillet l'excédent du manche qu'il fend en deux dans le sens de la longueur. Il introduit entre les parois de cette fente un coin de bois qu'il martèle de façon à l'enfoncer dans le manche et dans l'intérieur du maillet, puis d'un coup de scie il tranche l'extrémité du manche et le bout du coin qui dépassent.

Le maillet sert à frapper sur la châsse en bois qui a été décrite au chapitre du montage pour mettre en place les cercles en bois.

TIRETOIR. — Le tiretoir ou tire à barrer est une sorte de levier (fig. 272) qui sert au tonnelier à mettre en place les cercles de tête d'une futaille ou à écarter une douve pour laisser passer une pièce de fond ou glisser un morceau de jonc.

Il se compose d'une pièce de bois A O B de 0 m. 60 à 0 m. 75 de long Son extrémité O B est cylindrique pour que la main la saisisse mieux.

Son extrémité A est aplatie et se termine par un biseau renforcé d'un angle en fer forgé. Vers le milieu de sa longueur en O, elle pré-

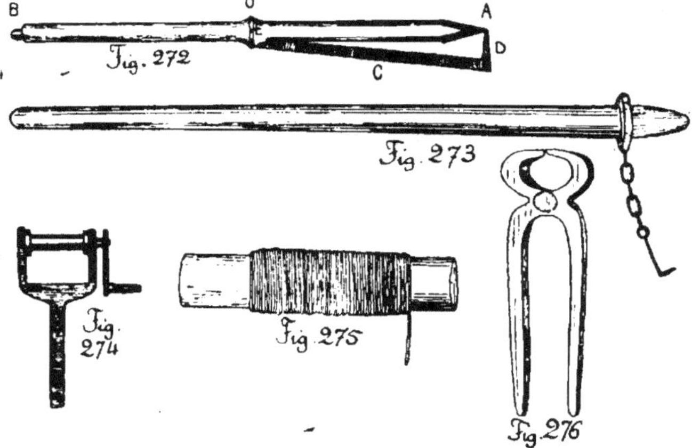

sente une mortaise renforcée. Cette mortaise est traversée par une forte goupille E qui retient, tout en la laissant pivoter autour d'elle l'extrémité d'une barre de fer C de 0 m. 30 à 0 m. 35 formant levier. Cette barre de fer se termine au niveau de A par un crochet aplati D.

Pour se servir du tiretoir, le tonnelier saisit avec le crochet D le cercle ou douve à ramener; il appuie contre les parois du tonneau l'extrémté A et fait levier obliquement sur le manche B.

Il existe plusieurs sortes de tiretoirs construits d'après le même principe.

Pour le cerclage des gros vaisseaux on emploie une tire à barrer dont les caractéristiques diffèrent un peu de celles du modèle qui vient d'être décrit; le manche est plus fort et beaucoup plus long et le crochet est relié au manche par un ou plusieurs chaînons en fer (fig. 273). La partie de l'outil O B faisant levier étant plus longue et la partie A O étant plus courte l'ouvrier peut, avec cet cet outil, vaincre une plus forte résistance du bois.

Bobine de fil de fer. — On lie parfois les cercles en bois avec du fil de fer fin. Le tonnelier se le procure chez le quincaillier qui le lui livre en rouleaux de 5, 10, 15 et même 20 kilogrammes.

Pour qu'il soit maniable, l'ouvrier l'enroule par petites quantités sur des bobines.

On trouve dans le commerce des bobines vendues spécialement, pourvues d'une monture, d'un axe et d'une manivelle (fig. 274), c'est un outil superflu ; je conseille au tonnelier d'enrouler simplement le fil de fer sur des morceaux de bois plats, qu'il façonne d'une longueur égale à l'intervalle qui doit exister entre les ligatures d'un cercle. La bobine lui servira ainsi de mesure et cette précaution lui évitera une sérieuse perte de temps (fig. 275).

Tenailles. — Pour couper le fil de fer, pour arracher un clou, le tonnelier emploie les tenailles.

Les tenailles (fig. 276) sont constituées de deux branches de fer forgé réunies par une forte rivure, formant deux mâchoires coudées, terminées dans le sens de leur largeur par deux tranchants. Les branches formant poignées sont beaucoup plus longues que celles qui constituent les mâchoires, car, formant levier, elles doivent permettre à l'ouvrier de disposer de toute la force de ses mains.

Fig. 277

Mesurage du cercle

§ II. — *Mesurage et façonnage du cercle.* — Le tonnelier marque par un trait tracé à la craie sur les parois du tonneau qu'il se propose de cercler, l'endroit où doit être posé le cercle. Puis, il prend dans une des bottes que lui a livrées le cerclier, un cerceau dont la longueur correspond à la grandeur du tonneau qu'il veut entourer. (Première partie, section III, chapitre I).

Pour connaître la longueur de la circonférence que doit former ce cercle pour fournir un serrage suffisant, il le présente sur la futaille, à l'endroit où il veut le placer en l'y maintenant appuyé avec sa main gauche qui tient celle de ses extrémités qui a été planée par le cerclier et qui, après le reliage doit être recouverte par l'autre extrémité. Il fait glisser sa main droite sur la partie du cerceau restée libre et le fait porter en tous ses points sur les douves, tout autour du fût.

Quand il a couvert tout le pourtonr du tonneau et la partie planée qu'il tient de la main gauche, avec le cercle, il l'élève de quelques centimètres et le fait tendre de façon à réduire la longueur de la circonférence qu'il forme, pour lui donner davantage de serrage (fig 277).

Il marque, en le pinçant entre le pouce et l'index, l'endroit où le cercle devra être tranché, c'est-à-dire la place où commence la ligature et qui coïncide en général avec le début de la partie planée qu'il doit recouvrir.

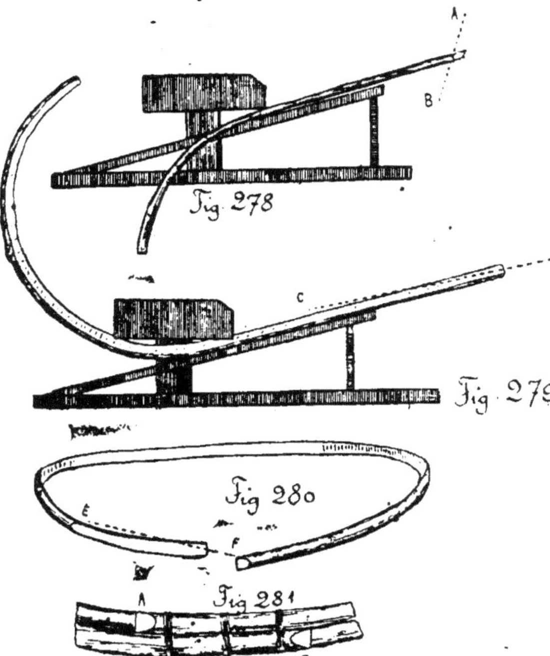

Sans lâcher le cercle de la main droite, il le place entre les mâchoires du chevalet, l'y maintient en appuyant ses pieds sur le palonnier et tranche d'un coup de plane en biseau, suivant la ligne A B (fig. 278) la partie inutile à l'endroit qu'il a remarqué.

Il le retourne à plat entre les mâchoires du chevalet et lui enlève à la plane, suivant la ligne C D la moitié de son épaisseur (fig. 279) de façon à ce qu'une fois mis en recouvrement sur la partie planée il ne présente pas à cet endroit, malgré la réunion de ses deux extrémités, plus de grosseur qu'en ses autres parties.

Changeant le cercle de bout, le tonnelier d'un coup de plane diminue de largeur la partie planée suivant une ligne E F, pour qu'elle n'ait pas plus de largueur que le morceau qui va le recouvrir (fig. 280).

Il a soin de placer le côté du cercle qu'il a ainsi entaillé toujours du côté du bouge.

Comme pour l'harmonie de la construction, on a coutume quand deux cercles en bois se suivent dans le montage, de placer une extrémité de recouvrement à droite et l'autre à gauche, A et B (fig. 281), l'ouvrier doit supprimer cette largeur tantôt sur un côté de la partie planée, tantôt sur l'autre.

Le tonnelier n'a plus qu'à assembler les deux extrémités du cercle, de façon à ce qu'elles se recouvrent parfaitement et forment la circonférence voulue.

Il présente à nouveau, un peu au-dessus de l'endroit où il doit le placer, le cercle ainsi façonné et après avoir rectifié, s'il y a lieu, les dimensions de la circonférence, il en maintient dans sa main gauche les deux extrémités qui se recouvrent.

§ III — *Liage du cercle* — Il y a deux moyens de lier un cercle :

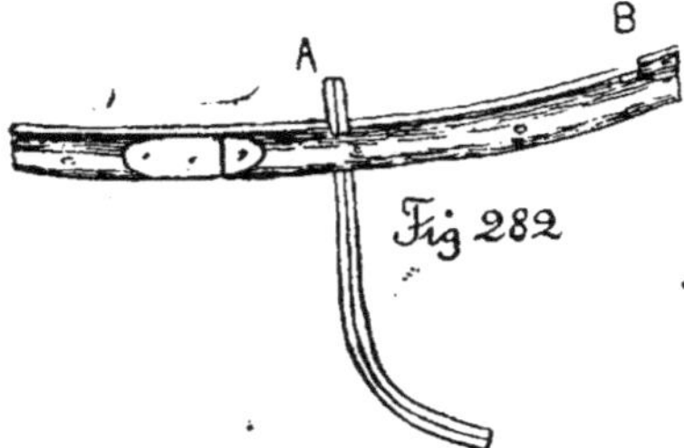

1° En entourant d'osier les extrémités qui se recouvrent ;

2° En les maintenant assemblées par plusieurs ligatures en fil de fer fin.

Liage avec de l'osier. — Le tonnelier qui tient toujours assemblées dans sa main gauche les deux extrémités du cercle, façonne à l'aide de la cochoire — doloire de petites dimensions — sur le tranchant des deux morceaux de cercle juxtaposés, et à peu de distance de chacune de leurs extrémités en A et en B par exemple (fig. 282), deux entailles ou coches qui servent à retenir l'osier et à empêcher la circonférence du cercle de s'agrandir au serrage.

Tenant toujours de la main gauche les extrémités du cercle il prend de la main droite deux brins d'osier dont il a eu soin de supprimer le bois sur une longueur de quelques centimètres près des extrémités ; il passe entre les deux parties du cercle qui se recouvrent, ces bouts d'écorce d'osier en A (fig. 282) et entoure le cercle avec le reste des tiges.

Quand la longueur des brins d'osier est épuisé, le tonnelier les arrête en passant les extrémités des tiges entre les deux morceaux de cercle et si la ligature n'est pas terminée, il recommence,

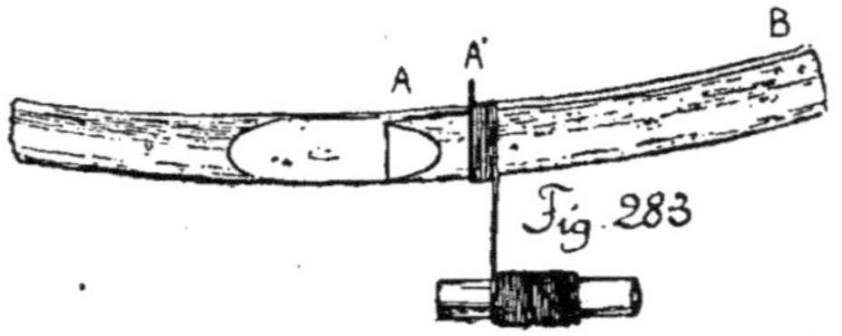

à la suite la même opération, avec deux nouveaux brins.

Ligature avec du fil de fer. — Tenant comme précédemment de la main gauche les deux extrémités du cercle assemblées, le tonnelier passe entre les deux parties qui se recouvrent (en A' à environ 2 centimètres de l'extrémité A) le bout d'une bobine de fil de fer fin. En faisant tourner la bobine quatre ou cinq fois autour du cercle (fig. 283), il exécute une ligature qu'il arrête en repassant le fil de fer entre les deux morceaux du cercle, il casse le fil de fer ou le coupe avec des tenailles et recommence plus loin (en B par exemple) et à une distance de A', égale à la longueur C D de la bobine, une autre ligature.

§ IV. — *Mise en place du cercle.* — Il ne reste plus au tonnelier qu'à mettre le cercle en place en le chassant avec une châsse en bois qu'il frappe avec un maillet comme s'il s'agissait d'un calibre et en suivant les prescriptions indiquées à propos du montage (IIIᵉ PARTIE. SECTION II. CHAPITRE II).

Quand il s'agit de mettre un cercle en bois en tête du tonneau, tout à fait à l'extrémité des douves, le tonnelier doit le façonner sur une circonférence plus petite de quelques millimètres que celle représentée par la surface circulaire qu'il doit occuper et le mettre en place, de force, à l'aide du tiretoir.

Après avoir fait prendre ce cercle sur la moitié de la circonférence constituée par l'extrémité des douves, l'ouvrier en saisit le côté opposé avec le crochet du tiretoir dont le bout aplati porte le long du tonneau. Il appuie sur le manche qui forme levier et agrandit ainsi le cercle que quelques coups de maillet obligent à se mettre en place.

Les premiers cercles en bois mis sur une barrique les plus près du bouge, que l'on appelle les cercles de roulage, se placent en général à 0ᵐ14 centimètres du milieu du tonneau, ceci dit à titre de renseignement, car cette pratique varie selon les régions, mais des cercles mis trop près du bouge constituent un cerclage défectueux.

CHAPITRE III

Mise en place d'un cercle en feuillard

§ I. *Des outils non décrits que le tonnelier emploie dans ce travail.*

ENCLUME. — L'enclume (fig. 284) est une masse de fer ou d'acier sur laquelle l'ouvrier appuie les feuillards pour les travailler au marteau, pour les couper, pour les percer, pour les river, pour les gironner, etc..

L'enclume se termine par deux pointes dont l'une A est conique et l'autre B pyramidale. Elle est perforée en O' d'un trou carré servant à maintenir la matrice.

L'enclume doit peser au moins trente kilos et reposer sur un billot C où elle est maintenue par des chevilles D D'.

Le billot lui-même doit être enfoui en terre ou cimenté sur le sol pour qu'il reste absolument immobile.

Le tonnelier qui est obligé de se déplacer de chantier en chantier se contente d'une enclume de petites dimensions, appelée « bigorne » qui a, en plus petit, les mêmes caractéristiques que le modèle décrit.

Burin. — Le burin, ou ciseau à froid (fig. 285) en acier trempé se compose : d'un manche M et d'un tranchant T, il a une longueur totale de 0^m15 à 0^m20 dans laquelle le taillant entre pour le quart. Le manche a une forme polygonale et le taillant, en biseau, se termine par un tranchant de 0^m012 à 0^m015 de large sur chaque face.

A.B = 12 à 15 millimètres.

A.C = 12 à 15 millimètres.

Le burin sert à couper le feuillard.

Remarque. — J'attire l'attention du tonnelier à propos du burin sur deux principes, au cas où, disposant d'une forge il voudrait fabriquer ses outils lui-même.

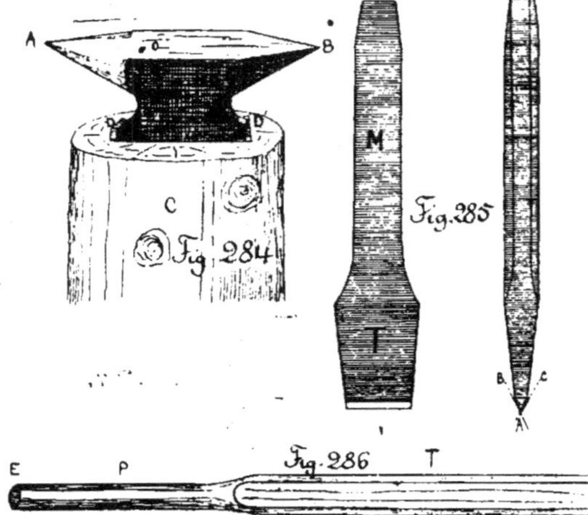

1° Dans tous les outils qui travaillent sous le choc du marteau (châsse en fer, burin, poinçon, bouterolle, chasse-rivets, etc.) seuls les taillants, pointes, cavités, bref, seule la partie qui transmet le choc pour exécuter le travail doit être trempée ; la tête ou le manche, c'est-à-dire la partie qui supporte le choc du marteau ne doit pas l'être.

En effet, si elle était trempée, non seulement le coup de marteau se transmettrait sans élasticité à la partie qui travaille et celle-ci en souffrirait, mais encore la tête de l'outil sous les coups de marteau, s'effriterait en éclats qui pourraient blesser l'ouvrier ou ses voisins.

2° Dans le choix des mêmes outils ou dans leur fabrication on doit veiller à ce que leur longueur ne dépasse pas de plus de 3 centimètres, la largeur de la main fermée de l'ouvrier qui est appelé à s'en servir. Il les tient plus sûrement à pleine main ; plus longs, ils risquent de ne pas être tenus absolument verticaux et de dévier sous un coup de marteau mal placé et dans ce cas c'est la main qui supporte le choc, ce qui n'avance en rien l'ouvrage.

Poinçon. — Le poinçon qu'emploie le tonnelier (fig. 286) pour percer au travers du feuillard les trous nécessaires au passage des rivets se compose d'une tige polygonale T terminée par une pointe cylindrique P dont l'extrémité E se termine à vive arrête et non en cône pour faire emporte-pièce et découper le feuillard que l'on intercale entre elle et un logement de même diamètre de la matrice.

Le tonnelier doit avoir autant de poinçons qu'il a de sortes de rivets à employer, le diamètre de la pointe de chacun de ceux-ci devant correspondre au diamètre de la tige de chacun de ceux-là.

MATRICE. — La matrice (fig. 287) est une plaque en acier ou en bronze percée de trous de différents diamètres correspondant aux diamètres des poinçons. Sa longueur varie selon le nombre de trous ; sa largeur est de 0^m05 à 0^m06 ; on ménage ou on rapporte sur l'un des côtés de la face qui est appelée à porter sur l'enclume, une saillie en forme de tronc de pyramide qui s'enfonce dans le logement O de l'enclume et maintient l'appareil immobile. La matrice sert concurremment avec le poinçon à perforer les feuillards.

BOUTEROLLE. — La bouterolle (fig. 288) se compose d'une tige en acier de forme polygonale A.B dans l'intérieur de laquelle on a ménagé une cavité peu profonde en forme de demi sphère, c'est-à-dire à fond concave. Elle sert à arrondir l'extrémité de la tige du rivet.

CHASSE-RIVETS. — Le chasse-rivets a la même forme que la bouterolle mais la cavité percée à son extrémité A pénètre de quelques centimètres à l'intérieur de la tige jusqu'en C, par exemple (fig. 289). Il sert en le plaçant sur la tige d'un rivet et en le martelant à rapprocher les deux parties d'un feuillard qui n'arrivent pas à se joindre librement et à faire pénétrer de force le rivet dans le logement qui lui est destiné sans abimer la tige.

POINÇONNEUSE-CISAILLE. — Dans les ateliers de quelque importance on emploie pour la préparation des cercles en feuillard, une machine spéciale qui exécute rapidement les travaux nécessaires (fig. 290).

Le feuillard posé sur l'enclume A est coupé par une lame B mue par le levier D. Actionnés par la manivelle M, deux cylindres E et F, dont l'écartement et la position par rapport l'un à l'autre sont réglés par la vis G, le lamine, le cintre et le gironne. Poussée par le levier L, la pointe H, aidée de la matrice I, le perce à l'endroit voulu. Il ne reste plus à l'ouvrier qu'à placer les rivets dans les trous pour lier le cercle et à les écraser sur l'enclume à l'aide de la bouterolle et du marteau.

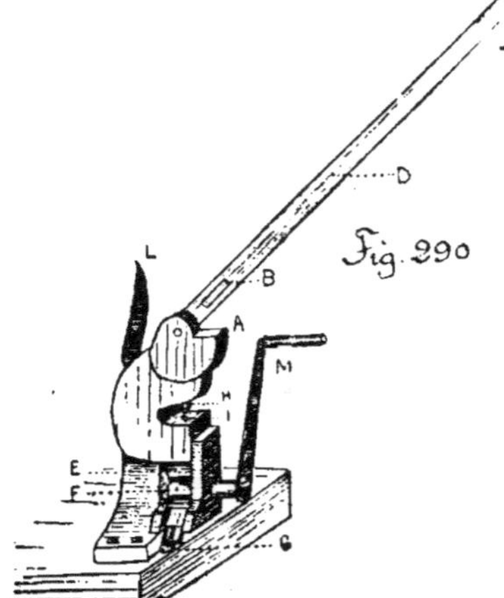

§ II. — *Mesurage et façonnage du cercle en fer. Rivetage et mise en place.* — Le tonnelier place la botte de feuillard qu'il doit utiliser entre l'enclume et le tonneau à cercler, si toutefois la disposition de l'atelier le permet, et si le feuillard n'est pas de grosse épaisseur et facilement transportable.

Il en déroule une extrémité qu'il passe autour du tonneau, un peu au-dessus de l'endroit où le cercle doit être placé (fig. 291).

Comme il a fait précédemment pour le cercle en bois, il en maintient avec sa main gauche l'extrémité A appuyée sur la douve de bonde, pendant qu'avec sa main droite, glissant

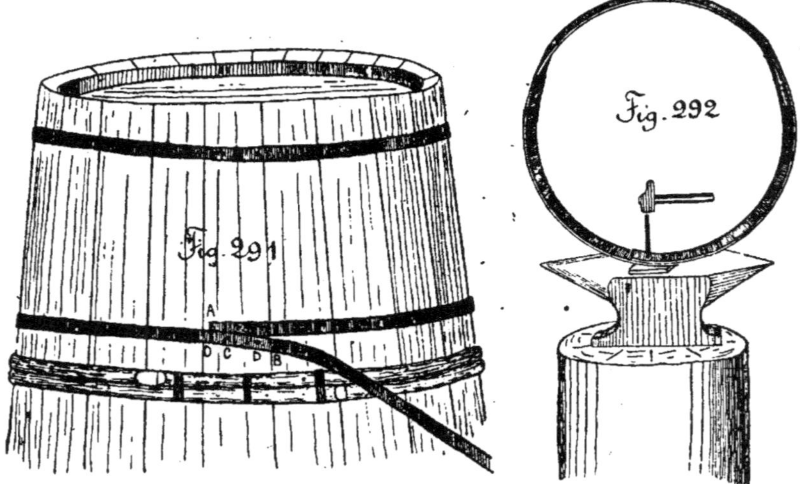

tout autour du tonneau, il oblige l'autre partie du feuillard à encercler parfaitement les douves. Il marque à la craie le point de rencontre O des deux extrémités du cercle en ménageant en plus de la longueur normale de la circonférence 10 à 15 centimètres pour le recouvrement OB. Sur cette partie, il trace à la craie deux points C et D représentant les emplacements qu'il a choisis pour placer les rivets et entre lesquels,

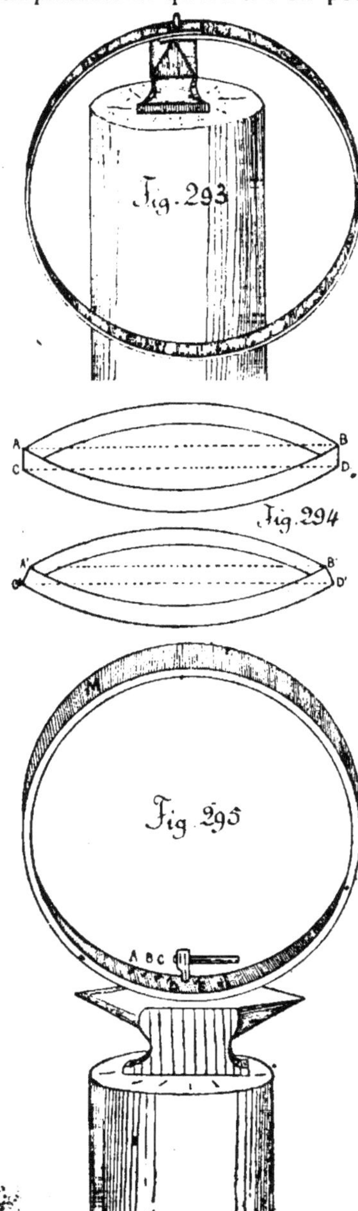

Fig. 293

Fig. 294

Fig. 295

pour tous les cercles garnissant la même futaille, il devra réserver le même écartement. Il porte ensuite le cercle sur l'enclume.

Si le tonneau à entourer est un gros vaisseau nécessitant l'emploi de feuillard de grosse épaisseur dont les bottes sont difficilement transportables, le tonnelier prend la mesure du cercle avec une corde qu'il passe autour du tonneau et reporte cette mesure sur le fer.

Pour le couper, l'ouvrier place le feuillard à plat sur l'enclume et pose le tranchant du burin sur le trait B tracé à la craie. Il frappe sur la tête de l'outil avec son marteau autant de fois qu'il est nécessaire jusqu'à ce que les deux parties du métal soient sectionnées. Il prend dans sa main gauche les deux extrémités du cercle l'une recouvrant l'autre, d'après le repaire qu'il s'est tracé et les place ainsi maintenues comme le montre la figure 292, sur l'un des trous de la matrice fixée à l'enclume, vis à vis d'un des points C ou D marqué sur l'endroit du cercle.

Il tient son marteau de la main droite. Pour libérer un instant sa main gauche et lui permettre de saisir le poinçon, il appuie la panne du marteau sur les extrémités du cercle pendant qu'il prend un poinçon de dimensions correspondantes au logement choisi de la matrice.

Il le pose vis à vis de celui-ci à l'envers du cercle et le frappe fortement avec son marteau ; le poinçon pénètre et perfore les deux épaisseurs du feuillard.

L'ouvrier prend un rivet de taille appropriée et le place dans les trous qui viennent d'être faits. Il retourne le cercle qu'il tient de la main gauche et le place dans la position indiquée par la figure 293, le cercle embrassant la pointe conique de l'enclume, la partie formant la ligature et la tête du rivet portant sur cette dernière, pendant que le reste du cercle s'appuie sur le billot de l'enclume. Il assène sur l'extrémité de la tige du rivet quelques coups de marteau pour l'aplatir et l'immobiliser et termine le rivetage en l'arrondissant avec la bouterolle.

Il remet ensuite son cercle dans la première position (fig. 292) et recommence les mêmes manœuvres pour placer le deuxième rivet.

Si le feuillard que le tonnelier vient de travailler est de petite épaisseur, il est prêt à être placé, en s'étirant il prendra de lui-même la forme conique du tonneau ; mais s'il est de grosse épaisseur ou s'il est destiné à être placé en tête du tonneau, à l'extrémité des douves, il faut lui donner d'avance la forme convenable. Soit A B C D, ce cercle il faut qu'il prenne la forme A' B' C' D', c'est-à-dire qu'il ait le diamètre C' D' plus grand que le diamètre A' B', la circonférence placée du côté du bouge étant plus grande que celle placée près des extrémités (fig. 294).

Voici comment le tonnelier, qui ne possède pas la machine à laminer et à gironner qui a été décrite, doit procéder :

Il place debout sur le plat de l'enclume (fig. 295) le cercle à étirer. Il frappe en A avec la panne du marteau sur le côté qu'il veut agrandir, puis successivement, en faisant tourner le cercle avec sa main gauche placée en M, il le martèle en B, en C, en D, en E, etc., jusqu'à ce qu'il en ait fait plusieurs fois le tour et que le diamètre C D soit devenu le diamètre C' D' (fig. 294).

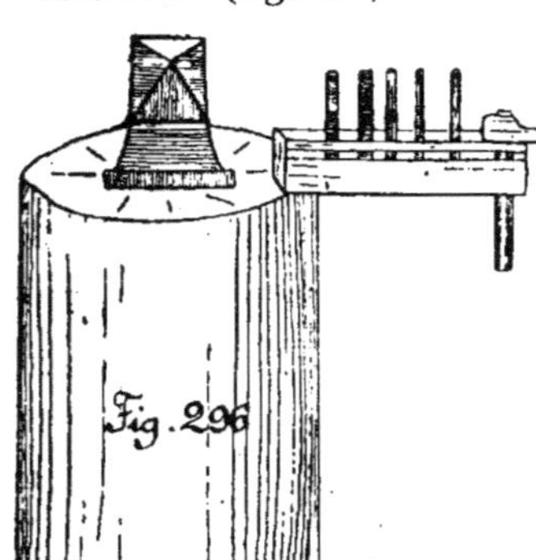

Fig. 296.

Il peut obtenir le même résultat en plaçant l'intérieur du cercle sur la surface arrondie de la pointe conique de l'enclume (comme il est placé dans la figure 293) et en le martelant sur tout le pourtour d'un de ses côtés sur sa face extérieure. Ce procédé est, peut-être, plus rapide que le précédent, mais il a l'inconvénient de laisser apparentes toutes les traces des coups de marteau.

Quand on prend la mesure d'un cercle qui doit être ainsi étiré, il faut la calculer de façon à avoir une circonférence plus petite que celle que l'on veut obtenir après l'étirage.

Dans l'exécution des travaux à l'enclume, je conseille au tonnelier d'avoir tous les outils nécessaires à portée de sa main et, pour cela, de construire une petite boîte qu'il fixera au billot supportant l'enclume et où il déposera : burins, marteaux, bouterolle, chasse-rivets, poinçons, etc. (fig. 296). Cette précaution lui évitera une grosse perte de temps.

Ainsi façonné, le cercle en feuillard est prêt à être mis en place. L'ouvrier le pose à l'endroit du tonneau qu'il doit occuper et en se conformant aux indications données au chapitre du montage (IIIe ARTIE. SECTION II. CHAPITRE II) il le châsse jusqu'à complet serrage.

Il arrive au débutant de fabriquer des cercles en fer trop petits qui cassent ou des cercles trop grands qui ne serrent pas suffisamment ; mais il est impossible de donner à ce sujet des règles précises sur l'endroit où la mesure du cercle doit être prise au-dessus de la place définitive qu'il doit occuper. La qualité même du feuillard variant d'une botte à une autre. le métal peut s'étirer plus ou moins. L'expérience, après quelques jours d'essais, sera pour l'apprenti le guide le plus sûr.

CHAPITRE IV

Le nombre des cercles en bois ou en feuillard entourant une futaille varie selon les régions et suivant les usages :

A Orléans on entoure les fûts de dix-huit cercles ; cinq contre le jable et quatre du côté du bouge.

A Paris et à Bordeaux on met quatorze cercles disposés autour du tonneau comme l'indique la figure 297.

A, B, F, G, II, I, M, N, sont des cercles en bois.

C, D, E, J. K, L. sout des cercles en feuillard.

En Bourgogne on cercle avec des cerceaux de bois reliés à l'osier, qui garnissent le fût presque complètement du bouge au jable.

Les fûts les plus couramment employés ou les fûts transports sont garnis seulement de dix cercles (fig. 298).

Le cercle de tête A est en feuillard très large et très épais pour protéger le jable contre les chocs.

Les cercles B et C sont en feuillard ; les cerceaux D et E sont en bois, ils protègent le bouge du tonneau en l'écartant du sol quand on le roule. On peut indistinctement les placer avant le cercle en feuillard comme en D E ou après lui comme en G II.

Si on choisit ce dernier mode, il faut avoir soin de les unir au cercle en fer qui les précède à l'aide de grifles en feuillard M M'. Les fûts trans-

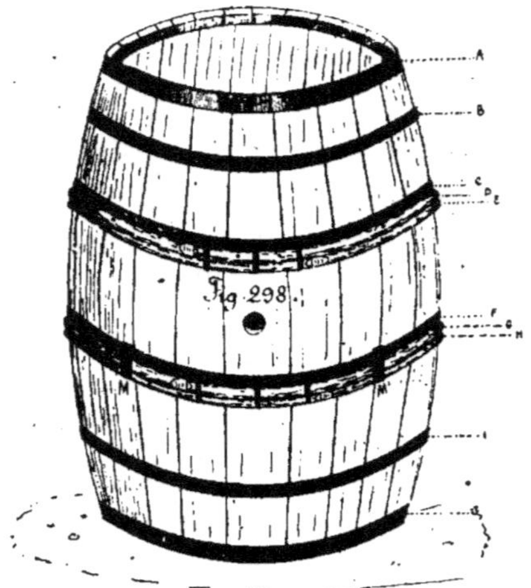

ports n'ont pas de barre pour maintenir les pièces de fond ; ils sont d'un entretien moins coûteux que les fûts cerclés suivant les modes précédents·

CHAPITRE V

Barrage d'un tonneau

Dans certaines régions on a coutume de consolider le fond du tonneau par une barre mise en travers des fonçailles et maintenue par des chevilles enfoncées aux extrémités des douves.

Cette précaution est prise pour que le traversin ne cède pas à la pression du liquide contenu dans le tonneau sous l'influence de la fermentation.

Voici comment le tonneller s'y prend pour barrer un tonneau :

Avant de terminer le cerclage, c'est-à-dire avant de placer les cercles de tête qui portent sur le jable, il prépare une planche (fig 299) de 0^m035 à 0^m04 d'épaisseur, de 0^m14 à 0^m16 de largeur et d'une longueur égale au diamètre du fond. Il la dresse à la doloi<e, la polit à la plane et pratique à chacune de ses extrémités un biseau de 0^m14 de large qui se termine à l'endroit où les chevilles ne portent plus. Il la présente à l'endroit qu'elle doit occuper sur le fond en écartant, s'il y a lieu, à l'aide du tiretoir, les extrémités des douves qui gêneraient cette manœuvre (fig. 300).

Il la place perpendiculairement aux joints du traversin et marque à la craie les emplacements des trous devant loger les chevilles appelées à la maintenir.

Il a soin de faire ces trous à 3 centimètres au moins au-dessus du niveau du jable, car plus rapprochés de ce dernier, ils pourraient nuire à la solidité des extrémités des douves à cet endroit.

Il se sert pour exécuter ce travail de la vrille à barrer ou barroir.

§ 1. — *Barroir*. — Le barroir est une vrille dont le manche doit avoir une longueur supérieure à la longueur du diamètre du fond du tonneau à barrer, c'est-à-dire au moins 1 m. 25.

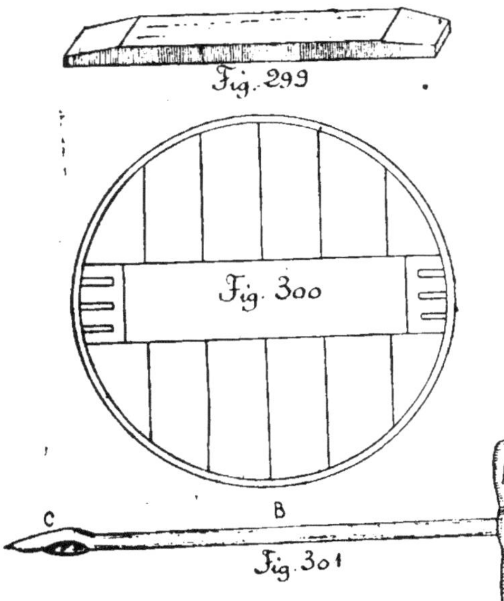

Elle se compose (fig. 301).

1° d'une poignée A ;

2° d'un manche B ;

3° d'une mèche C, dont le diamètre ne doit pas être inférieur à 0 m. 012.

Pour percer le logement des chevilles, le tonnelier pose successivement la pointe du barroir sur les points qu'il a tracés. Placé du côté du fût opposé au côté où sont les trous qu'il perce, il tient le manche de l'outil horizontalement, presque parallèlement à la surface du fond et tourne la poignée qu'il tient à deux mains, jusqu'à ce que la mèche traverse le bois.

Il façonne des chevilles avec de petits morceaux de chêne équarris de 0 m. 18 à 0 m. 20 de long ou avec des morceaux de cercle hors d'usage et les fait pénétrer dans les trous en les frappant avec le marteau.

Ces chevilles serrent le biseau de la planche et la consolident.

Le tonnelier coupe à l'aide du ciseau les extrémités qui dépassent à l'extérieur, et avec le même outil égalise les extrémités qui restent du côté du fond, et qui doivent s'arrêter au niveau de la fin du biseau taillé dans la planche.

Le nombre des chevilles à mettre pour maintenir la barre à chacune de ses extrémités est subordonné à l'usage ; on en met deux, on en met trois, on en met quatre ; en Bourgogne on en garnit presque toute la circonférence du fond.

Le tonnelier s'en rapportera en ceci, aux coutumes de la région où il exerce.

§ II. — *Ciseau.* — Le ciseau dont l'ouvrier vient de se servir pour couper les chevilles et qui n'a pas été décrit est un outil emprunté à l'atelier du menuisier. Il se compose d'une lame rectangulaire A en acier, munie d'un manche B et terminée par un biseau finement aiguisé C (fig. 302).

CHAPITRE VI

Confection du bondon et percement du bouchon

Muni de ses cercles et de ses barres le tonneau est en état d'être livré.

Si le client le désire, le tonnelier pratique au milieu de la longueur de la douve qu'il a choisie à cet effet, l'ouverture de la bonde ou bondon, c'est à-dire l'orifice par lequel on remplira le tonneau et dans une des maîtresses pièces du fond, sur le côté opposé à la douve de bonde l'ouverture qui servira à le vider.

Il ferme la première ouverture par une bonde conique en bois et la seconde par un bouchon de liège.

Il exécute la première opération avec un outil appelé bondonnière et la seconde avec une mèche mue par un vilebrequin.

BONDONNIÈRE. — Il existe une foule de modèles de bondonnières. En principe cet instrument se compose (fig. 303).

1° d'une mèche A B C en bon acier de 0 m. 16 à 0 m. 20 de long, de forme conique, creusée en dedans, dont les bords A B et B C sont tranchants et dont l'extrémité se termine en vis de vrille.

A la base du cône, l'un des côtés porte un contre couteau H ; 2° d'un manche D ; 3° d'une poignée E F.

Le tonnelier s'en sert comme d'une vrille à barrer. Il en saisit des deux mains la poignée, place la pointe à l'endroit qui correspond au centre de l'ouverture qu'il veut pratiquer et tourne jusqu'à ce que le bondon ait atteint un diamètre suffisant.

La bondonnière représentée par la figure 304 est une bondonnière à râpe ; le travail, dans cet instrument, au lieu d'être exécuté par les bords tranchants du cône, l'est par des excroissances d'acier, petites saillies ménagées dans le cône de l'outil, comme sur les faces d'une râpe. Cette bondonnière sert seulement à terminer le bondon et à le rendre parfaitement conique, sans risquer de fendre le bois ; mais il faut qu'avant lui, une mèche ou une bondonnière du modèle décrit précédemment, ait commencé l'orifice.

APPAREIL A PLACER LES BONDES MÉTALLIQUES. — Depuis quelques années, on a remplacé sur les demi-muids de 500 à 700 litres, ou fûts transports, les bondes en bois par des bondes en cuivre. Ces bondes se vissent à l'aide d'une clef dans une bague filetée placée à demeure dans une douve.

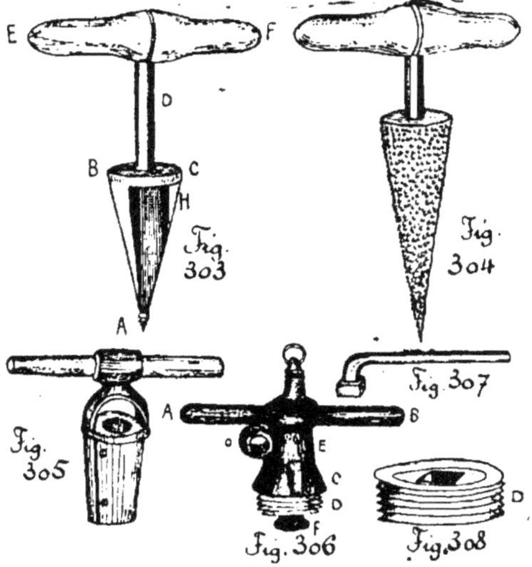

Le tonnelier doit pouvoir en placer à la demande, et posséder dans son outillage un appareil spécial destiné à cette pose.

Je décris l'appareil fourni avec les bondes Massard, brevetées en France, qui m'a toujours donné depuis plusieurs années, toute satisfaction.

Le jeu d'outils complet pour la pose des bondes se compose :

1° d'un forêt spécial ou grosse bondonnière (fig. 305) qui sert à aléser le bondon à un diamètre correspondant à la grandeur extérieure de la bague de cuivre à encastrer dans la douve ;

2° d'un appareil rapide (fig. 306) pour visser ou dévisser cette bague filetée ;

3° d'une barre en acier formant levier et actionnant cet appareil ;

4° d'une clef pour visser ou pour dévisser les bondes (fig. 307).

5° d'une certaine quantité de bagues munies de leurs bondes (fig. 308).

Pour placer une bonde, le tonnelier commence par faire un bondon avec une bondonnière ordinaire au milieu de la douve choisie. Il alèse cet orifice à l'aide du forêt spécial qu'il manie comme une bondonnière, en tournant la poignée de gauche à droite.

Il place la bague D de la bonde entre les griffes F et C de l'appareil de pose, en dévissant à droite la poignée A B, et en remontant la pièce E. Il immobilise cette bague D en revissant, à gauche, la poignée de l'appareil. Il place le tout dans l'orifice préparé du bondon, le fait prendre en le vissant à la main d'un tour à gauche, puis en passant la barre d'acier dans l'œil O de la pièce E, et, en s'en servant comme levier, il continue à visser jusqu'à ce que la bague pénètre dans la douve, son bord supérieur effleurant la face externe de celle-ci.

Vilebrequin. — Le vilebrequin (fig. 309) se compose de trois parties :

1° une tête A en forme de champignon ;

2° d'une pièce mobile B qui a la forme d'un croissant et qui se termine par une mortaise carrée percée dans l'axe de l'outil et qui sert à loger les extrémités des mèches.

La pièce mobile B au moyen d'un boulon est suspendue à la tête A et pivote autour d'elle.

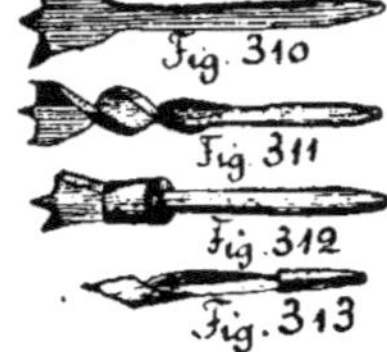

Le fonctionnement est facile à comprendre. L'ouvrier enfonce la mèche choisie dans le logement C où une vis de serrage F la maintient.

Il appuie sa main gauche sur A et de sa main droite qui saisit la rotule O, imprime à l'appareil un mouvement de rotation autour de l'axe L M ; la mèche suit le mouvement et creuse au gré de l'ouvrier.

Mèches. — Il y a des mèches de tous les modèles et de toutes les dimensions. Le tonnelier doit en posséder de tous les diamètres. Les figures ci-dessus représentent : 310, une mèche dite à trois pointes, d'un grand diamètre, elle peut remplacer la bondondière ; elle creuse des trous à fond plat, sans risque de faire fendre le bois ; 311, une mèche dite américaine ; 312, une mèche à « tampon » elle sert à perforer une pièce de fond quand on veut mettre une clef à une barrique pleine. La mèche pénètre dans le bois, et quand l'ouverture est terminée, le tampon l'obstrue et empêche le liquide de s'écouler pendant que l'ouvrier se prépare à enfoncer la clef ; 313, mèche en vrille.

Vrille. — La vrille est une sorte de petite mèche terminée par un double pas conique semblable à celui du tire-fonds ; elle sert au tonnelier à faire les trous destinés à contenir les faussets ; elle se termine par une boucle formant poignée ou par un manche en bois perpendiculaire à son axe (fig. 314). C'est un outil incommode qui fait fendre le bois. Aussi le remplace-t-on le plus souvent par le villebrequin armé d'une mèche de petit diamètre.

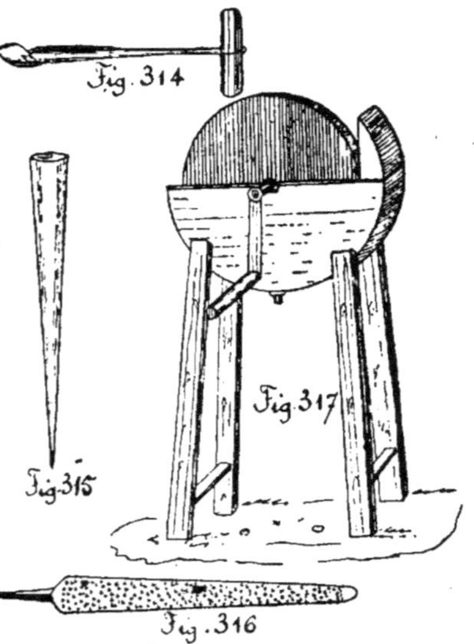

Faussets. — Les faussets sont de petits morceaux de bois de dimensions multiples en noisetier, de forme conique, très en pointe, qui servent au tonnelier à cacher les défauts du bois, à obstruer les trous creusés par des vers dans du bois neuf, ou des trous de pointe dans une vieille douve, ou simplement à fermer une ouverture faite volontairement à un tonneau rempli, pour lui donner de l'air, ou en extraire une partie du liquide (fig. 315).

Rape a bois. — La râpe à bois (fig. 316) est une sorte de lime, plate sur une face, arrondie sur l'autre, hérissée de pointes saillantes plus ou moins fines et plus ou moins rapprochées les unes des autres, qui sert à donner au bois une dernière façon, abattre des bavures ou rectifier un défaut dans une ouverture faite à là mèche.

Meule. — Pour aflûter tous ses outils à tranchants, le tonnelier doit posséder une meule en grès. La meule (fig. 317) se compose d'une pierre en grès, ronde, variant de diamètre et d'épaisseur qui, actionnée par une manivelle ou un moteur, tourne dans une auge remplie d'eau.

Le tonnelier place sur sa face circulaire le biseau du tranchant à aflûter et tourne la manivelle jusqu'à ce que le fil apparaisse tout le long du biseau, qui, pendant tout le temps de l'aflûtage, doit être tenu dans le même plan.

QUATRIÈME PARTIE

Des autres travaux exécutés par le tonnelier et des réparations usuelles

Les autres constructions qu'exécute le tonnelier dérivent des principes que nous venons d'étudier.

La forme de chaque objet peut changer mais l'étanchéité est toujours obtenue par le serrage des douves parfaitement assemblées par des cercles.

La forme du vaisseau dépend toujours de celle donnée à chaque douve.

Le tonnelier est appelé à construire, outre les tonneaux, des vaisseaux de plus grande dimensions : des cuves et des foudres ; ou des objets de plus petite capacité : seaux, baquets, barattes, baignoires, brocs, etc .

Dans l'étude du montage de ces divers ustensiles, le lecteur n'aura qu'à se reporter au chapitre de la partie précédente correspondant à chaque phase de la construction et je me contenterai de lui signaler les dissemblances, s'il en existe.

SECTION I

AUTRES OBJETS CONSTRUITS PAR LE TONNELIER

CHAPITRE PREMIER

Foudres

Les foudres sont des tonneaux de grandes dimensions et leur construction s'appuie sur les mêmes règles que celle de ceux-ci.

§ I. — *Préparation du bois.* — Le bois employé de préférence dans leur montage est le chêne. Le tonnelier doit toujours garder dans son grenier quelques billes de bois sec non débitées, qu'il emploie sur commande, car la construction d'un foudre ne se fait pas journellement — à moins de s'en faire une spécialité.

Quand l'ouvrier a fait le calcul des dimensions auxquelles il doit préparer les douves et les fonçailles pour construire un foudre d'une contenance donnée (DEUXIÈME PARTIE. SECTION III. CHAPITRE II) il débite le bois nécessaire (TROISIÈME PARTIE. SECTION I).

Je lui conseille pour gagner du temps et économiser des forces de faire faire mécaniquement cette préparation par un scieur installé dans le plus proche voisinage.

Les bois de grosse épaisseur servant au montage de vaisseaux de grande capacité peuvent, contrairement au bois de barriques, être débités à la scie, à condition absolue d'être débités sur mailles, en adoptant le modèle de débit représenté par la figure 318.

Le tonnelier n'a plus ensuite qu'à porter chacune des pièces sur l'établi, où, à l'aide d'une grande varlope, il leur donne la forme convenable et la courbure exacte que leur assigne la place qu'elles doivent occuper dans le montage du vaisseau.

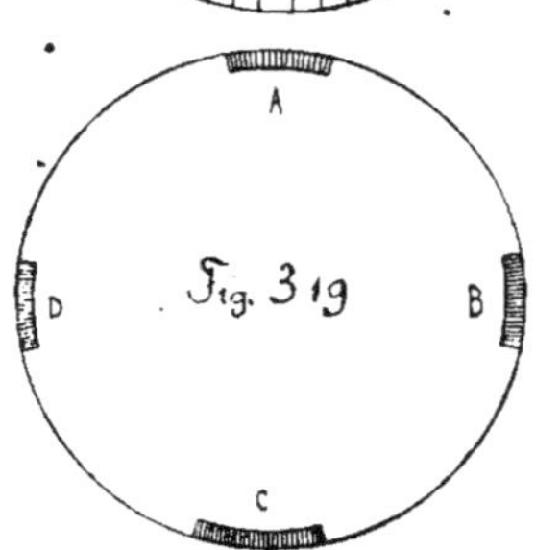

Les côtés des douves et des fonds doivent être travaillés et numérotés, de façon à ce qu'ils joignent parfaitement entre eux. On peut, du reste dans ce but, leur donner à la scie mécanique une première forme.

§ II. — *Montage.* — Le montage est une opération délicate et les foudres présentant parfois de très grandes dimensions, il y a certaines précautions à prendre pour éviter des accidents pendant cette opération.

Quand la préparation des douves est terminée, le tonnelier les range en les divisant en quatre groupes ou quartiers d'après les numéros qu'il leur a donnés ; puis prenant la première douve de chaque quartier, il la met debout et en fixe solidement l'extrémité à l'aide d'une presse, à un cercle de dimensions correspondant à la circonférence du foudre au niveau du jable, il obtient ainsi une ébauche de construction (fig. 319) représentée par un cercle O'élevé sur quatre douves A B C D.

Il continue le montage en plaçant par ordre numérique les autres douves entre celles déjà placées ; puis il consolide la construction par la pose d'autres cercles. Il chauffe comme pour un tonneau plus petit, fait le serrage et la mise en place des joints.

§ III. — *Parage.* — Le parage se fait comme il a été indiqué précédemment (voir IIIᵉ PARTIE. SECTION III. CHAPITRE I.

§ IV. — *Chanfreinage.* — (Voir IIIᵉ PARTIE SECTION III. CHAPITRE II).

§ V. — *Rognage,* — (Voir IIIᵉ PARTIE. SECTION III. CHAPITRE III.

§ VI. — *Jablage.* — (Voir IIIᵉ PARTIE. SECTION III. CHAPITRE IV). Le jablage se fait au bouvet.

§ VII. — *Fonçage.* — (Voir IIIᵉ PARTIE. SECTION III. CHAPITRE V, VI, VII). Pour mettre le fond en place, on couche le vaisseau monté.

§ VIII. — *Cerclage.* — (Voir IIIᵉ PARTIE. SECTION IV. CHAPITRE I, II, III). Il faut avoir soin de serrer les premiers les cercles qui sont près du bouge.

CHAPITRE II

Cuves

§ I. — *Préparation du bois.* — L'aspect conique du vaisseau à construire indique au tonnelier la forme qu'il doit donner à chaque douve. Il ne diminue qu'une seule de ses extrémités et fait cette diminution en rapport avec la différence de diamètre des deux circonférences formant les extrémités de la cuve (fig. 320). (TROISIÈME PARTIE. SECTION I. CHAPITRE III. § III).

Le tonnelier établit toutes les dimensions qui lui sont nécessaires pour construire un tronc de cône d'un volume répondant à la contenance donnée (DEUXIÈME PARTIE. SECTION III. CHAPITRE II).

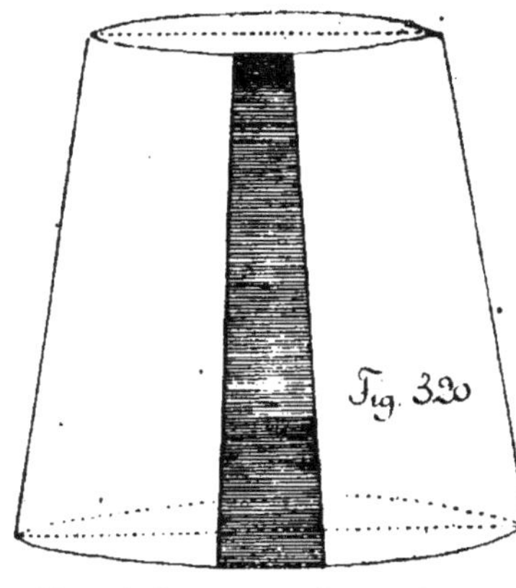

Il choisit le bois nécessaire que je lui conseille de faire travailler mécaniquement même s'il ne dispose que d'un matériel succint.

La scie mécanique lui débitera les surfaces droites, douves et fonçailles, et ébauchera les joints, une dégauchisseuse quelconque lui permettra d'obtenir la surface convexe constituant la partie externe de la douve.

Il ne lui restera plus qu'à rectifier les joints à la colombe ou à la varlope et à rendre concave la surface interne des douves. Cette dernière opération que le tonnelier doit exécuter sur tous les vaisseaux dont l'intérieur est apparent, sera facile à faire, les douves débitées à la scie mécanique étant toutes de la même épaisseur et se joignant en dedans comme au dehors.

La largeur des douves et des fonçailles doit être de 0 m. 11 à 0 m. 16 centimètres et leur épaisseur de 0 m. 025 à 0 m. 035 millimètres.

§ II. — *Montage.* — Le montage s'exécute comme celui du foudre.

§ III. — *Parage.* — (Voir TROISIÈME PARTIE. SECTION III. CHAPITRE I).

§ IV. — *Rognage.* — (Voir TROISIÈME PARTIE. SECTION III. CHAPITRE III).
Dans les cuves le fond n'étant pas apparent on ne fait pas de chanfrein.

§ V. — *Jablage.* — La rainure du jable doit avoir le fond plat et se fait au bouvet. (Voir TROISIÈME PARTIE. SECTION III. CHAPITRE IV).

§ VI. — *Fonçage.* — (Voir TROISIÈME PARTIE. SECTION III. CHAPITRES V, VI, VII).

Pour trouver le rayon correspondant à la circonférence du fond, l'ouvrier mesure avec le mètre la longueur du fond de la rainure.et en prend le sixième. Il trace la circonférence limitant le fond à l'aide d'un compas à verge.

Le fond se place sur le côté le plus évasé de la cuve. Cette précaution permet de pouvoir, à n'importe quel moment, resserrer les cercles sans qu'ils tombent.

§ VII. — *Cerclage.* — Les cercles que l'on met aux cuves sont ordinairement des cercles à vis (fig. 321).

Celui qui est appelé à se servir de la cuve, peut, avec une simple clef, leur donner le serrage nécessaire.

CHAPITRE III

Seaux

Construire un seau, c'est bâtir une cuve de dimensions réduites, sauf pour le seau de puits qui est un petit tonneau à un seul fond.

Décrire chacune des manœuvres qu'exécute le tonnelier pour mener à bien cette construction serait répéter ce qui a été dit précédemment à un chapitre ou à un autre ; il me suffit donc de mettre sous forme de figures, sous les yeux du lecteur, un modèle de quelques-uns des objets entrant dans cette catégorie, que le tonnelier peut construire en ajou-

tant qu'il trouvera chez le quincaillier les anses et les poignées nécessaires et n'aura qu'à les intercaler entre les cercles.

Les figures ci-dessus représentent :

322. — Un seau ordinaire.

323. — Un seau de puits.

324. — Un baquet à égoutter les tonneaux.

325. — Un cœur à soutirer.

326. — Un cuvier.

327-328. — Deux entonnoirs de modèles différents.

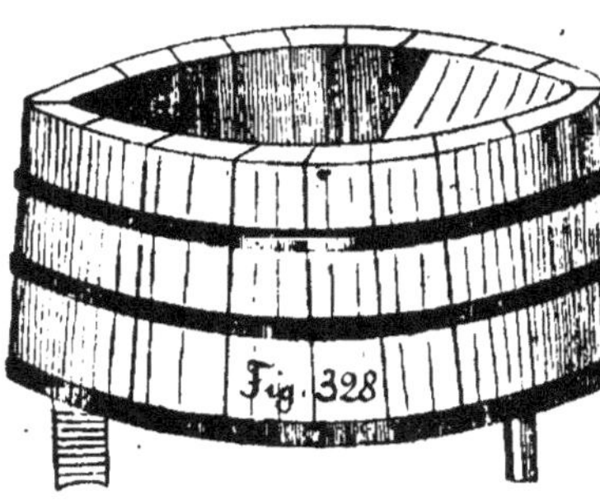

CHAPITRE IV

Barattes

Les barattes se présentent sous différentes formes :

1º Les barattes verticales ou bât-beurre ;

2º Les barattes normandes ;

3º Les barattes horizontales à mouvement intérieur.

La baratte verticale ou bât-beurre se compose (fig. 329) d'une cuve
très étroite et hauté dans laquelle on agite un disque A percé de trous
fixé à un manche (fig. 330). Sa construction entièrement en bois et en
feuillard est du ressort du tonnelier.

La baratte normande est constituée par un tonnelet monté sur deux pieds, que deux axes mus par une manivelle font tourner.

La baratte horizontale (fig. 331) se compose d'un petit tonneau fixé sur deux tréteaux, muni à sa partie supérieure d'une large ouverture fermée par un couvercle.

A l'intérieur se meut un battoir formé d'un certain nombre de palettes de bois. Cet appareil est mû par une manivelle commandant des engre-

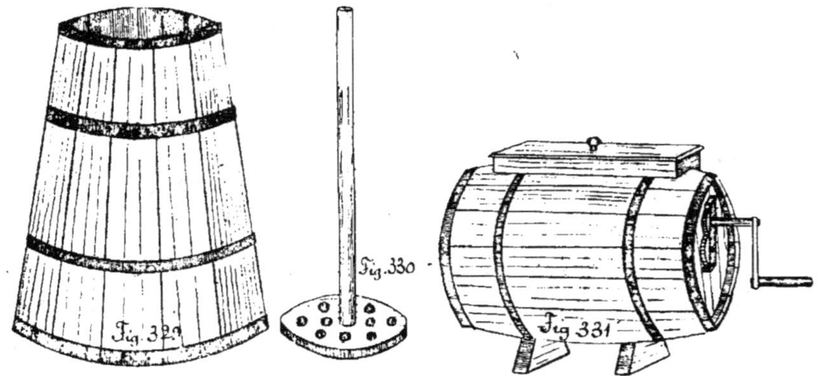

nages et tourne sur un axe qui traverse le centre de chacun des fonds du tonnelet.

Le tonnelier ne peut pas construire entièrement ces deux derniers types de barattes, à moins de s'en faire une spécialité et de se procurer un matériel spécial emprunté à l'atelier du mécanicien-ajusteur. Il se contente, après en avoir confectionné la partie qui se rapporte à sa profession, d'en faire le montage avec des pièces mécaniques que lui fournissent des ateliers spéciaux.

CHAPITRE V

Baignoires

De tous les ustensiles dont la construction relève de la tonnellerie, la baignoire est, certes, le plus difficile à exécuter, car vu sa forme, les joints ne doivent pas tous avoir la même inclinaison.

Le plus souvent, la baignoire a la forme d'une ellipse aplatie (fig. 332) et il est évident que les joints des douves qui garnissent les parois de la baignoire du côté de son grand côté D G F ne présentent pas la même inclinaison que les joints des douves occupant la petite courbe I E J, ni celle des joints constituant les côtés presque plats I D et J F.

D'où obligation pour le tonnelier lorsqu'il a déterminé les dimensions à donner à la baignoire, d'en tracer une épure à la craie sur le sol, et de façonner autant de calibres ou crochets qu'il y a de sortes de courbes dans son dessin.

Voici comment le tonnelier opère pour tracer l'épure d'une baignoire.

Il tire sur le sol cimenté de l'atelier une ligne droite A B (fig 332) sur laquelle il élève en un point quelconque C, et par les moyens indiqués précédemment, une perpendiculaire CE.

Du point C comme centre et avec une ouverture de compas égale au quart de la longueur qu'il s'est proposé de donner à la baignoire, il décrit une circonférence D G F à l'aide d'un compas ou d'une corde qui coupe la ligne A B aux points D et F et le prolongement de la perpendiculaire CE au point G. En exécutant cette opération, il pose à plat sur le sol une planche mince de façon à ce que la pointe du compas, ou la craie trace aussi sur elle, une partie de la circonférence D G F soit o, b. Cette courbe, représentera la ligne circulaire limitant la surface externe des douves qui dans la construction serait comprise entre D et F ; il joint avec la règle le centre C au point b, cette ligne lui donnera l'inclinaison du joint pour les mêmes douves et la planche sciée suivant

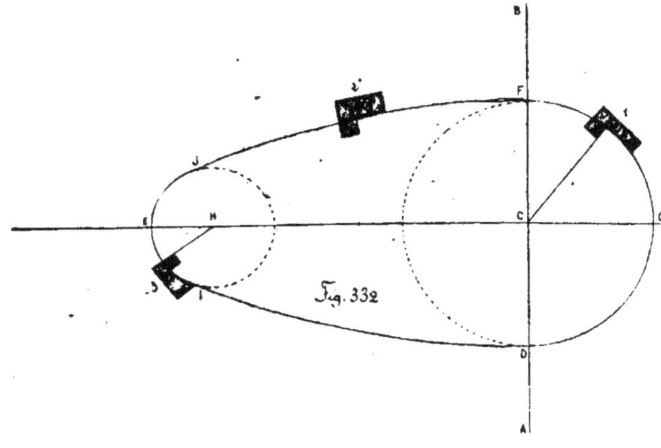

Fig. 332

les lignes o, b, et a, b, constituera le calibre n° 1.

Il prend ensuite sur la perpendiculaire O E une longueur C H égale à deux fois et demie la longueur C G. De ce point H comme centre, avec une ouverture de compas égale à la moitié de CG, il décrit la circonférence I E J et trace le calibre 3 d'après cette circonférence comme il a opéré pour le calibre 1.

D'un point quelconque cherché sur le prolongement de A B, au delà de B, il trace une portion de circonférence qui passe à la fois au point D et au point I. Avec la même ouverture de compas et avec comme centre un point situé sur A B au-delà de A, il décrit une autre portion de circonférence passant à la fois au point F et au point J. Il trace sur cette courbe le calibre n° 2.

Il prépare deux cercles d'après l'épure qu'il vient de tracer, le premier s'appliquant parfaitement sur le dessin et l'autre un peu moins grand, représentant la grandeur du fond de la baignoire pris extérieurement.

Après avoir scié les douves nécessaires au montage du vaisseau à une longueur correspondant à la hauteur qu'il veut donner au plus haut côté DGF, il les travaille, d'après les calibres qu'il s'est tracés, et les diminue de largeur d'un côté, suivant la différence de grandeur existant entre les deux cercles et suivant la courbe à représenter.

Il les présente successivement sur l'épure et sur les cercles à la place qu'elles doivent occuper, pour obtenir des joints parfaits et les numérote à mesure.

Quand le nombre en est suffisant pour garnir la partie DGF représentant la grande courbe, le tonnelier les goujonne en les plaçant par ordre numérique, pour consolider le montage.

Il fait coïncider les joints et présente les deux cercles sur les douves à l'endroit qu'ils doivent occuper. Après cette présentation, il façonne la première douve de la partie DI dont les joints et la diminution ne doivent pas être faits d'après le calibre, mais d'après la constatation que l'ouvrier aura faite de l'aspect de son travail et de façon à donner à la baignoire une forme régulière. (Il en sera de même de la première douve placée en I sur la courbe IEJ, de la première douve placée en J, sur la partie JF et de la dernière douve placée en F et devant se raccorder avec la grande courbe FGD).

Il façonne les autres douves et continue le montage en présentant d'abord et en goujonnant ensuite chacune d'elles, puis il fait le serrage des cercles.

Pour exécuter le fonçage, le tonnelier goujonne fortement entre elles les pièces de traversin qu'il a débitées à une longueur supérieure de quelques centimètres à la largeur du côté le moins évasé de la baignoire pris à l'extérieur.

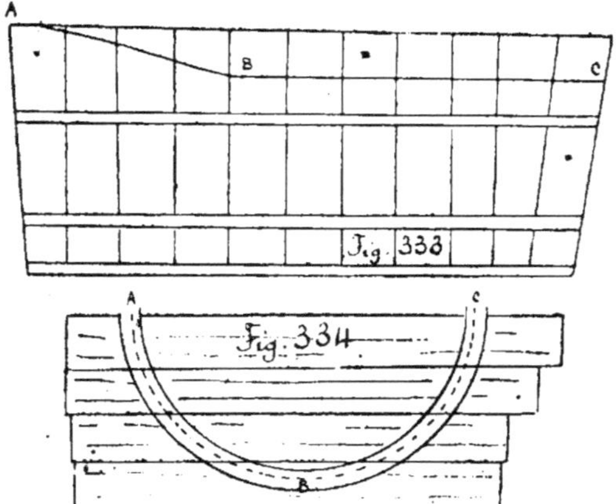

Il les rabote sur les deux faces, de façon à ce qu'elles aient partout la même épaisseur.

Pour faire le tracé de la ligne limitant le fond, il place la baignoire montée sur le fond goujonné et en en suivant le contour intérieurement et extérieurement, il trace deux traits concentriques (fig. 334). Il chantourne le fond d'après une ligne ABC prise au milieu des deux autres, à égale distance de chacune d'elles. Les autres opérations s'exécutent de la même façon que pour la construction des cuves.

Quand le fond est mis et la baignoire cerclée, l'ouvrier chantourne à la scie la partie supérieure de sa surface circulaire pour lui donner un aspect plus élégant, en suivant la ligne A B C (fig. 333), puis il place une poignée métallique à chacune de ses extrémités.

CHAPITRE VI

Brocs

§ I. — *Préparation du bois.* — La construction du broc est comme celle de la baignoire, d'une exécution assez difficile. Les courbes sont régulières mais les rapports entre les différents diamètres ne le sont pas.

Le broc présente trois diamètres différents :

1° Le diamètre du bouge ;

2° Le diamètre du fond qui est plus petit que celui du bouge ;

3° Le diamètre de l'embouchure qui est plus petit que le diamètre du fond.

Le niveau du bouge étant placé plus près du niveau du fond que du niveau de l'embouchure, chaque douve doit présenter la forme indiquée par la figure 335.

La diminution de largeur à faire subir aux extrémités de chaque douve est proportionnelle à la fois entre la largeur au bouge et la largeur à l'embouchure et entre la largeur au bouge et la largeur au fond.

D'où obligation :

1° De choisir comme mesure deux rapports : 20 0/0 par exemple, pour la différence de largeur de la douve prise au niveau du bouge et prise au niveau du fond. 30 0/0, par exemple, pour la différence entre la largeur de la douve au niveau du bouge et la largeur de la même pièce au niveau de l'embouchure ;

2° De confectionner deux calibres. Les joints placés entre le bouge et l'embouchure devant être plus inclinés que ceux placés entre le bouge et le fond.

Fig 335   Fig. 336

§ II. — *Montage.* — Le tonnelier commence le montage du broc en cerclant les douves du côté du fond. Puis, comme les douves doivent être très cintrées, il plonge le vaisseau à demi-bâti dans l'eau bouillante pour attendrir le bois avant de faire joindre les douves du côté de l'embouchure. Cette précaution évite la casse.

Les autres opérations s'exécutent comme il a été indiqué pour les cuves.

L'embouchure et l'anse se placent en même temps que les cercles qui les maintiennent ; le tonnelier ne les fabrique pas lui-même ; il s'en approvisionne chez un marchand d'articles de chais ou chez un quincaillier (fig. 336).

SECTION II

DES RÉPARATIONS USUELLES

Réparer un fût, c'est lui rendre son étanchéité. Dans une futaille neuve, c'est corriger une imperfection du travail ou un défaut du bois ; dans un vieux tonneau, c'est remplacer le tout ou partie d'une douve ou d'une fonçaille hors d'usage par une ou plusieurs pièces neuves.

Les réparations sont de deux sortes :

1º Celles à exécuter sur les parois latérales du tonneau et ayant trait aux cercles et aux longailles ;

2º Celles à exécuter sur les fonds et nécessitant le remplacement de tout ou partie du fond et ayant trait aux fonçailles, au barres et aux chevilles.

CHAPITRE PREMIER

Réparations à exécuter sur les parois latérales du tonneau

§ I. — *Reliage.* — Les cerceaux d'un tonneau qui a séjourné pendant quelquetemps dans une cave humide se pourrissent, les feuillards s'oxydent ; le tonnelier doit les remplacer et garnir le tonneau de nouveaux cercles ; on donne à cette opération le nom de reliage ou cerclage. (TROISIÈME PARTIE. SECTION IV).

Les douves et les pièces de fond d'un tonneau qui est resté exposé au soleil ou dans un endroit sec pendant quelquetemps, sans être rempli d'aucun liquide, se disjoignent ; les cercles se desserrent et le vaisseau perd complètement son étanchéité. Comme dans le cas précédent, le reliage s'impose, soit avec des cerceaux et des feuillards neufs, soit avec ceux qui entouraient déjà le tonneau et que la sécheresse n'a pas détériorés.

Si le tonnelier se sert des cercles existants, il doit les raccourcir en faisant une nouvelle ligature aux cerceaux et en déplaçant les rivets des feuillards ; car le bois des douves s'étant rétréci de quelques millimètres sous l'influence de la sécheresse, les cercles ajustés sur une première construction ne seraient plus à leur place sur une deuxième ainsi remaniée ; trop grands, ils descendraient beaucoup plus bas que la place qu'ils doivent normalement occuper.

L'ouvrier doit retenir à ce propos que :

1° Un cercle qui descend à moins de 0 m. 10 centimètres du bouge ne donne pas un serrage suffisant ;

2° Un cercle de tête qui descend plus bas que le niveau du fond, n'oblige plus le biseau de ce dernier à porter dans la rainure du jable et tente à faire écarter les extrémités des douves.

§ II. — *Joint non étanche*. — Il peut se faire que le liquide contenu dans le tonneau suinte ou même s'écoule entre deux douves, on dit dans ce cas que les joints ne sont pas étanches. Le tonnelier doit rechercher la cause de cette imperfection :

a) L'une des douves ou même les deux douves ont pu se rompre sous un choc à l'endroit du bouge et la compression du bois ne se fait plus ; dans ce cas leur remplacement est indispensable.

b) Les joints ne portent plus l'un sur l'autre, les douves à un endroit, sous une influence extérieure quelconque se sont disjointes ; il suffit au tonnelier de les remettre en place, en intercalant entre elles un brin de jonc pour obturer le joint.

Pour cela il enlève les cercles qui le gênent, écarte les douves à l'aide du tiretoir et glisse entre leurs joints un morceau de jonc dont la moëlle a été enlevée ; il replace les cercles, les châsse, et met dans la futaille une dizaine de litres d'eau bouillante pour faire gonfler le bois et s'assurer de l'étanchéité.

§ III. — *Extrémité d'une douve rompue. Peigne*. — La rupture de l'extrémité d'une douve au niveau du jable est un accident très fréquent, compréhensible d'ailleurs, puisqu'en cet endroit la rainure prend la moitié de l'épaisseur du bois et lui ôte de sa solidité

Le tonnelier a deux façons de réparer ce défaut :

1° Si la douve est d'une certaine épaisseur et si la cassure est en dehors du jable, il remplace la partie absente par un « peigne à plat ».

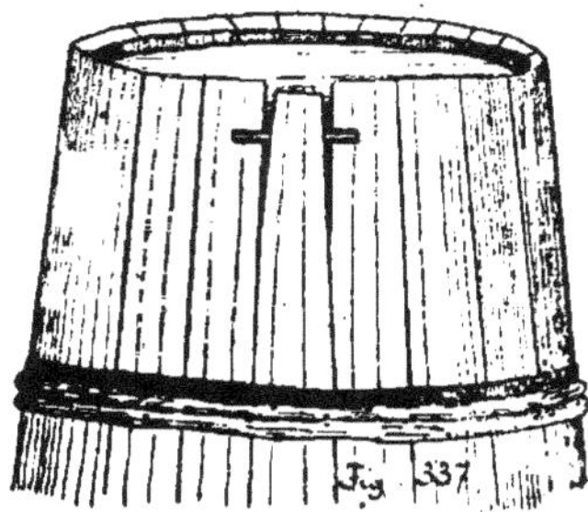

Il enlève les cercles de tête du tonneau, écarte l'extrémité de la douve à réparer des autres douves et la maintient dans cette position à l'aide d'une petite planchette qui passe derrière elle et dont les extrémités reposent sur les deux douves voisines (fig. 337).

Avec une scie spéciale appelée « scie à guichet » (fig. 338), qui se compose d'une lame A et d'une poignée B, il découpe la douve dans le sens de son épaisseur en suivant la ligne AB (fig. 339), puis dans le sens de sa largeur, suivant la ligne BC qui doit se trouver à l'endroit où porte le deuxième cercle en feuillard sur la douve.

Il enlève la partie O et égalise à la râpe la ligne A'D'. A l'aide du grattoir ou du racloir de peigne, il enlève les irrégularités que la scie aurait pu laisser sur la surface O'. Il découpe ensuite sur une portion de douve neuve, un peigne (fig. 340) dont les dimensions coïncident avec celles du logement préparé qu'il doit occuper à l'extrémité de la douve.

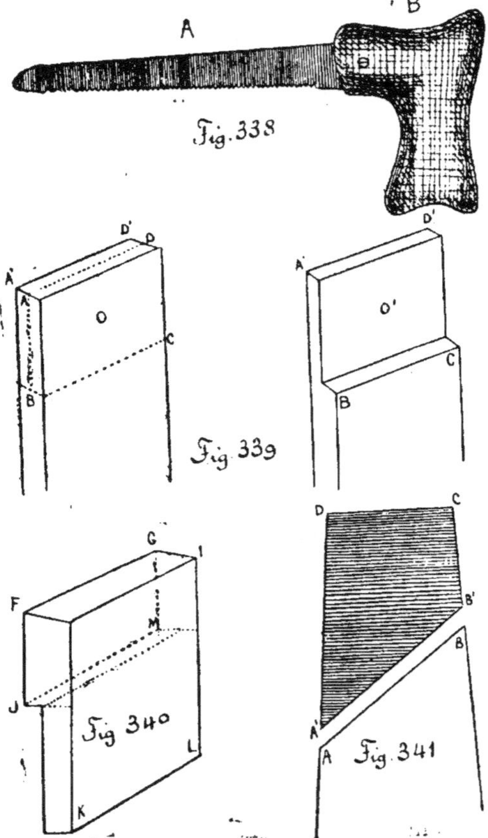

C'est-à-dire que :

A'B = JK ;

BC = KL ;

AD = JM.

Il enlève la planchette qui retenait la douve de façon à ce que celle-ci reprenne sa place ; il pose le peigne sur son extrémité en ayant soin de mettre un peu de pâte de farine entre les deux épaisseurs et remet les cercles en place, le second cercle en feuillard recouvrant parfaitement la ligne de raccordement KL.

D'un coup de paroir, il exécute sur l'extrémité du peigne un chanfrein semblable à celui qui existe sur le bord des autres douves. Cette réparation bien exécutée est invisible.

2º Si le bois constituant la douve n'est pas d'une épaisseur suffisante ou si la cassure est un peu en dessous du jable, le tonnelier a intérêt à mettre un « peigne en biseau ».

Il démonte la douve comme il est indiqué au paragraphe suivant et en scie en biais l'extrémité suivant la ligne AB (fig. 341) (en prenant le point A sous le deuxième cercle en feuillard). Il unit à la colombe cette ligne A B. Il façonne à l'aide d'un morceau de douve un peigne A'B'C D et le travaille à la colombe pour que :

1° A'B' se joigne parfaitement avec A B ;

2° A'D soit bien dans le prolongement du joint A et possède la même inclinaison ;

3° B'C soit bien dans le prolongementdu joint B avec la même inclinaison.

Il met un brin de jonc entre chaque joint, goujonne A'B' avec A B, et remet la douve en place en la maintenant avec un cercle de tête ; il exécute partiellement sur l'extrémité du peigne, en ayant soin d'enlever le fond du tonneau avant de remettre le cercle de tête, le parage, le jablage et le chanfrein, puis il remet le fond et les cercles.

§ IV. — *Mise en place d'une douve.* — Si une douve est rompue en son milieu ou si le bois qui la constitue est vermoulu, son remplacement est obligatoire.

Pour exécuter avec rapidité cette réparation, le tonnelier doit avoir dans son atelier une provision de douves de différentes longueurs et de différentes largeurs, correspondant aux dimensions des différents types de futailles en usage dans sa région, et cintrées d'avance.

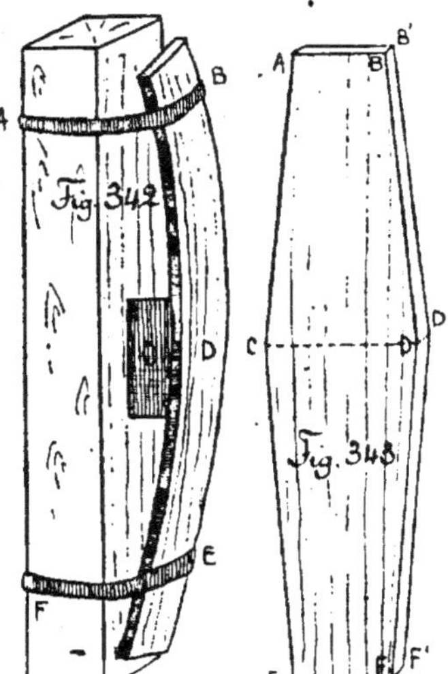

Pour cintrer séparément une douve l'ouvrier en fait chauffer la partie médiane en la plaçant sur le brasero allumé pendant qu'il prépare un morceau de madrier un peu plus long qu'elle.

Lorsque la douve est assez chaude il la place debout parallèlement à l'une des faces du madrier, et à l'aide d'un anneau en feuillard, il en fixe l'extrémité.

Il place en son milieu D un cube de bois de 0 m. 20 centimètres de hauteur ; puis, enserrant son autre extrémité avec la corde de la bâtissoire, dont le bâti porte sur la face opposée du madrier, il tourne le mandrin pour obliger la partie E de la douve (fig. 342) à se rapprocher du madrier.

Quand il juge le cintrage suffisant, il remplace la corde par un anneau en feuillard de dimensions convenables. En quelques jours la douve prend la forme voulue.

Pour substituer une douve neuve à une vieille, voici comment opère le tonnelier :

Il met la barrique debout et marque de deux lettres A et B chaque extrémité de la douve à remplacer et en même temps chaque bout d'une douve voisine ; ceci pour reconnaître sa position au cas où les dimensions en largeur ne seraient pas exactement semblables.

a) Il enlève tous les cercles d'un même côté du tonneau, sauf le cercle en feuillard du bouge.

b) A l'aide du tiretoir, il écarte des autres douves, l'extrémité de la douve à remplacer.

c) Il la maintient dans cette position en glissant derrière elle et sur les autres douves le cercle en feuillard de tête. Cette manœuvre permet de consolider le fond et les autres douves et d'enlever le cercle de bouge de ce côté du tonneau.

d) Il change le tonneau de bout et répète les mêmes opérations sur l'autre côté ; il peut ainsi enlever la douve à changer sans qu'aucune autre pièce du tonneau ne soit déplacée.

e) Il mesure les dimensions de la douve qu'il vient d'enlever :

Sa largeur en son milieu C D (fig. 343) ; sa largeur en ses extrémités A B et EF ; son épaisseur en B B', D D', F F' ; sa longueur A C + C E.

f) D'après ces dimensions, il façonne, d'après les procédés et avec les outils décrits précédemment, une douve exactement semblable en augmentant chaque dimension de 2 0 0, le bois neuf se compressant dans une plus forte proportion que le bois usagé et la nouvelle douve ne devant pénétrer qu'à force dans le logement de l'ancienne.

g) En la maintenant sur l'établi, il fait à chacune des extrémités de cette nouvelle douve, un parage, un chanfrein et un jable, semblables à celui de l'ancienne, il règle son outil sur celle-ci de façon à ce que la rainure soit de même profondeur, et à même distance des bords. Il n'a plus qu'à mettre en place la douve ainsi confectionnée.

h) Il enlève un cercle de bouge et avec un maillet introduit le milieu de la nouvelle douve dans le logement qu'occupait l'ancienne au niveau du bouge du tonneau.

i) Il replace le cercle de bouge qu'il a enlevé et fait serrage.

j) Il enlève le cercle de tête. Le fond maintenu par le cercle de bouge reste en place.

k) Il fait pénétrer la douve entre les autres et finit de la mettre en place. Son épaisseur ayant été tenue plus forte que celle de l'ancienne sa surface convexe extérieure ne coïncide pas avec la courbe circulaire du tonneau formée par les autres douves ; quelques coups de grattoir remédient à ce défaut et terminent l'ajustage.

l) Le tonnelier remet les cercles de tête.

m) Il opère de même de l'autre côté du tonneau ; ajuste au grattoir les parties de la douve qui se trouvaient sous les cercles de bouge et replace définitivement ces derniers.

CHAPITRE II

Réparations à exécuter sur les fonds du tonneau

§ I. — *Remplacement d'une ou de plusieurs chevilles. Remplacement d'une barre.* — Ces opérations n'étant que la répétition d'une ou de plusieurs des manœuvres décrites précédemment, le lecteur voudra bien s'y reporter (TROISIÈME PARTIE. SECTION IV. CHAPITRE V).

§ II. — *Remplacement d'une ou de plusieurs fonçailles.* — (TROISIÈME PARTIE. SECTION III. CHAPITRE V, VI et VII).

CHAPITRE III

Fûts moisis

Un tonneau qui a séjourné dans une cave humide sans être bouché peut se moisir à l'intérieur et transmettre un mauvais goût au liquide dont on l'emplit par la suite ; on dit, dans ce cas, que le tonneau est fûté.

Le tonnelier, pour le remettre en état, dispose de deux procédés :

a) Il enfonce le tonneau par un bout et jette à l'intérieur dix litres d'eau bouillante additionnée de 500 grammes d'acide sulfurique. Il lave, avec ce mélange, à l'aide d'une brosse, les parois du tonneau, rince à plusieurs eaux et remet le fond. Quand la futaille est très égouttée, il y brûle une mèche soufrée.

b) Si le degré de moisissure est très prononcé ou si le procédé indiqué ci-dessus a été inefficace, le tonnelier enfonce le tonneau et en brûle l'intérieur en y allumant une botte de paille ou des copeaux ; il plane ensuite la face interne de chaque douve à l'aide de la plane à queue (ou en démontant complètement le fût) et remet les fonds auxquels il a fait subir le même traitement.

DU MÊME AUTEUR :

LA TONNELLERIE MÉCANIQUE :

Des machines nouvelles basées sur de vieux principes

(en préparation)

TABLE DES MATIÈRES

INTRODUCTION

PREMIÈRE PARTIE

Des matières premières employées en tonnellerie

DEUXIÈME PARTIE

Des notions théoriques indispensables au tonnelier

QUATRIÈME PARTIE
Des autres travaux exécutés par le tonnelier
et des réparations usuelles